财政部"十三五"规划教材

文化经济学

Cultural Economics

宋　琪　占绍文　著

中国财经出版传媒集团

经济科学出版社

Economic Science Press

图书在版编目（CIP）数据

文化经济学/宋琪，占绍文著．—北京：经济科学出版社，
2018.9

ISBN 978 - 7 - 5141 - 9784 - 6

Ⅰ.①文…　Ⅱ.①宋…②占…　Ⅲ.①文化经济学
Ⅳ.①G05

中国版本图书馆 CIP 数据核字（2018）第 222775 号

责任编辑：申先菊　王新宇
责任校对：杨　海
版式设计：齐　杰
责任印制：王世伟

文化经济学

宋　琪　占绍文　著
经济科学出版社出版、发行　新华书店经销
社址：北京市海淀区阜成路甲 28 号　邮编：100142
总编部电话：010 - 88191217　发行部电话：010 - 88191522
网址：www. esp. com. cn
电子邮件：esp@ esp. com. cn
天猫网店：经济科学出版社旗舰店
网址：http://jjkxcbs. tmall. com
北京季蜂印刷有限公司印装
710 × 1000　16 开　14 印张　250000 字
2018 年 11 月第 1 版　2018 年 11 月第 1 次印刷
ISBN 978 - 7 - 5141 - 9784 - 6　定价：49.00 元
（图书出现印装问题，本社负责调换。电话：010 - 88191510）
（版权所有　侵权必究　打击盗版　举报热线：010 - 88191661
QQ：2242791300　营销中心电话：010 - 88191537
电子邮箱：dbts@ esp. com. cn）

序

自 20 世纪以来，文化与经济出现渗透融合，且渗透融合的范围与深度不断扩展，界限越来越模糊，在"文化的经济化"和"经济的文化化"的过程中，衍生出这一新的经济形态：文化经济。从各国发展实践来看，文化经济不仅能加速经济增长方式的转变，给国民经济发展注入新的巨大活力；而且还成为国民经济的重要支柱产业和新的经济增长点，使得国民经济更加协调、健康和可持续快速发展。以美国为例，IIPA 发布的报告显示，美国已经形成以电影、电视、报纸、艺术、娱乐、体育为核心的强大文化产业群，核心文化产业增加值占 GDP 的比重一直超过 6%；如果计算全部文化产业增加值，则占 GDP 的 11% 以上。其他发达国家也出现类似趋势。我国文化经济地位也正日益凸显，文化产业增加值占 GDP 的比重从 2004 年的 2.15% 提高到 2016 年的 4.14%，文化经济已经成为我国经济发展中举足轻重的部分。同时，文化经济是文化传播的重要载体，是获取文化话语权的基本途径。在远古时期，文化的传播和文化话语权的建立往往依托武力征服、传教士传道等方式；而在高度文明的现代社会，文化传播高度依赖文化经济，无论是文化本身成为商品，还是文化寓于某些商品之中，都成为其本国文化的载体，通过平等互利的贸易往来，自然而然地实现文化传播的效果。一个国家的文化经济越发达，文化传播力就越强，从而悄然建立起文化的话语权，直至拥有文化的主导力和支配力。

文化经济学以文化经济为研究对象，是一个新兴的交叉学科。英国露丝·陶丝在"文化经济学的历史与未来"中写道，"文化经济学是将经济学分析方法应用于创意、表演艺术、遗产和文化产业，不管它是公共的还是私人所有。它关注文化领域的经济组织，以及生产者、消费者与政府的行为。它涵盖多种方法，主流的、激进的、新古典主义的、福利经济学、公共政策与制度经济学。"纵观经济学说史，可以看到，人们对文化经济的研究最早可追溯到古希腊古罗马时期。古罗马著名学者西塞罗说，具有较高价值的行业，包括需要高超技艺而对社会有较大利益的行业，如医生、建筑师、幼儿教师等应该受到尊重。比较早地研究文化对经济的影响的则是"曼德维尔悖论"，是一则关于蜜蜂的寓言，它说明了勤俭节约对于个人而言是美德；但对社会来说，未必是好事，会引起失业增加、商业衰落和经济崩溃。相反，奢侈贪婪对于个人来说是劣行；但对于社会来说，会产生各种职业需求，激发人们热爱劳作、提供服务，促进社会繁荣。此后，休谟、西斯蒙第、李斯特等都有对文化经济的研究。尤其值得指出的是约翰·罗斯金（John Ruskin，1819—1900 年），他更是明确主张将文化与艺术价值放在经济理论分析框架范围之内。他出版了《艺术的政治经济》等著作，在这些作品中他提出了自己的伦理主张和经济主张。马克斯·韦伯的《新教伦理与资本主义精神》《儒教与道教》认为不同文化观念对经济发展有不同的影响。1911 年维尔纳·桑巴特出版了《犹太人与现代资本主义》一书，提出了犹太宗教理念催生了资本主义精神的观点。

学术界普遍认为，美国学者鲍莫尔和鲍恩于 1966 年发表的著作《表演艺术的经济困境：一个关于戏剧电影和音乐舞蹈问题的研究》标志着文化经济学作为一个独立学科的诞生。自此以后，文化经济学运用微观经济学视角研究了文化领域的一系列问题，如文化需求与供给、艺术市场、艺术经济史、艺术家劳动力市场、"成本病"等问题。随着文化经济学的发展，人们开始关注生产端的劳动力问题，即艺术家劳动力市场，艺术家包括表演者、作者、视觉艺术家、手工艺者等。

人类社会的发展历史表明，文化因素对人类社会的影响是广泛而深刻的，这种影响既体现在政治上，又体现在经济上，还体现在其他众多领域。然而，在相当长的一段时间里，文化因素一直被排除在正统的经济分析之外。国内学者普遍认为，文化因素之所以长期被排除在经济分析的框架之外，主要基于两方面原因：一是在经济分析中文化本身的内涵和外延很难界定，因而文化在经济分析中很难有统一的定义；二是文化因素的量化在计量技术上存在着难以克服的困难。"传统经济学几乎不关注各类艺术，而且只有极为稀少的思考涉及艺术与经济的关联。但在最近几年，传统经济学已经日渐频繁地聚焦于艺术产业。这部分是因为艺术的兴盛；部分或许是由于一些经济学家思想的微妙变化，他们看到艺术对于富裕国家的福利有所贡献；部分也如马克·布劳格所说，是因为经济学家渴望将其分析工具应用于迄今未触及的领域，以及艺术管理学家认识到各类艺术面对不断增加的经济压力。"戴维·索罗斯比（David Throsby）在其文化经济学名著《经济与文化》序言中这样描述文化经济的尴尬地位："虽然文化学者多年来在剖析文化和文化实践的社会意义中注意到某些经济学问题，一些经济学家也有意无意地探究经济活动的文化背景……但当我在 20 世纪 70 年代研究艺术的经济学问题时，我的很多同事还是将'文化经济学'仅当作业余爱好而已，使之被排斥在正统经济学研究的范围之外。"

改革开放以来，国际交流活跃和市场经济发展为文化经济学提供了新的发展空间。我国文化经济学的实践早已展开，且取得了一定成果，但学术界从理论上进行归纳、梳理和总结分析的还很不够，缺少理论支撑和指导的实践难以取得大的进步，并有可能影响到我国文化产业的健康可持续发展。因此，对文化经济学进行全面、系统的研究迫在眉睫，意义重大。

清华大学中国经济研究中心主任　　**魏 杰**
清华大学文化经济研究院院长

前　　言

文化产业是新兴产业，在我国相关的理论研究也刚刚开始。对文化经济的分析不能局限于宏观和微观层面，还应立足于中观层面。中观的分析方法是静态与动态相结合，从经济发展的长河中观察各个产业的地位、作用的变化过程，从中寻找其变化规律。本书共由 12 章组成，沿着基础理论、文化分析、中观分析及宏观分析的基本脉络，逐一展开。

第一篇文化经济学基础理论由文化价值、文化资本、文化遗产构成。

第二篇由文化产品的需求与供给、文化消费、文化市场构成。

第三篇由文化产业及文化产业融合构成。

第四篇由文化与区域经济发展、文化政策两章内容构成。

纵观全书，本书具有以下三个特点：

第一，基于宏观、中观及微观视角来研究文化经济学，形成了较为完整的文化经济学理论研究框架与体系，系统地反映了文化经济领域最经典、最具代表性、最新的理论方法和研究成果，内容丰富，观点鲜明，资料翔实，结构合理，逻辑思路清晰，具有较强的可读性，是理论创新和实践总结的结果。第二，探讨了文化经济学需要研究的基本问题。文化经济作为一个新兴的经济门类已经出现，全方位研究文化经济的态势已经形成，在文化经济中存在着许多需要回答的基本问题及亟待解决的重大问题，如文化经济学需要研究的基本问题是什么？文化价值、文化资本、文化遗产等概念如何界定？如何评估？本书试图较为全面地回答这些问题。第三，反映中国文化经济特色。文化经济学是一门在理论和实践中不断发展的学科，我国政府和各国政府在文化经济领域积累的丰富经验和不断推进的改革创新，为文化经济学的发展提供了大量的理论素材，也不断产生了一些新的思想观点和理论学派。不泛泛空谈，结合中国实际，突出了理论联系实际的要求，不仅能给理论研究者提供参考，而且对于文化产业管理人才培养、教育和文化经济发展实践有很好的指导作用。

全书由宋琪、占绍文负责策划和统筹，并负责修改与定稿。具体各章写作分工如下：第一章、第二章、第四章、第五章、第六章、第七章，宋琪；第三章，占绍文、苏卉;第八章,张惠丽;第九章、第十章,宋琪、孔丹;第十一章,占绍文;第十二章,胡金荣。

特别感谢经济科学出版社的申先菊、王新宇作为本书的责任编辑为本书的最终出版所做的努力。

文化经济学尚未形成统一的理论体系,不同视角、不同观点、不同时代的理论和学说多种多样,我们编写这本教材只是一个初步的探索和尝试,但也力求博采众长,能够为理论工作者、实际工作者及所有对文化经济学感兴趣的人较为全面了解这门学科、进行理论探讨提供帮助。然而由于各撰写人水平有限,疏漏、不足之处在所难免,敬请广大读者进行批评指正,以便我们不断修订、完善。

目　　录

第一篇　文化经济学基础理论

第二篇　文化经济学的微观分析

第三篇　文化经济学中观分析

第四篇　文化经济学宏观分析

第一篇
文化经济学基础理论

第一章 绪 论

学习目标

通过本章学习，应了解和掌握以下内容：

1. 文化经济学的基本概念。
2. 文化经济学的基本问题及研究对象。
3. 文化经济学的研究方法。

文化经济学是一门新兴学科，是经济学的分支学科，属于应用经济学。本章主要界定文化经济学的基本概念，考察和分析文化经济学的研究对象、文化经济学与其他相邻学科之间的关系，阐述文化经济学的研究方法，勾画出文化经济学的理论体系框架及轮廓。

第一节 文化经济学的基本概念

任何一门学科，都有其特定的概念、定义、原理、目标、对象、范围和任务。概念的规范性、定义的确定性、原理的适用性，以及目标、对象、范围和任务的明确性往往决定着该学科的科学性和可操作性。概念和范畴是人类认识世界的工具，也是从理论上建立一个科学体系的基石。为了加深对文化经济学的认识，有必要对其最基本的概念作一些理论上的探讨。

一、文化的概念

什么是文化？我们先从汉字"文"和"化"的本义及引申含义来分析。"文"字在现代汉语中多用作"文字""文武""天文"等义。《说文解字》中说，"文，错画也，象交文"，意思是指"交错画的花纹"。在上古时期，我们的祖先有"文身"的习惯，这在古书中也有记载，如《礼记·王制》中说，"东方曰夷，被发文身，有不火食者也"；《庄子·逍遥游》中也说"越人断发文身"，这里的"文"字都是指"文身"。从甲骨文字形来看，如图1-1所示，"文"字像与人面对着站立着的一个人，这个图像突出了其胸部的花纹。后来，"文"字不断地被引申出其他含义，如由"文身"引申出"花纹""纹路""文采""文章""文采"，而后又由"文采""文章"引申出文化等含义。

图1-1 隶书、小篆、金文、甲骨文中的"文"字

"化"古字为"匕"，如图1-2所示，图形表达的意思为"二人相倒背"，一正一反，意味着变化。《黄帝内经》中关于"生、化、极、变"的事物发生发展规律是这样论述的："物生谓之化，物极谓之变""夫物之生从于化，物之极由乎变"。依据文言文格式，"从""由"解释为"从……而来""由……而来"，因此，整个句子可译为："物之生从化而来，物之极由变而来，新事物产生的过程就是化的过程，旧事物由小到大发展到盛极的过程就是变的过程。"《辞源》中这样解释："化，谓一有一无，忽然而改，谓之为化"。《易经·贲卦》说，"关乎天文，以察时变；关乎人文，以化成天下"，"文化"一词就是从《易经》的"人文化成"演化而来的，其本义是用人文教化百姓、治理天下。

图1-2 "化"字

最早使用"文化"一词的人是西汉刘向，他在《说苑·指武》中说："圣人之治天下也，先文德而后武力。凡武之兴，为不服也；文化不改，然后加诛。"民国时期，胡适认为文化是"人们的生活方式"，著名国学大师梁漱溟先生曾指出："文化，就是吾人生活所依靠之一切。"按照经济学思想给文化下定义，可以说文化是人们在公共领域的一个交易规则，体现人们在公共活动中的行为规范①。

"文化"的英文为 culture，最原始的意义是指"土地的耕种"，到了 16 世纪，此词的含义转变为"心智的培育"，这一比喻用法在今天仍被广泛引用。自 19 世纪初以来，"文化"一词被用来描述人类文明的整体心智能力与精神的发展。美国人类学家克鲁伯和克鲁柯亨在《文化：关于概念和定义的检讨》一书中列举西方文化史上关于文化的概念多达 164 种。美国著名政治理论家塞缪尔·亨廷顿认为，文化常常用来指一个社会的知识、音乐、艺术和文学成品。美国人类学创始人泰勒这样认为，文化是"人类整个生活方式的总和，包括了知识、信仰、艺术、道德、法律、习俗，以及作为社会成员的个人学习形成的其他任何能力、习惯等元素。"②

戴维·思罗斯比（David Throsby）在《经济学与文化》中这样认为，文化具有两层含义。③ 第一层含义是指在人类学和社会学框架中的文化，经常用来描述任何群体所共有的态度、信仰、习惯、风俗、价值、规范等。这里所指的群体可以是政治的、地理的、宗教的、种族的或其他可具体划定的，如墨西哥文化、巴比伦文化、儒教文化、中国文化、公司文化、青少年文化等。用来界定某一群体特征的文化应具备以下具体形式：符号、象征、文字、语言、产品、成文或不成文的传统以及其他形式。在表现群体文化的众多形式中，最关键的是能够建立，至少是能帮助建立一个成员对其所属群体的特定认同感，使人们能借此形式将该群体的成员与其他群体成员区别开来。当我们研究文化因素在经济发展中扮演的角色，以及文化与经济发展之间的关系时，经常使用文化的这层含义。第二层含义是为了实用的目的，定义文化为人类从事的某些活动，这些活动本身及其产物与人类的知识、道德及艺术层面相关，文化的这层含义与人类心智经过启发、培育后所从事的活动有关，而不仅仅指获得某种技术或职业技能。这种意义上的文化，比较像是形容词，而不像是名词。例如，文化商品、文化机构、文化产业、文化部门等概念中的文化就是第二层含义。第二层含义的文化是具有以下三个特征的人类活动：在生产活动中融入了创意；文化活动涉及"象征意义"的产业和

---

① 党国英. 论农村文化对农村社会稳定与经济发展的作用 [J]. 新视野，2015（5）：33.

② 英文原文为：Culture is, in the words of E. B. Tylor, "that complex whole which includes knowledge, belief, art, morals, law, custom and any other capabilities and habits acquired by man as a member of society."

③ [澳] 戴维·思罗斯比. 经济学与文化 [M]. 王志标，张峥嵘，译. 北京：中国人民大学出版社，2015.

传递；文化活动的产品含有某种形式的"智慧财产"。

美国的教育家和法律学者，担任哈佛大学校长的劳伦斯·罗威尔（Lawrence Lowell）认为，"在这个世界上，没有别的东西比文化更难琢磨。我们不能分析它，因为它的成分无穷无尽；我们不能叙述它，因为它没有固定形状。我们想用文字来规范它的意义，这正像要把空气抓在手里似的：当我们去寻找文化时，它除了不在我们手里以外，无处不在。"这种对文化的诠释，已经发展为将人类社会全部的生活方式理解为文化。文化是一种社会现象，是人们长期创造形成的产物；同时又是一种历史现象，是社会历史的积淀物。可以这样认为，文化是指一个国家或民族的历史、地理、风土人情、传统习俗、生活方式、文学艺术、行为规范、思维方式、价值观念等，较为通俗地说，文化就是"婚丧嫁娶、衣食住行、吃喝拉撒"。因此，可以这样界定文化这一概念：文化就是人的存在方式，人的存在包括物质的存在和精神的存在，物质的存在就是人的生产和生活方式，精神的存在就是以此为基础而建立起来的信仰系统、知识系统及其符号与意义表达系统。

二、国内外学者对文化经济的解释

古汉语中"经济"一词，指"经世济民""经邦济世"，意思是使社会繁荣、百姓安居，这是古代贤士的立世准则。现代汉语中，"经济"一词有两种基本含义，一是指节省、有效率，以较少的人力、物力、时间耗费取得较大的成果；二是用来统称人类社会生产、消费、交换、分配等活动及组合这些活动的制度、系统，如工业经济、计划经济等。"经济"一词英文为 Economy，源于希腊文，最早出现在色诺芬（Xenophone，公元前430—354）的《经济论》一书中，该书以对话的方式讨论了土地和房产的管理规则，是古希腊流传下来的一部专门论述经济问题的著作。后来的学术研究中，经济的含义包括社会分工、货币、利息等内容。

对于文化经济来说，迄今为止，没有一个统一的概念，甚至应该说，这是一个看似简单但却非常难以阐述清楚的概念。文化经济这一概念是基于"文化具有经济价值"这一理念而产生的，是人类文明和产业经济发展到一定阶段的产物，是人类发展到21世纪后存在的一种重要的经济形态。文化经济是相对于农业经济、工业经济、知识经济而言的一个概念，是文化与经济的紧密融合，是时代发展的必然结果。长期以来，诸多学者从特定的角度出发，对文化经济作出了许多不同的解释。综观文化经济学界对文化经济的不同定义，主要有以下几种代表性观点。

从产业实体角度出发，文化经济也称文化产业、创意产业或文化创意产业。社会学家赫斯蒙德霍是这样定义的，即那些直接从事社会价值、文化意义生产的机构，涵盖营利的公司、非营利机构和非营利的政府组织，包括广播与电视、电影、广告及营销、互联网、音乐、印刷及电子出版、影视与计算机游戏等行业。

胡惠林在《文化经济学》中说，"所谓文化经济，是指以交易的方式和方法进行文化生产，促进文化消费，增加文化流通，改变社会财富的形成、来源和结构，实现人的自由发展和人类社会文明进步的一种社会文化现象和文明行为系统。它的目的是以经济的方式繁荣和发展文化，通过文化而获得财富的增长，在实现巨大经济利益的同时，实现文化的有效传播的文化资源的积累与成长，不断满足人类社会文明进步和人的自由发展在精神文化领域里的全面需求。"

昝胜锋在《文化经济学》中这样定义：文化经济是建立在人文精神与知识更新、科学技术高度发展基础上的新型经济，从本质、地位、功能、作用及价值取向等角度对人类社会未来发展的新趋势和新动向给予准确地阐释。

从文化与文化经济发展演变过程角度出发，文化经济是一种新型经济，它以精神生产为基础，以文化产业为表现形态，生产文化产品并提供文化服务。与以往经济形态相比，文化经济不再以传统工业为产业发展支撑，以稀缺性自然资源为主要依托；而是以智力资源、智慧集合为依托，以低能耗、高附加值的高技术产业为第一产业支柱，包含精神生产、文化产业和文化产品三个核心部分的经济新形态。

从消费体验的角度出发，我国文化经济学家、上海德村文化研究所所长曹世潮先生将文化经济定义为："在文化经济时代，人们为自己的经历、体验和感悟而付钱。在这里，一系列表现文化意味的产品被制造出来，人们知道自己主要消费符号、感觉和信仰，或兼而有之；生产者为满足人们对这一系列文化符号、样式的认识、认知和认同，努力使经济活动在文化之中展开，在心灵的感受和觉悟中展开，文化经济就这样应运而生了。"

文化是人类文明演进过程中形成的独特精神资源。长期以来，由于文化对经济社会发展的作用不同于其他要素，是一种潜移默化而非剧烈的方式，是深层次而非浅层次的施展其巨大影响力，在理论上从未得到重视。进入工业革命后，产业分工格局逐渐形成，文化艺术品也被纳入大规模工业化生产体系，如古典音乐被制成唱片、名家绘画被仿真复制并广泛传播，使高端精神消费从宫廷、贵族进入中产阶级乃至寻常百姓家。20世纪后期，信息技术广泛应用于文化创作、生产、分配和消费的各个环节，进一步推动了文化大众化趋势。新一代消费者大量使用互联网、移动电话和数字化媒体，不仅扩展了自身文化体验的范围和方式，而且从文化信息的被动接受者转变为文化内容的主动创造者，文化对经济社会的渗透力、影响力在裂变式扩大增强。文化经济作为 21 世纪的时代命题和战略构想，以精神生产、文化产业和文化产品为核心概念，具有创新性、可持续性、空间性、非物质性，以及成本特殊性和文化、经济属性，集中表现了未来发展的新趋势和新动向。

三、什么是文化经济学

关于文化经济的定义、内涵和外延，国内外学者还没有形成共识。尽管许多学者所使用的术语不同，如文化经济学、文化产业经济学等，但从广义上说，有一定的共同性。例如，我国学者对文化经济学有如下的定义：

"文化经济学是人们关于文化经济的知识体系和理论体系，是人们在关于文化经济研究的基础上形成的系统学说和思想体系。"

"文化经济学注重应用一般经济学的理论、原则、方法来研究、分析、考察文化产业中的文化经济行为、文化现象和文化相关活动，研究文化经济的产生、发展和变化规律，并着力通过分析类似问题，从深层角度揭示文化经济活动的特征、相互关系、发展态势和客观规律。从此角度分析，文化艺术、广播电视、图书出版、文化娱乐、文物博物像制品、文化旅游、艺术表演团体、出版社、影院剧场、影视制作机构、图书馆、美术馆博物馆、群众艺术馆等是文化经济学主要关注的领域及机构。"

如果说一种理论或一门学科是对客观世界的某种现象及其过程的规律的反映，那么文化经济学则是研究文化艺术生产、流通、分配和消费环节的经济现象、经济关系及其发展规律的科学。具体来说，其内容涉及文化价值、文化资本、文化需求与供给、文化消费、文化市场、文化产业、文化与区域经济发展、文化政策等各个方面，并将其作为一个整体进行理论抽象和分析。同时，这种研究不是一种简单的描述，它有明确的目的和目标，即提高文化资源的配置效率，最大限度地满足人们精神文化层面的需求。

自 20 世纪以来，实践中经济与文化的结合表现得越来越突出，在理论研究方面，随着经济计量技术的不断发展和成熟，以及经济学研究范围的不断扩展，文化因素逐渐进入经济学家的研究视野。可以观察到的事实表明，文化因素对经济发展的影响越来越明显，越来越多的经济学家认为有必要将文化因素这一变量引入经济分析框架，否则经济研究就不能很好地解释现实世界中的经济现象，文化经济学的产生是对现代社会中这种文化与经济在实践与理论上结合的一个回应。文化经济学作为经济学的一个分支学科，学者们沿着文化与经济的两个维度，在历史脉络中通过种种途径寻求二者融合发展的轨迹。他们以经济学为系统工具，以文化活动为变量和研究对象，针对两个核心问题进行了研究：一是文化是如何促进经济发展的，即文化与发展的关联问题；二是如何实现文化资源的有效配置。

第二节　文化经济学的基本问题及研究内容

任何学科的研究内容和基本框架都是由研究的基本问题决定的。所以，必须思考文化经济学的基本问题到底是什么。斯蒂格利茨把经济学的基本问题归结为"生产什么及生产多少、怎样生产、为谁生产、谁作出决策"，但文化经济学作为一个新兴学科，需要回答的基本问题到底是什么？我们认为，应该包括以下四个基本问题：文化与经济如何关联、文化经济自身运行规律、文化产业及文化市场管理、文化经济发展政策。

一、文化经济学的基本问题

文化产业在全世界获得飞速发展，深刻地改变着世界面貌，改变着人们对世界的了解和思维及其与世界的关系。综合国内外学者的看法，本书认为文化经济学的基本问题包括以下四个方面。

（1）联结文化与经济的基石是什么？这一基本问题具体包括以下问题：什么是文化价值？文化价值的经济属性如何实现？什么是文化资本？文化资源如何才能转化为文化资本？如何积累文化资本？文化遗产的经济价值如何评估？

（2）基于微观视角的文化经济，其自身运行规律是什么？这一基本问题具体包括以下问题：文化产品的需求有什么特征？文化产品如何供给？文化产品如何定价？如何通过文化市场调节达到文化资源配置最优？

（3）基于产业视角的文化产业呈现什么样的运行规律？这一基本问题具体包括以下问题：文化产业发展如何？在产业融合背景下，文化产业与其他产业融合的机理与路径是什么？

（4）基于宏观视角，文化与区域经济发展之间呈现什么样的关系？具体包括：文化如何推动区域经济发展？区域经济如何影响文化发展？文化如何经济化？经济如何文化化？政府应该怎么样制定和实施文化政策才能够推动经济社会文化协调发展？

二、文化经济学的研究内容及研究框架

根据上述四个方面的基本问题，本书分为四篇，即文化经济学基础理论、文化经济学微观分析、文化经济学中观分析、文化经济学宏观分析，分别回答了文化经济学的四个基本问题，共十二章内容。具体各章内容如下：第一章，绪论；第二章，文化经济学的产生和发展；第三章，文化价值；第四章，文化资本；第五章，文化遗产；第六章，文化产品的供给与需求；第七章，文化消费；第八章，文化市场；第九章，文化产业；第十章，文化产业融合；第十一章，文化与区域经济增长；第十二章，文化政策。

具体研究框架思路图如图 1 - 3 所示。

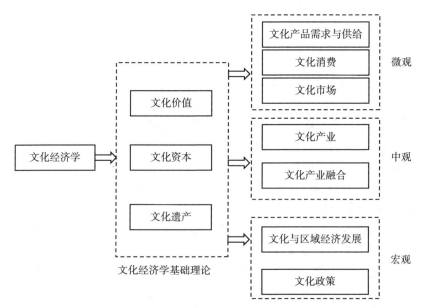

图 1 - 3　文化经济学的研究框架

在主流经济学中，文化是一个外生变量，而文化经济学将文化作为一个内生变量，因此，以文化价值、文化资本及文化遗产为基点研究文化与经济之间最本质的关系。文化经济学是将经济学的基础理论应用于文化领域分析的一门学科，分析、考察文化产业中的文化经济行为、文化现象和文化相关活动，研究文化经济的产生、发展和变化规律，并着力通过分析类似问题，从深层角度揭示文化经济活动的特征、相互关系、发展态势和客观规律。文化经济学以文化生产活动为

研究对象，是从经济学的角度和视角对文化价值、文化产品、文化资本、文化产业、文化消费、文化与区域经济发展和文化政策等一系列主要范畴的具体分析，深入研究和探索文化生产、分配、交换和消费过程及其发展规律的科学。从此角度分析，文化艺术、广播电视、图书出版、文化娱乐、文物博物像制品、文化旅游、艺术表演团体、出版社、影院剧场、影视制作机构、图书馆、美术馆博物馆、群众艺术馆等是文化经济学主要关注的领域及机构。

需要指出的是，文化领域有许多诸如文化遗产、文化企业家、超级明星效应、版权等特殊性问题，是文化经济领域的独特现象，是文化经济与其他经济具有显著差异的地方，也是文化经济学富有魅力的地方，本书也将在各章节中穿插论述。

三、文化经济学与相邻学科的关系

文化经济学是一门新兴交叉学科，涉及许多学科领域，与许多相关学科有着各种各样的关系。

（一）文化经济学与理论经济学的关系

理论经济学是人类经济活动的规律即价值的创造、转化、实现的规律科学，以"经济人"假设为出发点，通过需求供给、生产与成本、市场结构等研究个体经济主体的经济行为及经济规律，通过国民收入、物价、就业、国际贸易等研究一个国家或区域的经济发展规律，前者称为微观经济学，后者称为宏观经济学。由理论经济学衍生出许多分支学科。产业经济学便是其中之一，产业是介于微观经济组织和宏观经济组织之间的一个"集合概念"，对产业的研究既不属于宏观经济中的国民经济，也不属于微观经济中的企业经济活动或居民消费行为，它属于中观概念。产业经济学是一门应用性很强的经济学科，主要研究产业组织、产业结构、产业关联、产业布局、产业发展及产业政策等。这些学科都是文化经济学最主要的理论基础。

（二）文化经济学与文化学的关系

文化学是研究文化现象一般规律的科学，是一门综合性学科，主要研究文化的起源、演变、传播、结构、功能与本质，文化的共性与个性、特殊规律与一般规律等问题。文化是指人在自然环境中发展或成长的过程中发现、创作或积累的跟自身生活相关的知识、技能、经验等。文化学是文化人类学进一步发展演化的产物。文化人类学通过人所创造的文化去研究人类本身；文化学则通过人类本身来探讨文化的起源、演变、传播、结构、功能、本质、共性与个性、特殊规律与一般规律等问题。可以说，文化经济学是文化学的一个分支学科，着重考察文化领域的经济关系和经济规律，因此，文化学也是文化经济学研究的又一重要理论基础。

（三）文化经济学与文化社会学的关系

文化社会学是研究文化产生、发展特殊规律与社会作用的一门学科，是对文化经济学影响最大的一门学科。文化社会学最初是由德国社会学家 P. 巴尔特在《社会学的历史哲学》（1897）一书中提出的。他认为，H. 斯宾塞只说到了"自然时代的社会学"，而更为重要的是研究"文化时代的社会学"。19 世纪末与 20 世纪初期，西方资本主义国家社会、经济、文化出现了动荡和危机，当时的哲学社会科学家普遍认为这主要是由社会文化价值体系的危机造成的，他们转向了文化研究，并重新确定社会学的研究对象及理论方法，德国 G. 齐美尔的形式社会学和法国迪尔凯姆的"集团表象"社会学随之出现。文化社会学研究的内容包括：文化的起源、积累、突变过程；文化的产生、发展、分布与自然生态环境的关系；文化在时间、空间发展上的不同层面；文化发展的社会系统的不同属性；文化的生产、分配、储存、传递及其应用；文化传播、增殖、控制的方式及手段；文化的冲突、分化、调适、整合过程；文化与社会化、文化与文明、文化与生活方式等的关系；文化在现代化中的地位和作用等问题，其应用研究涉及经济发展、都市化、社会管理、青少年教育、科学技术发展等诸多问题。

第三节　文化经济学的研究方法

经济学需要从杂乱无章的经济资料中得出经济规律，或者给政府部门提供决策的理论依据。一般来说，经济学研究的进程是：考察资料，形成假说；检验假说；然后就经济运行情况取得较为一致的意见。文化经济学作为一门新兴的交叉边缘学科，涉及的内容广泛庞杂，也符合经济学研究的进程，应该运用各种现有的成熟的研究方法，探讨文化经济领域中的一般规律及特殊规律，推动文化经济的发展。

一、给定假设，简化关系

任何一门学科，要从纷繁复杂的现实世界中形成科学的理论，都离不开科学抽象的方法。文化经济学属于人文社会科学学科,是经济学的分支学科,其显著特点就是文化经济系统的错综复杂性,它不能像自然科学和工程技术科学那样采用实验的方法,直接从实验结果中探寻规律。但一种可能的方式是借助于控制下的实验,控制下的实验即除去研究的对象外,所有其他事物均保持不变的实验。这样也就简化了分析。如想研究艺术表演团体下基层演出补贴政策的影响,那么,在同一年份,也会因为表演艺术团体所在区域的经济社会发展水平不同而使得研究者无法分析,只能假设依靠给定假设,即假定"其他条件相同",然后分析补贴政策实施后会发生什么情况来把补贴政策的影响分离出来。

只能够经过调查研究,详细查阅资料,用简化的假设深入分析复杂的问题,然后运用综合分析,比较概括,从已有的材料中进行去粗取精、去伪存真、由此及彼、由表及里的加工,从而从纷繁中理出头绪,让复杂的问题变得简单,形成理论概括,最终上升为科学。

二、实证分析方法和规范分析方法相结合

实证分析方法回答"是什么",研究目标是事实,研究经济现象的客观规律与内在逻辑;规范分析回答"应该是什么",研究目标是意愿,说明经济现象的社会意义。经济学的实证分析重点在于研究经济是如何运行的,同时解释经济现象的原因和后果。实证分析不涉及价值判断问题,更不涉及"好"与"坏"、"应该"与"不应该"的问题,这些正是规范分析的任务。经济学的规范分析重点研究价值判断问题,它对一种经济主张作出"好"与"坏"、"应该"与"不应该"的判断。

实证分析和规范分析其实是无法分割的。首先,规范分析并不能独立于实证分析之外。凡经济学家倡导、赞同或反对某一经济政策,其论据都来自对该政策的实证分析。尽管不同的经济学家可以强调不同的侧面,从而对同一政策有不同的主张,但其结论,一般都是运用普遍所接受的实证经济理论,通过对政策的社会经济效益的分析比较而得出的。另外,经济学家在分析、寻求经济活动的客观规律时,不可避免地受到其个人的经济地位、价值观念等的影响。毕竟,经济学研究的是人类的活动,经济学家作为社会成员之一,很难不偏不倚,超然于经济利益之外,如研究自然科学般客观地研究经济科学。其价值判断会不自觉地在实证分析中产生影响。例如,经济学家总是以效率尺度来衡量经济活动的成败得失。这就意味着,在经济学家的价值系统中,效率准则高于其他社会准则。另外,经济学家在做实证研究时,可能不适当地强调支持其规范主张的实证结论,

而对与其规范主张相抵触的实证结论则轻描淡写。在涉及文化政策的经济分析时，如市场调节、税收补贴、财政货币政策、社会福利等，实证研究和规范研究是很难分开的。

资料链接：

实证分析方法与规范分析方法

萨缪尔森在《经济学》中说，"我们首先是试图描述贫穷的困苦，然后，可能提出可以减轻贫穷状况的方案。我们可能首先分析较高的能源税如何导致能源消费量的降低，接着，我们可能得出结论说，国家应该提高汽油税。在每一种情况下，我们首先用的是实证经济学，然后才是规范经济学。"究竟是事实陈述，还是价值判断？这是我们应该清楚的，因为这是经济学这门学科中至关重要的两种方法。

"陕西华阴老腔艺术是中国文化艺术源远流长的文化艺术表现形式，它承载着三辅秦地悠久历史传统，包含了秦人思维潜在的审美认知，倾注了秦人在岁月流变中的美丽情感结晶，其中所蕴含的精神追求、价值取向、思维方式、想象空间是无可估量的。它是秦地人民世代相承、与当地民众生活密切相关的传统文化表现形式和文化空间。由于老腔艺术具有地域限制且家族世代相传的独特个性，又多存于民间，历经千年依然保持着原始的文化基因，原始的表演形式又喊、又白、又唱；佐之以原始的皮影艺术和保留年代久远的原始乐器，展演着周、秦、汉、唐英武雄姿。这种返璞归真、充满秦人秦韵率直个性的原生态艺术表现形式，活灵活现地雕刻出黄土高原上秦人早期的群像。时至今日，老腔戏剧的艺术仍然能让现代人体会到古老而质朴的秦人秦风，感受到浓郁的黄河流域的艺术特质。"当某个专家说出这段话时，他描述的是事实、情况和关系，属于实证分析方法。当他又说："老腔艺术为封闭式的家族密传戏剧，且地域性极强，剧本从不外传，剧种的特殊渊源以及封闭的家族式传承模式，形成滞后、封闭的状态，不利于传承和传播，从而严重影响了老腔艺术的良性发展，阻隔了优秀传统艺术被人认知的途径。华阴老腔迫切需要长期保护，需要政府颁布各项支持政策。"则涉及的是伦理和价值判断，此时用的是规范分析方法。

资料来源：杨洪冰. 陕西老腔皮影艺术 [J]. 文艺研究，2007 (6)：159 - 161.

三、定性分析与定量分析相结合的方法

定性分析与定量分析也是文化经济学研究常用的方法，定性分析是对研究对象的质的分析，定量分析是分析事物的数量比例及其变动关系的方法。定性分析是定量分析的前提，定量分析是定性分析的深化，使定性分析具体化、数量化、精确化。文化经济活动是一个系统，往往涉及众多的因素、纷繁的联系、多个变量等各方面的问题。面对如此庞大而复杂的问题，要想从总体上获得最优化结果，准确把握文化经济活动规律，全面分析文化市场、文化消费、文化产业、文化政策等，既要进行定性分析，又要进行定量分析。

四、静态分析与动态分析相结合的方法

静态分析与动态分析是经济学研究的重要方法，文化经济学的研究也必须使用这两种方法。静态分析是指研究分析对象在某一时间点或横截面上的现象和规律的方法，这种方法有助于认识事物的现状，有助于进行比较研究。动态分析是指研究文化经济活动随着时间的推移所显示出的各种发展、演化规律，特别是文化与区域经济发展过程中相互影响的规律。静态分析是动态分析的起点和基础，动态分析是静态分析的深化和发展。文化经济学需要运用静态分析方法研究文化产品供给与需求、文化消费、文化市场、文化产业发展的现状和特征，更需要着眼于动态的、发展的观点研究文化经济活动各层次、各方面变化和发展的规律，所以动态分析更是文化经济研究的主要方法。如关于文化遗产的保护、文化资本的可持续性的分析等，都属于动态分析方法。

关键术语
　　文化　文化经济　文化经济学

问题与思考
　　1. 如何理解文化?
　　2. 试述文化经济学的研究对象。
　　3. 试述文化经济学的研究方法。

第二章　文化经济学的产生和发展

学习目标

通过本章学习，应了解和掌握以下内容：

1. 文化经济学产生的历史背景。
2. 文化经济学的发展脉络。
3. 文化经济学发展的新动向。

本章介绍文化经济学的产生及发展，着重介绍一些在文化经济学发展史上有重要影响的主要代表人物及其理论。然而，由于社会制度、历史条件、民族文化等因素的限制，所介绍的理论不可避免地有其历史局限性，存在着种种分歧和争论，在此不能详尽展开分析和论述，仅为读者今后的深入研究奠定入门的基础。

第一节　文化经济学产生的历史背景

文化活动是从人类一开始就有的，学术界普遍认为，文化经济学作为一门独立的学科是在 1966 年产生的，这一年美国学者鲍莫尔（Wiliam Baumol）和鲍恩（Wiliam Bowen）发表了著作《表演艺术的经济困境：一个关于戏剧电影和音乐舞蹈问题的研究》（*Performing Arts：The Economic Dilemma*），在这本著作中首次提出"文化经济学"的称谓，被认为是文化经济学的开端。之后，关于文化经济学大量的研究文献问世，许多关于文化经济学的基本问题被提出和讨论，即使对文化经济学研究的核心问题，学者们也是众说纷纭，莫衷一是。自此，文化经济学形成了自己相对独立的学科体系。

人类社会的发展历史表明，文化因素对人类社会的影响是广泛而深刻的，这种影响既体现在政治上，又体现在经济上，还体现在其他众多领域。然而，在相当长的一段时间里，文化因素一直被排除在正统的经济分析之外。文化因素之所以长期徘徊在经济分析的框架之外，主要有两方面原因：一是很难在经济分析中界定文化本身的内涵和外延，因而文化在经济分析中很难有统一的定义；二是文化因素的量化在计量技术上存在着难以克服的困难。"传统经济学几乎不关注各类艺术，而且只有极为稀少的思考涉及艺术与经济的关联。但在最近几年，传统经济学已经日渐频繁地聚焦于艺术产业。这部分是因为艺术的兴盛；部分或许是由于一些经济学家思想的微妙变化，他们看到艺术对于富裕国家的福利有所贡献；部分也如马克·布劳格所说，是因为经济学家渴望将其分析工具应用于迄今未触及的领域，以及艺术管理学家认识到各类艺术面对着不断增加的经济压力。"① 戴维·索罗斯比（David Throsby），在其文化经济学名著《经济与文化》序言中这样描述文化经济的尴尬地位："虽然文化学者多年来在剖析文化和文化实践的社会意义中注意到某些经济学问题，一些经济学家也有意无意地探究经济活动的文化背景……但当我在20世纪70年代研究艺术的经济学问题时，我的很多同事还是将'文化经济学'仅当作业余爱好而已，使之被排斥在正统经济学研究的范围之外。"综合学者们的观点，可以得出，文化经济学的产生基于以下社会背景。

（一）文化产业在经济发展中越来越重要的地位和作用

文化产业在经济发展中越来越重要的地位和作用是文化经济学产生的实践背景。20世纪五六十年代，随着人类文明的进步和科学技术的发展，文化作为一种精神力量，越来越体现着国家的活力与实力，推动着经济和社会的发展，对世界经济和国际关系产生了日益重大的影响。1947年，德国"法兰克福学派"的代表人物阿多诺和霍克海默在阿姆斯特丹出版的《启蒙的辩证法》一书中首次提出了"Cultural industries"，即"文化产业"一词。他们认为："战后资本主义使娱乐和传媒变成工业，在推销文化商品的同时操纵大众意识""文化产业是指生产领域中广为人知的商品逻辑和工具理性，在消费领域同样引人注目"。自此，欧洲知识界出现了大量针对美国文化工业的批判理论，文化产业才以独立的姿态显现，逐渐被各国理论界接受并广泛研究。文化产业开始成为一些国家和地区经济活动的核心，文化产业公司不再被视为与真正的经济活动隔着一层的次级品，因为在此之前，人们认为只有生产经久耐用的商品才是真正的经济活动。事实上，一些文化产业公司因其发展之迅速早已跻身于世界上最具价值的公司之列。当越来越多的经济学家们开始将自己的目标锁定在文化艺术领域时，一些经济学家发现了文化产品或服务在需求、供给及生产等方面不同于其他产品的特质。1967年，鲍莫尔在一篇研究经济增长的论文中列举了一个经典案例"海顿玄月

---

① 章建刚. 文化经济学视野的搭建［M］. 北京：社会科学文献出版社，2014.

四重奏"，被后人称为"鲍莫尔病"（Baumol's disease）。由此西方学者认为，文化经济学作为一种跨学科的研究，开始大规模的"建构性重新组合的交流"，实现自身作为分支学科的新目标[①]。

资料链接：

鲍 莫 尔 病

威廉·鲍莫尔，美国经济学家，普林斯顿大学荣誉退休高级研究员和经济学教授，纽约大学经济学教授。鲍莫尔著有《微观经济学》《超公平主义》《企业家精神》《管理学》及《支付结构》等著作，这些书被译成10多种文字。威廉·鲍莫尔的理论具有原创性，在经济学领域很有影响力。在超过半个世纪的时间里，他一直保持着旺盛的创作精力和广泛的兴趣。他长期在普林斯顿大学任教，在企业行为理论、产业结构理论、通货膨胀理论、艺术品市场、环境政策及竞争政策领域，都有杰出的贡献。

在《表演艺术的经济困境》一书中，鲍莫尔建立了一个两部门宏观经济增长模型，其中一个部门是"进步部门"（Progressive sector），另外一个部门是"停滞部门"（Stagnant sector），进步部门生产率的相对快速增长将导致停滞部门出现成本的相对不断上升。他认为，市政府服务、教育、表演艺术、饭店和休闲等很多服务部门都具有这一特征，从整体上看，相对于制造业，服务业劳动生产率更难以提高，正如在表演艺术市场上，三百年前的莫扎特四重奏要四个人演，三百年后依然要四个人，这被称为"鲍莫尔病"。

资料来源：周正兵. 威廉·鲍莫尔文化经济学思想评述［J］. 北京联合大学学报（人文社会科学版），2016，14（2）：56－61.

（二）计量经济学和制度经济学的进展

计量经济学和制度经济学的进展为文化经济学的产生和发展提供了理论支撑。经济学的任务是解释和辨析事实、预测和指向未来，经济学从未放弃对文化艺术这一非经济因素进行经济学分析和探索，这不仅符合经济学帝国主义不断扩张的特征，更是经济学本质上对理性和效率偏好的结果。从古典经济学到新古典经济学，从亚当·斯密、休谟（Hume，1711—1776）、杜尔哥（Turgot，1721—1781）到萨伊（Jean Baptiste Say，1766—1832）、西斯蒙第（Sismondi，1773—

---

① 周正兵. 文化产业导论［M］. 经济科学出版社，2009.

1842）、李斯特（Friedrich List，1789—1846）等，许多经济学家都从经济学的角度对文化艺术问题进行过思考。约翰·罗斯金（John Ruskin，1819—1900）尤其有着更为明确的主张，认为应该将文化与艺术价值放在经济理论分析框架范围之内。这些思想对后来的研究产生了深远的影响。

随着经济计量技术的不断发展和成熟，以及经济学研究范围的不断扩展，文化因素逐渐进入经济学家的研究视野。可以观察到的事实表明，文化因素对经济发展的影响越来越明显，越来越多的经济学家认为有必要将文化因素这一变量引入经济分析框架，否则经济研究就不能很好地解释现实世界中的经济现象，而不断地放松原先一些严谨的假设，从而使理论模型中的假设世界进一步接近真实世界，这也是主流经济学近一个世纪以来发展变化的基本路径。主流经济学的这种发展趋势，也使得文化因素进入经济分析成为可能。

新制度经济学在 20 世纪 80 年代的兴起为文化经济学提供了发展的契机。在新制度经济学的分析框架中，正式制度和非正式制度都是影响经济绩效的重要变量，而文化、习俗、传统、道德规范这些因素恰恰属于非正式制度的范畴。这样，在新制度经济学这股潮流的推动下，文化经济学从 20 世纪 80 年代开始又重返主流经济学舞台。随着苏联解体和东欧改制，这些曾经实行严谨中央计划经济体制的国家开始从原计划体制步入市场体制，这些国家的经济体被经济学界称为"转轨经济体"。波兰、捷克等"转轨经济体"非常成功，而另一些"转轨经济体"却举步维艰，并伴随着较为严重的社会动荡。这些为文化经济学提供了经验研究的机会，而大多数实证研究的结果将二者的差异归咎于文化因素。这样的结论隐含着这样一个观点：正式制度发挥作用的前提条件是正式制度必须与文化环境相兼容。波兰、捷克等国的文化环境在一定程度上更接近"传统的西方社会"，而俄罗斯、乌克兰等国的文化传统则与"传统的西方社会"有较大的距离。另外，日本、新加坡、韩国、中国台湾地区、中国香港地区和中国自 20 世纪 80 年代以来经济迅猛发展，取得了巨大的经济成就，"亚洲模式"的成功使经济学者尤其是西方经济学家重新审视文化对经济发展的影响作用，因为这些取得巨大经济成就的国家都处于儒家文化的直接影响之下，这也在客观上推动了文化经济学的兴起和发展。

第二节　文化经济学的发展历程

作为一门独立的学科，文化经济学的出现仅有五六十年的时间；然而，人们对文化与经济之间关系的探索却可以追溯得非常久远。了解这些观点及思想的发展历史，有助于更好地理解文化经济学。

一、文化经济学的早期研究（20世纪60年代以前）

古希腊古罗马时期人们就开始了对文化与经济的思考。古罗马著名学者西塞罗说，具有较高价值的行业包括需要高超技艺且对社会有较大利益的行业，如医生、建筑师、幼儿教师等应该受到尊重。比较早地研究文化对经济的影响可以追溯到"曼德维尔悖论"，它说明了勤俭节约对于个人而言是美德；但对社会来说未必是好事，会引起失业增加、商业衰落和经济崩溃。相反，奢侈贪婪对于个人来说是劣行；但对于社会来说，会引起各种职业需求，激发人们热爱劳作、提供服务，促进社会繁荣。

资料链接：

曼德维尔悖论

1714年，曼德维尔出版了《蜜蜂的寓言》，他把人类社会比喻为一个蜂巢："这些昆虫生活于斯，宛如人类，微缩地表演人类的一切行为。"在"这个蜜蜂的国度"里，每只蜜蜂都在近乎疯狂地追求自己的利益，虚荣、伪善、欺诈、享乐、嫉妒、好色等恶德在每只蜜蜂身上表露无遗。令人惊异的是，当每只蜜蜂在疯狂追逐自己的利益时，整个蜂巢呈现出一派繁荣的景象。后来，邪恶的蜜蜂突然觉悟了，向天神要求让他们变得善良、正直、诚实起来。"主神终于愤怒地发出誓言，使那个抱怨的蜂巢全无欺诈。神实现了誓言……"接着，在整个蜜蜂的王国中，一镑贬值为一文，昔日繁忙的酒店渺无人迹，不再有人订货，全国呈现出一片萧条的景象。

私欲的"恶之花"结出的是公共利益的善果。

资料来源：曼德维尔. 蜜蜂的寓言 [M]. 中国社会科学出版社，2002.

古典经济学的创始人亚当·斯密在此基础上，假定人是自私的，人们倾向于通过交换来满足自己的需求。他从分析分工理论开始，阐述了价值与价格、货币理论、资本积累理论，最后得出了经济自由主义。他说："我们亟待得到晚餐，不是根据屠夫、酿酒师或面包师的仁慈，而是因为他们都关心自己的利益。我们需要关注的不是他们的仁慈，而是他们对自己的爱；从来也不用向他们说我们需要什么，只是向他们说什么是他们的利益所在。"经济自由主义这一思想深刻地

影响着西方文明发展的进程。

英国著名经济学家大卫·休谟认为，活动、消遣和悠闲是人类幸福的三个方面。教育、风俗和先例在促进人类幸福方面起着巨大的作用，然而只有在工业发达、技术进步的时代才能使这三方面得到满足；技艺发展往往促使文化艺术进步，后者反过来又促进技艺和科学进步；各种门类的技艺越是发达，人们就越爱好交际。他把这三点概括为勤劳、知识和仁爱。休谟指出，这三方面非但在私生活方面显示出益处，而且在社会生活中扩散其有利的影响：它们既使个人富庶幸福，又使国家繁荣昌盛。

萨伊在1794—1799年间，担任《哲学、文艺和政治旬刊》的主编。1803年，他出版了《论政治经济学概论》一书，在该书中，萨伊指出所谓资本就是能够协助劳动共同创造价值的装备和产物，构成生产资本的有工具、生活必需品和原料。他研究了"资本的形成和增加"，提倡积累资本。萨伊提出，"有这样一种价值，它必定是实在的价值，因为人们非常珍视它，愿以贵重和经久的产品交换它，但它自身却没有永久性，生产出来，便立即归于消灭。我叫它无形产品"。按照这个理解，医生、音乐家、演员、律师、法官及公务人员等，都被他列入生产无形产品的行列。斯密曾称这些人是"非生产劳动者"，萨伊批评斯密由于把财富理解为具有可以保存的价值的东西，所以才导致这种错误。在他看来，一切具有交换价值的东西都是财富，而这些人的活动具有交换价值，所以他们的劳动也应该是生产劳动。他还指出，这并不是说，这些人越多越好，"生产无形产品的劳动，像其他劳动一样，只在它能扩大效用因而能够增加价值的范围内是生产的。所花费的劳动如果超出了这一点，多余的劳动便是不生产的劳动。"

西斯蒙第认为，古典经济学以财富为对象而忘记了人，政治经济学的目的应该是增进人的物质福利，财富是手段，享受是目的。只有增加了国民享受，国民财富才算是增加。

历史学派的先驱李斯特在他的《政治经济学的国民体系》中说，"基督教、一夫一妻制，奴隶制和封建领地的取消，王位的继承，印刷、报纸、邮政、货币、计量、历法、钟表、警察等事物、制度的发明，自由保有不动产原则的实行，交通工具的采用——这些都是生产力增长的丰富源泉。"他特别把发展生产力的希望寄托在国家身上，他反复强调，国家政治上的统一、文化上的发展、国家对经济发展的扶植，是一国经济发展不可或缺的条件。

约翰·罗斯金更是明确主张将文化与艺术价值放在经济理论分析框架范围之内。他出版了《艺术的政治经济》（1857年）、《政治经济散文》（1862年）、《劳动者的力量》（1871年）和《经济学释义》（1872年）等著作，在这些作品中他提出了自己的伦理主张和经济主张。他高度评价文艺复兴前期的艺术作品，否定文艺复兴现世的和肉欲的艺术。在罗斯金看来，不管是高级艺术，还是实用艺术，都应该起到对人的改造和教化作用，使人懂得如何过健康生活、提高生活的审美趣味。罗斯金的这些观点对"艺术与手工艺运动"的发展起到了指导性的作用。在他的影响下，英国的艺术与手工艺运动对世界上许多国家的实用艺术发展产生了影响，推动了艺术与现代工业的结合，也推动了现代设计艺术的发展。

马克斯·韦伯较为深入地研究了文化对经济的影响，1904 年出版了《新教伦理与资本主义精神》，1913 年出版了《儒教与道教》，在这两本著作中，他认为不同文化观念对经济发展有不同的影响。1911 年，维尔纳·桑巴特出版了《犹太人与现代资本主义》一书，提出了犹太宗教理念催生了资本主义精神的观点。他认为，犹太人通过国际贸易、殖民开发、创立信用票据、证券交易、二手交易、自由竞争等"现代"经济机制及经营手段，成为"资本主义的奠基人""犹太人的重要性是双重的。一方面，他们影响了现代资本主义的外在形式；另一方面，他们又表达了现代资本主义的内在精神"。这种对资本主义崛起过程中犹太因素的探讨，被学界称为"桑巴特命题"（Sombart's Thesis）。

二、20 世纪六七十年代的研究

英国文化经济学者露丝教授梳理了自 20 世纪 60 年代以来的文化经济学发展阶段，她认为，20 世纪 60 年代文化经济学的主流是艺术经济学，主要关注表演艺术的经济问题，代表问题就是鲍莫尔提出的"成本病"。学术界也普遍认为，威廉·鲍莫尔和威廉·鲍文发表于 1966 年的著作《表演艺术的经济困境：一个关于戏剧电影和音乐舞蹈问题的研究》标志着文化经济学这个学科的正式诞生。作者在这本著作中对美国表演艺术行业的非营利性和生存困境之间的矛盾进行了深入细致的经济学分析，这引发了众多经济学者对文化产业、文化产品及文化市场的关注。

有学者将鲍莫尔对经济学的研究称为"狭义的文化经济学"，他们认为这一阶段对文化经济的研究是运用经济学的标准理论对文化行业、文化产品及文化市场进行的研究和分析。由于文化行业、文化产品，以及文化市场之间的关联性及其特殊性，狭义的文化经济学的研究逐渐形成了其特有的理论范式。威廉·鲍莫尔和威廉·鲍文后来又分别发表了一些关于文化产业资源配置的文章，因而他们成为狭义文化经济学的代表性人物。狭义文化经济学从资源配置角度阐明了文化资源配置和开发、文化供给与需求、文化投资与消费的现象及其规律，也从流通角度阐明了文化市场、文化商品及其价格的特点和运行规律。

此后，越来越多的经济学者从事文化产业的跨学科研究。对于这个阶段，有人进行了十分精妙的总结，认为这一阶段的文化经济学研究进入了"四有"时期：有了一个协会（1973 年），一份期刊《文化经济学刊》（*Journal of Cultural Economics*）（创刊于 1977 年），一个国际性会议（1979 年），以及数量可观的研究成果。这个时期的研究成果主要集中在《文化经济学刊》和其他若干署名"文化经济学"或相类似名称的著作上，这些成果涵盖了文化经济学研究的诸多领域——文化产品的定价、文化产品的消费、文化政策、文化产品贸易等，为文化产业研究确立基本的问题域。之后，在国际文化学会成立及其专业刊物《文化经济学》的促进下，狭义文化经济学开始在美国得以繁荣和发展，并于 20 世纪 70 年代中后期开始进入欧洲。著名经济学家和社会学家加里·贝克尔说，"应用经济学分析框架讨论种族歧视、犯罪、婚姻和家庭、偏好形成及社会互动等诸多与文化相关的课题，并取得了许多突破性的成果。"[1] 从某种角度看，狭义文化经济学就是经济学在文化产业领域的具体应用，也即文化产业、文化产品及文化市场的经济学分析，其本质是文化产业、文化产品和文化市场的经济学分析，在狭义文化经济学的分析框架中，个人仍是在约束条件下追求效用最大化的理性"经济人"，文化因素对经济学行为人的影响是"外生的"，因而文化不作为内生变量出现在理论模型之中。

这一阶段，文化经济学学者也开始关注博物馆及文化遗产，其中最为热点的问题之一是文化遗产的财政资助。皮考克 1968 年撰写了关于文化经济学的著作《公共资助与音乐》，他研究了文化项目财政资助的集权性及其弊病，对此，皮考克提出了两种解决方案：其一是短期的方案，即将财政补贴的对象从生产者转向消费者；其二是长期的方案，即通过艺术教育等手段改变人们的偏好，从而重建市场配置资源的机制。皮考克研究的范围包括音乐行业现状的统计描述、鲍莫尔"成本病"理论的批判、音乐行业的困境与出路、音乐资助政策等诸多领域，其很多提法开历史先河，很多结论至今仍令人深思。皮考克通过实证研究质疑鲍莫尔的论证逻辑及结论：其一，表演艺术并非"停滞"，艺术家的创意能够在一定程度上提升生产率，而且表演艺术本身也由于技术革新而变化，如由于新媒体技术的发展，人们接受音乐的渠道再也不局限于剧院；其二，关于艺术家工资水平同步增长的结论应当存疑，最起码皮考克所主持的英国管弦乐队调查项目的结果表明，艺术家的工资水平并非同步增长，而是略有下降；其三，有关两个部门产出相对稳定的假设并不可靠，因为人类进入后工业时代以来，服务业的生产总值不断增长，两个部门之间的生产要素在不断流动。

即使到了这个时候，对于文化经济学的思考和研究都还是仅被视为这些经

---

① 梁碧波. 文化经济学：两种不同的演进路径 ［J］. 学术交流，2010（6）：74 – 78.

济学家们的"爱好"而已，其主要学术研究还是传统经济学领域，主要声誉大都是由于传统经济学方面的贡献。我们所耳熟能详的学者，从凯恩斯、罗宾，到艾伦·皮考克、威廉·鲍莫尔，他们在文化经济学中的贡献虽然卓著，甚至被公认为文化经济学奠基人的威廉·鲍莫尔，对于他们而言，文化仅是他们的业余爱好：凯恩斯被认为是艺术方面的通才，无论是视觉艺术还是表演艺术他都有着非凡的鉴赏力；罗宾森则对视觉艺术情有独钟，甚至担任英国国家艺术馆的独立董事；威廉·鲍莫尔则倾心于绘画；而艾伦皮考克在伦敦经济学院时就亲自组织乐队，而且这种爱好贯穿一生。这也使得对文化经济学的研究在这一阶段缺乏体系性的建构。作为新兴分支学科，这个阶段所出版的文化经济学著作多以论文集的形式出现。其原因正如布劳格（Blaug）在其主编《艺术经济学文集》的序言中所言，"对于文化经济学研究而言，尚缺乏足够的资源来写一部教材，也许就目前阶段而言，出版一本论文集是恰当的，也是有益的。"

三、20 世纪八九十年代的研究

在 20 世纪的最后 20 年里，有关文化经济学的文献数量大增。其中，许多文化经济学教科书问世。英语版本的包括三本：分别由思罗斯比（2000 年）、奥·黑根（1998 年）、埃尔布兰和格雷（1993 年）撰写。其中，思罗斯比着重于价值的创造，后两本则以福利经济学的观点为基准。法语版本的由本·哈穆（1996年）、福尔奇和萨戈特·迪沃鲁（1994 年）、格雷夫、普夫利格尔和鲁日等（1990 年）撰写。这些颇具影响力的教科书的出版，标志着文化经济学进入一个较为成熟的阶段。与此同时，文化经济学的论文也大量出现在一些权威或重要的经济学刊物上，如《美国经济评论》《政治经济学杂志》《国际社会科学评论》《文化政策》《艺术经验研究》《国际文物杂志》《国际文化管理杂志》等学术杂志。文化经济学已经被国际文化经济学协会确立为研究领域，该协会定期组织会议并编辑一本评论性刊物——《文化经济学杂志》。

露丝教授认为，20 世纪 80 年代，文化经济学关注的重心从高雅艺术转向文化产业，其代表性问题包括文化产品定价等；到了 20 世纪 90 年代，美国经济学会开始将文化经济学作为经济的分支学科纳入其旗下刊物的投稿目录，不过其名称依然是"艺术经济学"，这标志着文化经济学的学科地位得到广泛认可，文化经济学研究问题的范围也更为宽泛。

这一时期，伴随着制度经济学的再度兴起，出现了更多的学者研究文化因素如何影响经济思想和经济行为，其中比较有影响的学者包括：Hal Tison、E. Lawrence、Samuel P. Huntington（2000）和 Avner Greif（1994）。这些学者通过研究都不约而同地认为，某些欠发达国家的民族文化中的某些要素，构成了经济发展的障碍，经济学家将欠发达国家的经济落后现象部分归咎于文化因素。后来的学者将这些研究称为"广义文化经济学"，它以文化与经济发展之间的关系为研究对象。哈利·莎特朗（Harry Hillman Chartrand，1990）区分了"Cultural Economics"和"Economics of Culture"，他认为前者应该是"广义的文化经济学"；后者为"狭义的文化经济学"。狭义的文化经济学是文化产业、文化产品和文化市场的经济学分析，广义的文化经济学探讨文化对经济思想、经济行为及经济绩效的影响模式、影响渠道和影响效应，文化因素被当作影响经济系统运行的重要变量。狭义文化经济学的发展方向由理论研究、经验研究转向政策研究，而广义文化经济学则出现了在理论框架上与新制度经济学相互融合的趋势。

与狭义的文化经济学的诞生和兴起不同，广义的文化经济学的诞生和兴起并没有什么被广泛认可的标志性事件，但广义文化经济学的历史渊源却追溯至古希腊古罗马时期。广义的文化经济学的兴起，伴随着对主流经济学中的"数学逻辑形式主义"和"工具理性"这种趋势的质疑和抵制。现阶段的广义文化经济学在研究方法上一般遵循以下步骤：首先，确定文化对预期和偏好的影响；然后，确定不同的偏好和价值观对经济绩效的不同影响；在此基础上，利用调研数据进行回归分析，从而过滤出具体的文化因素对经济绩效的具体影响。在计量分析中，一些工具变量被用来替代文化因素。

遗憾的是，文化经济学领域内迄今稍有影响力的仍是 20 世纪 60 年代的成本疾病理论。尽管研究范围扩大、内容更加深入，但实质性研究方法上的进步仍未出现。

四、2000 年以来的研究

2006 年《艺术与文化经济学手册》（*Handbooks of the economics of art and culture*）出版，这是文化经济学学科走向成熟的重要标志。这不仅因为文化经济学作为经济学的分支学科，被列入全球知名出版集团爱思唯尔（Elsevier）出版的《经济学手册》（*Handbooks in economics*）之中，而且因为该书是文化经济学史上最系统权威的集大成之作。2010 年，露丝·陶斯出版了《文化经济学》，"具有个人特色的文化经济学""将文化经济学的领域从传统的领地扩展至更为广泛的领域，这个领域包括创意产业以及预制相关的版权法问题。"

任何主流经济学的发展都伴随着相关的研究方法，随着理论领域的拓展和实践领域的扩张，文化经济学衍生出许多研究方向，如文化遗产经济学、文化资本评估理论、文化经济地理学等。

（一）文化遗产经济学

20 世纪 80 年代以来，随着社会经济的发展、科学技术的不断进步，社会生产力水平得到空前提高，人们在享有更多物质财富的同时，拥有了更多的闲暇。人们的消费观念和消费行为开始发生巨大变化。人们开始追求更高层次的生活质量，即追求文化与精神层次的消费。能够为人们提供文化和精神消费服务的资源包括人文资源、自然资源等，文化与自然遗产是其中最具有综合价值、最能满足人们多方面文化与精神需求的资源。当文化与自然遗产为社会提供消费服务时，就意味着它具有经济功能，并且在国民经济中发挥作用，而且这种作用随着人们对文化和精神消费的不断增加而得到增强。当文化与自然遗产用于为社会提供文化与精神消费服务时，所需费用已经成为经营成本。当社会的文化与精神需求日益增长时，文化与自然遗产作为一种稀缺资源，其稀缺性日益突出。文化遗产经济学应运而生。

早在 20 世纪 70 年代，英国经济学家艾伦·皮考克将建筑文物的研究引入经济学，其相关著作成为文化遗产经济学的奠基之作。近年来，对于考古地点、文物、建筑物、建筑群、艺术作品等文化遗产的保护和保存问题成为经济学家研究的兴趣之一。遗产特征、文物保护、遗产保护引起建筑学家、考古学家和历史学家关注的同时，也引起了经济学家和政策研究者的注意。1997 年，澳大利亚经济学家思罗斯比经过研究作出论断，认为建筑文物受到不同形式规则的制约。1998 年，里佐运用政治经济学的方法模型对遗产条例进行了研究，发现在西方国家，很多遗产、建筑和艺术品都是公共所有、私人所有和政府控制三者并存，公共所有、私人所有的比重伴随着政府控制发展的深度和广度而变化。他们关注更多的是规制对文化遗产发展的消极方面，也有学者从积极的方面进行研究，认为没有必要将规制理论应用于遗产领域。

（二）文化资本评估理论

20 世纪 60 年代末 70 年代初，法国学者布迪厄在《资本的形式》中提出了文化资本理论术界对文化资本的关注。1986 年，布迪厄在《文化资本与社会资本》中，又对"文化资本"作了更全面的阐述。他将经济学领域的资本概念挪到了社会学领域，从而对以资本形式存在的社会资源和权力及其再生产进行结构分析。布迪厄认为文化资本以三种形式存在。第一种形式是嵌入状态的文化资本。它主要是指通过家庭教育及教育投资而积累和嵌入个体身体中的习性、技能、修养等文化形式。第二种形式是客观化的文化资本，即客观化为具体物质载体的文化资本，如文学、绘画、雕刻作品等。第三种形式是体制化状态的文化资本。它是由体制认可的关于某种文化能力的资格或证书，如学术资格或毕业文凭等。1999 年，思罗斯比将"文化资本"概念引入经济学，使其成为除成本、人力资本和自然资本之外的第四种资本。认为文化资本是以财富的形式具体表现出来的文化价值的积累。这种积累紧接着可能会引起物品和服务的不断流动。与此同时，形成了本身具有文化价值和经济价值的商品。2002 年，卡拉马提出文化资本既是个人的财产，也是企业、城市甚至国家财产的组成部分。同时，"效益指标"这一概念也被应用到文化经济学中来，用于对非营利机构的评估。

（三）文化经济地理学

地理学对文化创意产业的关注，延承了学科本身的传统，即主要研究有关全球化或全球生产链、城市化、产业集群、产业区、城市和区域发展等经典问题，通过揭示创意、创新或文化创意产业对城市和区域发展的影响，实现其政策应用价值。地理学有关文化创意产业的区位、空间和地方的研究，主要表现为对文化经济的就业、公司和产值等主要指标的地图绘制及区位变动情况的分析等，这类研究虽然非常直观地提供了文化经济的基本信息，但其研究价值并未被地理学圈外广泛认知。不过，西方地理学者最近几年所开展的与现实和政策更紧密关联的研究，逐步显示出地理学家日益强大的政策影响力和学术建构力。例如，英国地理学家安迪·C. 普拉特（Andy C. Pratt）为联合国教科文组织（UNESCO）和贸发大会（UNTCAD）所做的研究，包括文化经济统计以及被译成中文出版的《2008 文化经济报告》，推动了国际社会对文化创意产业的倡导和相关政策的制定；美国地理学理查德·佛罗里达（Richard Florida）有关"创意阶层"和"创意城市"的研究，富有广泛影响力，为文化经济学科开辟了新的领域和政策视野。运用地理学视角关注文化创意产业的学者和研究成果，尽管相对有限，但最近有增加的趋势，主要表现在西方学术界，不仅在地理学圈内，而且在地理学圈外受"空间转向"影响的其他学科，也开始有意或无意地运用了关注空间的地理学视角，开展文化创意产业的跨学科研究。地理学内部发出了"文化经济地理学兴起"的声音。

马克·布劳格这样评价文化经济学："一方面，文化经济学在趣味及其形成、文化需求与供给、艺术市场、艺术经济史、艺术劳动力市场、成本病、非营利艺术机构、艺术资助等领域有着丰硕的成果，并构筑了文化经济学学科的基本问题与框架"；另一方面，文化经济学还存在重大缺失，如忽视技术在艺术变革中的作用，有关艺术家作为主体及其创意在产品中作用的研究严重不足。[①]

---

① ［英］露丝·陶丝. 文化经济学［M］. 周正兵，译. 大连：东北财经大学出版社，2016.

第三节　我国文化经济学学科的发展

文化产业作为 21 世纪的"朝阳产业"，在经济全球化的大趋势下，已经成为发达国家的国民经济支柱产业之一，成为推动经济社会发展的重要新动力。近年来，美国的文化产业一直保持强劲的增长，其市场规模的不断扩大使得美国在世界文化产业发展中占据着主导地位，文化产品连同其价值观覆盖全球，尤其是电视电影行业、出版业和娱乐业。数据显示，2015 年美国版权产业增加值占 GDP 的 11.69%。英国作为仅次于美国的世界第二大文化创意产业国家，近年来积极拓展海外创意产业合作。2016 年，英国与中国的创意产业相关企业相互签署 5 项商业合作协议，协议涵盖了创意产业中的电玩游戏教育、动画合制和影视制作等。日本目前仍然是世界最大的动漫制作和输出国，在全球播放的动漫作品 60% 来自日本，在欧洲更是高达 80% 以上。同时，日本的游戏产业几乎占有全世界 50% 以上的市场。韩国作为文化产业输出大国，2016 年文化产业出口额同比增长 9.7%，达 62.1 亿美元。其中，游戏产业出口额同比大增 7.2%，达 34.5 亿美元，占出口总额的 55.5%。卡通、知识信息、音乐等产业的出口额同比增幅为 7.3%、11.1%、18.7%。

一、我国文化经济发展的实践

就文化经济活动在我国发展的实践来看，早在我国唐宋时期属于文化市场的书画市场就已经十分成熟，在米芾的《画史》《书史》《宝章待访录》等著作中可以看到历代皇室、豪门贵族及士大夫、寺观僧道乃至小工商业者经营消费活动的记载。到了明清时期，书画商品化程度加深，书画市场的交易内容、规模和交易方式都更加成熟，市场的发展也更加规范，出现书画价格明码标价的现象，郑板桥制定的"板桥润格"[①]，成为中国画家明码标价卖画的第一人。"大幅 6 两，中幅 4 两，小幅 2 两，条幅对联 1 两，扇子斗方 5 钱。凡送礼物食物，总不如白银为妙；公之所送，未必弟之所好也。送现银则心中喜乐，书画皆佳。礼物既属纠缠，赊欠尤为赖账。年老体倦，亦不能陪诸君作无益语言也"。

辛亥革命后，改革的浪潮席卷了全国，在新的市场经济环境的影响下，民国书画市场除延续传统的市场模式以外，也随时代变化而出现了转变。相比明清时

---

① 润格，是指书画家出售作品所列价目标准，又称润例、润约和笔单等。

期呈现出的市场的多样性，在民国初年不仅有传统的书画经营机构古董店、南纸店等，还出现了以往没有出现过的展览会、书画社团等。书画家们也从书画自娱、耻于言利的状态，转变成努力宣传自己的润格、积极促销自己的书画作品。鸦片战争之后，随着通商口岸的开放，外国资本开始源源不断地涌入中国，并且开始涉足中国的书画市场，在齐白石为萧松人撰写的润例中就有"尝作丈画，捷克人以三百金购去"的记载。1933年，巴黎中国美术展览会开幕，展览期间，法国国立近代外国美术博物馆购买了齐白石的《棕树》、陈树人的《芭蕉》、张大千的《荷花》、徐悲鸿的《古柏》等书画作品。

改革开放初期，伴随着文化体制改革，我国文化市场开始复苏。我国政府主要实行了以下措施：一是"以文补文"的措施，对文化事业单位普遍实行收费服务；二是实行了"双轨制"改革，国有的事业性质的文化团体要少而精，其余大多数文化表演团体实行多种所有制形式，由社会力量主办。这一时期的改革与实践，使人们对文化的经济属性有了更深入的认识和理解。1992年《中共中央国务院关于加快发展第三产业的决定》中，"文化产业"这一概念被正式提出和使用。随着我国确立了社会主义市场经济体制改革的目标，为文化产业的发展提供了良好的发展环境，文化产业的发展进程开始明显加快。政府开始推行文化法制建设，完善文化产业政策、加强文化市场的管理。2001年我国文化产业增加值为210.68亿元，占GDP的比重为0.19%。

党的十六大之后，文化产业发展也进入了快速发展的阶段。2003年我国开始实施文化体制改革试点，改革试点共有35个试点单位和9个综合试点省市，行业遍及新闻媒体、出版单位、博物馆、影视制作企业等。到2005年，进入"十一五"时期，文化体制改革试点全面铺开，随着相关优惠政策的实施，促进了文化产业的扩张和规模的增长。2002年以来，我国文化产业增加值从250亿元增长到2010年的11052亿元，这一时期文化产业增加值的绝对量增加了10802亿元，年均增长率达20.6%。"十二五"时期，"推动文化产业成为国民经济的支柱性产业，增强文化产业的整体实力和竞争力"，文化产业被正式列为国家战略性支柱产业。经过了文化产业高速发展的阶段，这一时期开始重点强调文化产业结构调整，并且开始大力发展文化创意产业、数字内容和动漫等重点产业。

《中国文化产业年度发展报告》显示，2016年，我国文化产业实现增加值30785亿元，占GDP的比重是4.14%，文化产业从业人员有1132万人，占全部产业从业人员的比重为1.5%。2017年我国经营性文化产业机构超过3万家，初步形成由娱乐业、演出业、音像业、网络文化业、文化旅游业等组成的文化产业体系。2017年，我国东部、中部、西部地区分别围绕发展创意产业、挖掘历史文化资源、彰显民族特色等思路，大力发展文化产业，初步形成各具特色的文化产业带。在东部，积极构建长江三角洲、珠江三角洲、环渤海地区三大文化产业带。在中部，在弘扬晋商文化、中原文化、荆楚文化上做文章，促进演艺业、影视业、旅游业的快速发展。西部的云南走以地域性民族文化为内涵、以文化旅游为主线、以品牌运作为核心的产业发展路径，在全国形成较大影响。综合来看，我国文化产业发展与经济发展格局基本相同，呈现东高西低的区域不平衡发展态势。从文化产业单位数量、从业人数的地区分布看，东部地区分别占全部的66％和69％；从实现的增加值看，东部占74％，中西部占26％。这真正显示和论证了文化是新的经济增长点，是转变经济增长方式的重要抓手，是满足民生的重要内容，是一个国家软实力和综合实力的重要体现。

二、我国文化经济学科的发展

比较而言，我国文化产业学科建设不仅滞后于西方，而且滞后于我国文化产业的实践。我国文化经济学研究起步较晚，20 世纪八九十年代初国内学者开始关注文化经济学的研究，最初以翻译国外文献为主要研究方式。1986 年，《国外社会科学》刊登了法国学者梅西龙的"艺术经济学"，1995 年《经济问题》刊登了关于法国本戈齐的《文化经济学》论著的介绍，这些介绍对我国文化经济学的研究产生了深远的影响。就当前国内文化经济学的文献来看，也多是介绍国外文化经济学者的理论，如周正兵（2016，2017）介绍了思罗斯比、鲍莫尔及艾伦·皮考克的理论，李全生（2002）、朱伟钰（2012）等介绍了较为系统的布迪厄的文化资本理论。

国内学者就文化遗产、文化资本、文化产品定价、文化与区域经济增长的关系、文化政策等方面有较多的研究。在文化遗产的价值方面，郑易生（2002）提出自然文化遗产具有存在价值、潜在的经济价值和现实的经济价值，与之对应存在三种利益群体即全社会成员、地区居民和开发经营集团，并分析了其相互间的关系和存在的问题及认识误区。在文化遗产的保护方面，单霁翔（2007）就文化遗产保护的时代意义和文化遗产面临的生存危机做了详细的探讨。他认为文化遗产积淀和凝聚着深厚丰富的文化内涵，是反映人类过去生存状态、人类的创造力及人与环境关系的有力物证，是城市文明的纪念碑。但同时，文化遗产无法复制和不可再生的特征又向我们提出了严肃的课题：它们的不可再生性要求我们必须进行妥善而有效的保护；它们的文化价值又要求我们积极而合理地对其加以利用，为现实的生存和发展服务。阮仪三（2003）研究了原真性原则对中国文化遗产保护的重要意义，他指出，文化遗产的原真性是衡量文化遗产的表现形式和文化意义的内在统一程度。同时，他认为文化遗产保护面临的最大敌人是各种片面和错误的认识观念，并剖析了当前文物古迹的修缮、重建和新建仿古建筑中存在的片面认识和问题。

袁晓婷（2006）认为，文化资本是能够带来价值增值的一系列价值观、信念、看法和思维方式的总和，一方面可以体现人类行为的本质特征和决定人类选择的基本依据；另一方面又潜在地制约和影响着制度安排、技术进步及物质利用。并系统地分析了文化资本在经济增长中的表现形式及其在经济增长中直接或间接的影响作用。金相郁（2009）通过建立中国各区域的文化资本存量水平的估计指标，具体采用层次分析法和均值化方法，计算并分析了2005年中国各省级区域的文化资本存量水平，发现中国各区域的文化资本的区域分布存在着较为显著的不平衡性。在此基础上，运用柯布—道格拉斯生产函数模型进行的回归分析验证了文化资本对区域经济发展具有正面影响的观点。牛宏宝（2010）论述了文化资本的概念，认为文化本身并不构成资本，而是现代产权制度将文化创造形塑成了文化资本。文化资本由文化—知识产权、创造文化知识产权的人力资本和产业的组织结构所蕴含的组织资本三种资本形式构成，基于这一概念探讨了文化创意产业的特性和组织运作，提出文化资本是文化产业的核心，文化产业就是通过文化资本的投入、转型生产和运营的产业，其资产评估和测量也应以文化资本为核心。

在文化产品定价的研究上，但红燕（2011）根据文化产品所具有的创意性、衍生性、价值的非消耗性、可复制性、传播快速性、成本结构特殊性、对消费者偏好的依赖性、市场的集群性等属性，提出建立和完善文化产品的定价机制，应从定价目标入手，结合文化企业的发展战略和产业链位置，确定相应的价格空间，进而选择合适的定价策略。庞建刚（2012）具体针对文化创意产品的定价策略进行研究，综合了已有的成本角度和市场价格歧视角度的定价策略，从经典经济学的边际定价模型出发，结合文化创意产品属性特征，提出了基于消费者认知价值的文化创意产品定价模型，并运用期权定价方法对模型进行了分析和测算，提出文化创意产品基于时间序列的分段式定价策略。

在文化产业政策的研究方面，胡惠林（2015）从文化治理的角度研究文化政策，认为文化政策是最重要的治理手段和治理工具，政治治理、经济治理和文化治理这三个发展阶段的治理模式与道路，规定和建构了当代中国文化政策的基本内容与发展走向，形成了当代中国文化政策空间的主要逻辑结构。陈宇翔（2016）从文化产业立法、战略规划、扶持政策和部门政策梳理了我国文化产业政策的基本架构及其整体效能，并针对文化产业政策的不足与主要问题，提出了政策完善的方向与重点。

文化经济学学科的发展是在文化产业管理专业与学科发展的基础上推进的。2003年12月，由上海交通大学倡议与北京大学、清华大学、山东大学、云南大学、华中师范大学、山西财经大学等七所高校联合发起的"全国高校文化产业研究与学科建设联席会议"在上海交通大学召开，包括复旦大学、北京师范大学、南京航空航天大学、南京艺术学院、深圳大学、中南大学、中央财经大学等15所高校的专家学者参加了联席会议。2004年，教育部正式在本科专业目录外设立文化产业管理专业。山东大学、中国海洋大学、云南大学和中国传媒大学获批成立文化产业管理专业。此后，北京大学、清华大学先后轮流主办了联席会议，参加的院校越来越多。此后每年一届的会议扩大了文化产业管理专业学科的影响和建设，2013年，国务院学位委员会正式将文化产业管理专业作为科学的学科建设纳入整个高等学校本科专业目录，成为国家新学科和新人才培养体系的重要战略组成。文化产业管理专业建设的不断深入促进了相关核心课程的建设，文化经济学的教材建设及相关研究也越来越受到国内学者的关注。

在文化经济学相关著作方面，周正兵教授2009年的《文化产业导论》是国内较早关于文化经济学研究的专著。该书从经济学基本理论出发，确立了文化产业经济学诠释的立体性框架，即"导论""上篇""下篇"三个板块："导论"阐述文化产业兴起的文化、社会逻辑和经济学特征，并在综合借鉴的基础上对文化产业做出了经济学层面的界定；"上篇"基于微观经济学的分析理路，全面阐释了文化产业中涉及产品、生产和市场等微观层面的内容和特征；"下篇"则基于产业经济学的基本框架，系统分析了文化产业的组织形式、市场结构和市场行为。

胡惠林教授2006年主编的《文化经济学》是国内较早的文化经济学的教材。该教材阐述和探讨文化艺术生产、流通、分配和消费环节的经济现象、经济关系及其发展规律，分为文化生产、文化需求供给及均衡、文化消费、文化市场、文化商品等十章内容。

昝胜锋2016年出版了文化经济学教材，这本教材以产业组织学为基础，系统地阐述了文化产业的基本概念、基本特征和影响因素，将传统、经典的S－C－P分析结构分析框架与现代经济学理论中的一些成果结合起来，这些理论包括博弈论、交易费用理论、新制度经济学等，重点研究文化企业、文化产业、文化市场三者之间的组织形式和相互关系。重点分析文化企业市场力量是如何形成和作用的；文化企业竞争策略及行为是如何产生和实施的；文化产业市场绩效与规制是如何表现和决定的。

三、新时代文化经济学学科的发展

"十九大"报告中指出，中国特色社会主义文化，源自中华民族五千多年文明历史所孕育的中华优秀传统文化，熔铸于党领导人民在革命、建设、改革中创造的革命文化和社会主义先进文化，植根于中国特色社会主义伟大实践。发展中国特色社会主义文化，就是以马克思主义为指导，坚守中华文化立场，立足当代中国现实，结合当今时代条件，发展面向现代化、面向世界、面向未来的，民族的、科学的、大众的社会主义文化，推动社会主义精神文明和物质文明协调发展。要坚持为人民服务、为社会主义服务，坚持百花齐放、百家争鸣，坚持创造性转化、创新性发展，不断铸就中华文化新辉煌。

中国特色社会主义新时代的主要矛盾是人民日益增长的美好生活需要和不平衡不充分的发展之间的矛盾。这意味着当代中国从站起来、富起来向强起来的转换中，当代中国人的需求也在发生深刻变化，已经由主要满足物质需求，转化为主要满足精神需求。文化建设的核心就是满足人的精神需求。满足文化需求是满足人民日益增长的美好生活需要的重要内容。文化建设的基石是文化自信。没有高度的文化自信，没有文化的繁荣兴盛，就没有中华民族伟大复兴。文化自信必须基于对文化发展规律的认识和把握，基于中国强大的经济实力。从历史上看，一个国家、一个民族国力强盛，一个国家的文化往往也会比较繁荣。满足人民过上美好生活的新期待，必须提供丰富的精神食粮。要深化文化体制改革，完善文化管理体制，加快构建把社会效益放在首位、社会效益和经济效益相统一的体制机制；完善公共文化服务体系，深入实施文化惠民工程，丰富群众性文化活动；加强文物保护利用和文化遗产保护传承。健全现代文化产业体系和市场体系，创新生产经营机制，完善文化经济政策，培育新型文化业态。广泛开展全民健身活动，加快推进体育强国建设，筹办好北京冬奥会、冬残奥会。加强中外人文交流，以我为主、兼收并蓄。推进国际传播能力建设，讲好中国故事，展现真实、立体、全面的中国，提高国家文化软实力。

由此，构建新时代的文化经济学学科体系，推进文化经济学学科的发展，是一项非常有意义的工作。

关键术语

鲍莫尔病　狭义文化经济学　广义文化经济学　文化遗产经济学　文化资本评估理论　文化经济地理学

问题与思考

1. 文化经济学产生的社会背景是什么？
2. 试述"鲍莫尔病"。
3. 试述文化经济学发展历程。
4. 文化经济学研究有哪些新动态？

第三章　文化价值

价值是一切经济行为的出发点和动机，文化价值是联结经济学与文化的基石。因此，在开展具体的文化经济问题分析之前，我们首先回顾一下经济学中的价值理论，然后进行文化价值的概念界定，分析文化价值的内涵、文化价值与经济价值之间的关系，并对文化价值货币化等理论问题进行深入探讨。

第一节　价 值 理 论

在人类思想与活动领域，最被人们常用的一个概念就是"价值观"，它为我们的思考提供框架，潜移默化地影响着人们的行为，影响人文社科领域的活动，但这个"价值"并不是我们研究的文化价值。我们要研究的价值与市场相关，与消费者、商品的效用、价格等因素有关。本节回顾一下经济学中的价值理论。纵观经济学史，可以看到，最具影响力的两大价值理论体系是劳动价值理论和效用价值理论，而且这两大价值理论随着人类社会经济生活的发展而不断演化和完善。

一、劳动价值理论

最早对劳动价值论进行研究的是 17 世纪中期到 19 世纪 30 年代流行的资产

阶级的古典政治经济学。这一时期的代表人物是威廉·配第、亚当·斯密以及大卫·李嘉图等。由于受重商主义的影响，威廉·配第始终未做到从交换价值当中抽象出价值来；而亚当·斯密在《国民财富的性质和原因的研究》中系统地探讨了劳动价值论，并在劳动价值理论的基础上发展了自己相当完备的价格理论。他从分工引出交换，再从交换引出价值并第一次明确使用了使用价值和交换价值两个概念。亚当·斯密关于劳动价值论有如下论述："劳动是衡量一切商品交换价值的真实尺度"。亚当·斯密的价值理论是二元的：一方面，他认为，"劳动是衡量一切商品交换价值的真实尺度"，商品的价值取决于"获得它的辛苦与麻烦"，即取决于生产商品所耗费的必要劳动量；另一方面，他又认为商品价值"等于它使他们能够购买或支配的劳动量"，或等于它所能购买到的"劳动的价值"。亚当·斯密在《国富论》第六章"论商品价格的组成部分"的第一节，讲述了一个鹿与海狸的故事：在资本累积和土地私有尚未发生的初期野蛮社会，获取各种物品所需要的劳动量之间的比例，似乎是各种物品相互交换的唯一标准。如狩猎民族捕杀一头海狸所需要的劳动，若二倍于捕杀一头鹿所需要的劳动，那么，一头海狸当然换两头鹿。所以，生产产品的价值由劳动时间来决定。他把劳动价值论只看作适用于早期原始社会的一种理论。他指出不同职业的劳动在难易、污洁、技能、训练、尊卑、风险、责任轻重、升迁可能、职业爱好等各个方面均有不同，同时他还考察了在先进社会中，这些差别如何从产品价值或劳动报酬中得到补偿。

亚当·斯密在《国富论》中还提出了"价值悖论"，也被称为"水和钻石悖论"。他说，没什么东西比水更有用；能用它交换的货物却非常有限；很少的东西就可以换到水。相反，钻石没有什么用处，但可以用它换来大量的货品。这也说明了商品的内在价值与作为价值尺度的价格（交换价值）之间的分离。亚当·斯密并没有能够回答这个问题，直至后来的边际效用理论的出现。

大卫·李嘉图作为古典经济学的完成者，在亚当·斯密理论的基础上进一步发展和完善了劳动价值理论，吸收了斯密价值理论中的劳动价值论成分，抛弃了斯密的二元劳动价值论，以劳动价值理论为基础探讨了价格理论。

19世纪中期，马克思在前人的理论研究基础上，在方法论和学说体系上进行了深刻改造和重要创新，提出了自己的劳动价值理论。马克思首先提出了商品二因素理论。在马克思看来，商品作为能够交换的劳动产品，本身既具有使用价值又具有价值，集二者为一身。商品的第一个要素就是使用价值。商品能够用来交换的原因，首先就是它具备有用性。此外，在商品的生产过程中凝结了一般人类劳动，使其得以具有价值。价值是交换价值的基石，交换价值是价值的展现形式，二者紧密相连。从某种意义上来说，商品进行的交换，实际上是生产该商品的劳动的交换。马克思提出了劳动二重性学说，劳动的二重性决定了商品的二因素。第一，生产商品的劳动是具体劳动，生产者为了生产出能够满足不同人不同需求的商品，进行着各式各样的劳动行为。从劳动的对象、生产的方法及最终要实现的目的这些方面来看都是相异的，这就是具体劳动。在它身上看到的是人与自然的联系，但不能以此来断定这是作为生产商品的劳动的仅有属性。第二，进行生产商品的劳动也是抽象劳动，是无差异的人类劳动。商品的价值量由社会必要劳动时间决定，商品实行等价交换。社会必要劳动时间为"在现有社会正常的生产条件下，在社会平均的劳动熟练程度和劳动强度下，制造某种使用价值所需要的劳动时间"。在商品生产和交换过程中，商品的价格与价值相一致是偶然的，不一致却是经常发生的。这是因为，商品的价格虽然以价值为基础，但还受到多种因素的影响，使其发生变动。一般情况下，影响价格变动的最主要因素是商品的供求关系。在市场上，当某种商品供不应求时，其价格就可能上涨到价值以上；而当商品供过于求时，其价格就会下降到价值以下。同时，价格的变化会反过来调整和改变市场的供求关系，使得价格不断围绕着价值上下波动。

二、效用价值理论

效用是指商品满足人的欲望的能力，或者说效用指消费者在消费商品时所感受到的满足程度。效用是一种主观的感受，是消费者对商品满足自己欲望的能力的一种主观心理评价。效用价值论是以物品满足人的欲望的能力或人对物品效用的主观心理评价解释价值及其形成过程的经济理论，它同劳动价值论相对立。效用价值论在17—18世纪上半期资产阶级经济学著作中有明确的表述。英国早期经济学家 N. 巴（1640—1698）是最早明确表述效用价值观点的思想家之一。他认为，一切物品的价值都来自它们的效用，无用之物，便无价值，物品的效用在于满足人的欲望和需求。意大利经济学家 F. 加利亚尼（1728—1787）是最初提出主观效用价值观点的人之一。他认为，价值是物品同人的需求的比率，价值取决于交换当事人对商品效用的估价，或者说，由效用和物品稀少性决定。

在度量效用的问题上，经济学家先后提出了基数效用和序数效用的概念。在此基础上，形成了基数效用论和序数效用论。

基数效用理论是由德国的戈森、英国的杰文斯、奥地利的门格尔和法国的瓦尔拉提出的。基数效用理论有两个基本假设：第一，消费者有既定的收入，并面临着既定的价格。这就是边际效用理论分析问题的限制条件，只有在这种限制条件下，最大化才有意义。这一限制条件也体现了经济学所要解决的最根本问题：人类社会面临的永恒的稀缺性。第二，消费者要使其消费行为实现效用最大化。

在此基础上，他们假设，效用和重量、长度一样，都是可以度量的、有大小的，计量效用大小的单位叫作效用单位；效用可以相加；他们还假定如果消费两种物品，那么这两种物品之间的效用是各自独立的、互不影响的。他们提出了边际效用递减规律，即随着一个人消费某物品数量的增加，增加的效用或边际效用量是递减的。

20世纪初，意大利经济学家维尔佛里德·帕累托等发现，效用的基数性质是多余的，经济学中可以使用序数效用概念，即以效用值的大小次序来表示满意程度的高低，而效用值本身的大小是没有任何意义的。消费理论可以建立在序数效用论的基础之上。

三、价格理论

价格理论是揭示商品价格的形成和变动规律的理论。价格反映的是一种商品交换关系。均衡价格理论可以用供求定理来说明，即需求的增加或减少会引起均衡价格同方向的上升或下降，供给的增加或减少则会引起均衡价格相反方向的下降或上升。均衡价格则是当需求与供给两种相反作用的力量相当时，处于相对稳定状态的市场价格，这时，商品的供给价格与需求价格相一致。当需求与供给失衡时，实际的市场价格会偏离均衡价格，但这种偏离由于市场机制的自发作用，则又有自动恢复到均衡价格的趋势。"市场价格不过是商品潜在价值的一种并不完美的表现，它几乎总是受到难以与长期趋势相区分的短期扰动，从而使得均衡价格的建立变得非常困难。即使抛开短期扰动，也会存在很多导致价格扭曲的因素，如通过不完全竞争市场、不完全信息等。而且，价格没有反映商品购买者所享有的消费者剩余"。"价格充其量是价值的一个指标，但它不一定是价值的直接量度；在经济学中，价格理论解释了价值理论，但无法替代价值理论"。

在文化领域，市场失灵现象极其普遍。有些文化产品具有私人产品的属性，而大多数文化产品有更重要的公共收益，文化价值常常不能够由价格来体现，而要采取其他方式。这就是艺术和博物馆资助政策的经济学基础，因而文化政策选择提供免费的文化服务。在英国，国家博物馆是免费开放的，有些城市甚至推出免费露天音乐会，尽管这些产品或服务是免费的，并不意味着这些产品在经济学意义上是免费的。

价格无疑是私人企业提供产品与服务价值的合理衡量手段，正是其销售收入为企业生产更多产品提供了资金。价格在此为企业的价值信号。如果生产的产品过多，就意味着供给超出需求，卖方就会减价以消除多余的库存；相反，价格上涨就意味着需求超过供给。供给与需求通常在互动中决定价格，然而有些产品的存量较为固定，如范曾的一件书画作品，其需求就能决定价格，艺术拍卖就是如此。

第二节　文化价值的界定及分类

从第一节中的价值理论和价格理论分析可以看出，对于一般商品其价值的决定及价格的实现，可以利用劳动价值理论、均衡价值理论等来进行解释；而对于文化商品而言，由于文化商品的特殊性，其在价值形成上也具有有别于一般产品之处。

一、文化价值的界定

无论就理论意义还是现实意义来说，文化价值都是一个重要的概念。但如同文化的界定一样，尽管学术界大量使用这个词，但这个范畴并没有被系统和深入地讨论过。因此，对于文化价值这个概念的界定存在两个困难。

第一个困难在于不知文化价值的指向，即这个概念指的对象是什么。我们可以从人们的审美活动和艺术创造中领略审美价值，也可以从人们的道德行为和伦理关系中捕捉道德价值，还可以从人们的宗教仪式、观念与行为中把握宗教价值。而一说到文化价值，我们却有些茫然，它似乎无所不在，却又虚无缥缈。20世纪80年代以来，当文化哲学和价值哲学同时兴起，关于文化问题的探讨使"文化"这个概念泛化甚至混乱，关于价值的讨论似乎也陷入僵局，作为这两个问题的"合题"，"文化价值"就更不知指向何物了。

第二个困难是人们在使用"文化价值"这个概念时，因角度不同而出现的歧义之大，是学术概念中少有的现象。学术界对于这个概念的界定大体有以下几种：①文化性质的价值，即客体、对象在人们的文化生活方面所具有的意义和价值，与经济价值、政治价值等概念相对应。这里的"文化"尤指精神文化，故文化价值也就相当于精神价值，与物质价值相对应。②一个民族文化中所包含的价值系统，或者一种文化体系所体现的价值取向。例如，美国当代著名文化人类学家本尼迪克特（Ruth Benedict）认为，每一种文化模式都存在特定的价值系统，即社会价值和价值观念，它是一种文化的主导特质，决定着文化模式的差异。余英时先生谈中国文化的价值，其含义也与此相近。③民族文化的功能系统。这种用法常见于人类文化学。例如，英国社会人类学家马林诺夫斯基（Malinowski，1884—1942）认为，"文化是包括一套工具及一套风俗——人体的或心灵的习惯，他们都是直接或间接地满足人类的需要"。④人为优化自己的生命存在所追求的意义。如把文化价值理解为人对自己生命存在的文化意义的理解和确定，特别是人类文化活动的终极目标和价值。庄思晦认为，"所谓文化价值，归根到底是对于人的全面发展所具有的意义。"

然而在讨论文化价值问题时如果不作界定，实际使用起来就有很大的主管随意性，因而对于概念的挖掘也显得比较重要。在目前部分学术研究中，有一个比较通用的解释：客观事物所具有的能够满足一定文化需要的特殊性质，或者能够反映一定文化形态的属性就是文化价值。

文化价值是社会产物，不能把文化价值仅理解为满足个体文化需求的事物属性。人不仅是文化价值的需求者，而且是文化价值的承担者。文化价值任何时候都是为人服务的，人类不需要的东西不具有文化价值。同时，文化价值又是由人创造出来的。不管是人的文化需要，还是满足这种需要的文化产品，都只能在人的社会实践中形成。人们创造文化需要和文化产品的能力，本身也是文化价值，而且是最本质的文化价值。任何社会形态都有该社会特有的文化需要，这种文化需要只有通过人们的文化创造活动来满足。

因此，在社会文化价值中，发展人的文化创造能力具有重要意义。由于文化需要的复杂多样，所形成的文化价值关系也是形形色色的。对于某个社会生活共同体，其具有文化价值；对于另一个社会生活共同体，则可能不具有文化价值，甚至具有反面价值。

二、文化价值的分类

文化价值与文化密切相关。一方面，价值具有文化性。因为价值总是属于人的价值，而人总是文化的人，既然是文化的人，那么文化的人必然具有文化的因素。随着人们物质性需求的不断满足，这些文化因素也就越来越多地进入主体的需要之中。而人的需要中的文化因素，又必然会进入价值之中。所以价值必然具有文化性。另一方面，文化具有价值性。因为文化生成之后，又是以价值的形式作用于人，从而使文化具有了价值的性质。而所谓的文化价值，其实不是别的，就是指那些凝结在人们通过实践活动所创造的物质产品和精神产品中并能够满足人们的物质和精神文化需求的价值。文化价值是一种多样化的、变动中的概念，因而不能从单一角度理解文化价值，我们能做的就是尽力将文化价值分解为至少若干比较重要的组成要素。在此，我们借用思罗斯比在《经济学与文化》中对文化价值的分类方法，以艺术品为例，将文化价值细化为以下几个方面。

1. 审美价值

尽管不想进一步解构不好把握的美学概念,但是,我们至少可以认为,作品所具有的美感、和谐、外形及其他的美学特征是公认的文化价值构成部分。在审视作品的过程中可能存在另外的美学要素,如风格、时尚、好的或坏的品位都会影响审美价值。

2. 精神价值

可以把精神价值放在正式的宗教语境去阐释,在宗教语境中,作品对于宗教信徒、部落成员或其他文化群体的成员有着特殊的文化意义,或者从世俗角度来说,精神价值指的是全人类所共有的内在品质。精神价值所传递的有益效果包括促进理解、启迪智慧和提供洞见。

3. 社会价值

艺术品可以展现人与人之间的相互关系,可以有助于我们理解所处社会的本质,并且有助于形成身份和地位的意识。

4. 历史价值

一件艺术品文化价值的重要组成部分可能是其历史联系:它如何反映创作时代的生活状况,以及如何通过提供与过去的连续性来启迪当下。

5. 象征价值

艺术品和其他文化物品是象征意义的储备库和传递者。如果一个人在解读艺术品的过程中涉及了象征意义的提炼,那么作品的象征价值就既包括其本身的意义本质,也包括了其对消费者的价值。

6. 真实价值

这种价值指通过艺术品本身能反映出它是真实原创的、独一无二的艺术品。毋庸置疑,除了上面列出的其他价值外,作品的真实性与完整性本身就拥有显而易见的价值。

资料链接:

小提琴协奏曲《梁祝》的审美价值

小提琴协奏曲《梁祝》不仅是中国音乐史上的一部伟大作品,在世界音乐舞台上也占有一席重要位置。这首协奏曲从1959年在上海首演到传遍世界各地,成为举世公认的音乐艺术经典作品,其传播范围之广和影响程度之深在中国的音乐作品中几乎是独一无二的。

从音乐美学的视域来看，音乐欣赏是音乐作品创作和表演的最终目的。著名音乐美学家于润洋先生认为："当听者把一个呈现在他的听觉之中的声音实体当作一个'音乐作品'，以审美的态度进行感知的时候，此刻，音乐作品对于听者来说，便不再简单是一个与他的意识无关的声音实体，而是一个审美对象了。"审美对象相对于审美主体而言即审美客体，并非任何客观事物均能成为人的审美客体，只有通过审美实践被审美主体发现并认识改造，且具有独特性、形象性、感染性的客观事物才能成为审美对象。由此，涵盖多种审美形态的艺术作品成为审美客体的主要内容，尤其是浪漫型的音乐作品最适于深刻地打动主体内心世界。在小提琴协奏曲《梁祝》中，在乐曲开始的呈示部，当优美秀丽的长笛装饰音在轻柔的弦乐震音伴奏中缓缓奏出之时，听者"在感知这个声音实体的同时，一种审美性的意识活动在进行着。听者通过对声音实体的审美感知和把握，其意识同时伸向了深藏于声音结构之中的意蕴，在意识中产生了某种审美意象：在音乐作品中原已转化为声音实体的情感体验这种心理性的东西在听者意识中被还原，音乐作品便在一个具有一定音乐感受能力的听者的意识中，作为一个审美对象被把握了。"这时，在听者的意识活动积极参与后，小提琴协奏曲《梁祝》成为一个离不开听者（接受者）意识活动的、非实在的观念性客体。从这个角度来看，这部音乐作品在演奏过程中即是观念性客体，又是物态性客体，其双重性的存在方式在听者审美愉悦活动中实现了有机辩证的统一。

资料来源：匡秋爽. 民族艺术经典的音乐美学阐释 - 小提琴协奏曲《梁祝》的审美价值再解读［J］. 山东社会科学，2017（5）：88 - 93.

不论价值评估尺度是固定的还是可变的，是客观的还是主观的，均可提出这样一套标准。因此，不管指导原则是绝对的还是相对的，通过这种方式可以对文化价值进行分解，在识别各种文化价值概念方面就可以取得一定进展。

第三节 文化价值与经济价值

文化领域中的价值，一定程度上来说来自于其所依附的文化产品之中，如电影、舞台剧、文学作品。蕴藏于其中的文化价值除了具有一定的社会属性和审美价值、精神价值这样的非经济属性之外，还具有潜在的货币化能力，即经济价值。

文化价值是产生经济价值的基础，是文化产品最本质、最真实的存在；经济价值是市场对文化价值的反映，是文化产品在市场中的表象。经济价值与文化价值的合成构成了文化产品的价值。单纯偏向于经济价值，也许就会使文化价值黯然失色；单纯偏向于文化价值，也会出现一些弊端，如部分文化产品的生产者会因为生活难以为继而陷入创作困境、一些地方对特色文化产品的过度开发耗尽了这种文化产品发展的底气和潜力最终影响了经济收益等。只有将经济价值与文化价值统一起来，文化生产才能走上良性循环的道路。

文化价值是实现其经济价值的基础和前提。第一，文化产品的本质目的是满足人们的精神需求特别是审美需求，任何文化产品只有具有高度的文化价值和审美价值，做到真善美的统一，才有可能受到消费者的青睐。只有那些被消费者认可的文化产品，才会有广阔的市场空间和良好的市场表现。第二，文化产品的经济价值一定程度上是其文化价值的表现形式。市场竞争条件下，产品的价值往往通过交换来实现，所以部分文化价值也是通过经济价值来实现的。如果文化产品无法在社会大生产的各个环节实现顺畅流通，无法成功地交换和消费乃至获得资本增值，那么它的文化价值就无法发挥功用。

文化产品的经济价值与文化价值之间虽然存在良性互动，但也存在着一定的矛盾。文化价值和经济价值之间不存在必然成正比的关系，即在某些特殊的情况下经济价值并不必然反映其文化价值。文化产品的经济价值由消费者的需求和市场关系决定，由于消费者审美能力的差异和文化需求层次的不同，文化市场和文化产品也具有多元和多样的特点，畅销的产品并不一定具有较高的文化价值，具有较高文化价值的作品在市场上不一定畅销，也就是说不一定具有较高的经济价值（见图3-1），如凡·高在世时的作品，一些拔尖文学家、艺术家的穷困潦倒正是对文化产品的文化价值与经济价值不成比例的有力佐证。

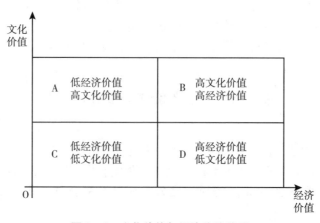

图3-1　文化价值与经济价值关系

经济价值与文化价值的统一，并不意味着将文化产品的价值按比例分配。经济价值可以通过货币尺度来衡量，但是文化价值很难用货币尺度度量，这就构成了文化产品价值综合的难题。文化价值寓于人们的心理体验和主观感受，可以用效用尺度来衡量。

第四节　文化价值市场化的实现机制

文化价值作为文化与经济联结的基石，最根本的原因在于随着经济社会的发展，文化价值可以转化为经济价值，即文化价值可以市场化。那么，文化价值市场化的前提条件是什么？文化价值市场化的实现机理是什么？下面我们进行分析。

一、文化价值市场化实现的前提条件

文化产品的潜在价值能否转化为交换价值，实现货币化，能够成为消费者愿意支付的、满足其精神消费需求的文化商品，从而获得价值确认，主要取决于两个因素：一是社会的文化背景；二是文化商品的社会运作机制。正如美国学者彼得·埃茨科恩所说的，文化产品转化为商品，一要借助于社会结构，而社会结构自有其运行规律；二要通过社会集体，而社会群体要以文化上的若干标志来标明自己的范围。

第一，文化就其本质意义而言，是人与人之间互相识别的标志，一种具有某种象征意义和意味的符号。不同的文化背景，实际上就是不同人的"身份证"。由于生活在不同地域环境中的人群受到各种不同的生存环境的制约，他们为生存发展，便自然的形成许多自我约束和规范行为的习俗惯例，用以协调和处理整个社会内部与外部的各种关系，这就是一定人群的价值系统和文化系统。这种系统的形成本质上体现了不同的礼仪，因此，这种文化价值系统在不同人群的互相识别和互相区别中就显得特别重要。这样的文化系统一旦形成，不仅规定和影响了一定文化背景下的文化商品的生产，而且也影响到一定文化背景下产生的文化商品的价值的实现和传播。

第二，文化商品的社会运作是影响文化商品价值实现的又一重要机制。文化商品不同于一般商品的特点还在于，文化商品的生产主体并不单单依靠数字统计就可以把握消费者对文化商品的需求，而是更多地取决于他们在社会、民族和政治等发展的不同阶段、不同背景下的心理需要。也就是说，文化商品在较大程度

上满足了其精神和心理的需要。文化商品满足人们精神消费的程度越高，其市场价值往往也就越大。

在第一产业占主导的时代，资源的使用多是一次性的；在创意时代，文化资源可以被反复使用，而且越是在困难时期，文化就越能够发挥其强大的凝聚功能，以及其独特的产业价值。当以资本、原材料或劳动力为核心要素的物质生产出现危机的时候，以思想、创意或知识产权为核心要素的文化产业，却显现出其特有的活力与生机；当文化作为一种产业可以转化出较高的经济价值的时候，文化资源的价值和内涵就成为一个国家或地区的核心竞争力。

二、文化价值市场化的实现机理

一般来说，文化价值货币化的实现机理包括以下三个方面。

第一，文化是文化价值的基础，文化价值的实现在某种程度上正是通过对文化资源的开发利用使人们在消费产品中达到精神需求的满足，这种资源并不完全由物质自然界决定，且是可再生和可重复产生并被利用的，但具体怎么利用则取决于人们对这些资源的认识程度，文化资源越是被人们深入了解，其市场就会越大，其重复利用的可能性也就会越大。如石库门代表了老上海的建筑文化，上海新天地通过对这一建筑旧区的改造，对百年历史的石库门建筑外表整旧如旧，内部彻底现代化，既适应了 21 世纪都市人的生活需求，又保留了一个城市的历史风貌。来自世界各国和地区的餐馆、商店、娱乐业投资者纷纷落户于此，从而不仅变石库门原先的居住功能为商业经营功能，使古老建筑既有观赏价值，还具有自我生存和发展的能力，而且创造了一种新的时尚休闲文化生活，成为一个尝试通过文化建设带动经济发展的成功案例。目前，上海的新天地已经成了一个具有国际知名度的聚会场所，并被纳入上海旅游景点的清单。上海新天地的缔造者罗康瑞说，老房子不是包袱，而是财富，城市里的老房子是这座城市的历史和文化的载体，是城市的价值，要保留老房子的特征，又要按现代人的要求对它进行改造，让老房子的价值体现出来，并得到提升。

第二，具有一定文化品位并有消费需求的消费群体，是文化价值市场化实现的又一文化基础。根据预测，在人均 GDP 达 1600 美元水平时，对文化产品的消费应占收入的20%，但我国目前对文化产品的消费尚不足1/4。我国人均 GDP 水平的提高并不一定意味着对文化产品消费需求的提高，实质上还存在着消费水平的差异和对文化产品价值的认识问题。从产品供给方来讲，通过产业链的开发满足不同层次消费者的需求和开发出居民愿意消费的产品是关键因素。与传统产业注重改变产品使用价值不同的是，文化价值的实现是以消费者的文化需求为导向，关注顾客价值，特别是对文化的认同，通过改善产品的观念价值获得市场和利润。在创意经济时代，人类的创意力将逐步成为经济发展的首要推动力。创意也将对文化价值的实现提供重要的推动力量，为消费者提供与众不同的新体验，从而提高产品与服务的观念价值。

第三，文化产品则是文化价值体现的重要载体。随着人类经济的不断发展，人均 GDP 不断提高，城市消费层面也随着经济的发展而不断升级。人类基本的需求如生存需求、安全需求已不再是人类追求的重要需求目标，自我实现、美的需求成为创意经济时代消费者新的需求目标。这就催生了新的多样化的文化产品需求，创意产品则是其中的重要类型。创意经济时代消费者对文化创意产品的需求表现出追求产品的奇特性、追求满足精神需求的产品和消费者社会责任及其观念的更新等消费特点。首先，在市场经济竞争的时代，产品供大于求，消费者有更多的选择余地，在产品质量和服务保证的前提下，人们更多地将目光停留于产品的奇特性上。文化创意产品创意元素的植入，恰好能够满足消费者的需求；其次，追求满足精神需求的产品也是文化创意产业时代的消费特点。在创意经济时代，人们的生活方式已发生极大改观，追求高雅艺术、欣赏音乐、参观展览、收藏艺术品等已成为城市中部分消费者的生活方式，而文化创意产品中所蕴含的文化要素、科技要素正是满足消费者精神需求的主要吸引力；最后，消费者社会责任及其观念的更新，体现了文化创意产业时代人们追求自我价值观实现的消费特点。经济的快速发展，使地球面临着资源枯竭的隐患，社会的宣传和消费者的认识，也是促使文化创意产品产生的一大原因。因为文化创意产品一般都是低能耗、少排放或零排放的产品，对于自然资源起着保护的作用。

三、公共文化产品文化价值的市场化实现

我们以艺术博物馆为例，说明公共文化产品文化价值的市场化。艺术博物馆是公共文化产品的一个表现形式，对不同的人作用不同。对于艺术家而言，它们是作品的展橱；对于艺术史学家而言，它们是专业素材的储藏库；对于博物馆学家而言，它们在将艺术信息与文化信息传播给社区方面起着至关重要的作用；对于城市规划者而言，它们是文化旅游和娱乐的圣地；而对于经济学家来说，它们是非营利组织，按照复杂而又多元的目标函数进行经营，并面临着各种经济约束和非经济约束。

艺术博物馆的文化价值与经济价值之间是相辅相成、互相联系的关系，但是由于实现的目的差异而使两种价值的实现方式不同。

博物馆的经济价值的开发其实就是博物馆在实现文化价值的过程中自然而然产生的。只要是为了博物馆文化价值的最大化发挥所做的努力和尝试都是经济价值产生的源泉。在整个文化价值产生的过程中，社会大众是文化价值是否发挥作用的最好的、最有效的评判者，他们同时也是博物馆的消费者，在享受博物馆带来的文化价值的同时，他们也在为这些服务适当消费，这是合情合理的。在整个供销链条中，不需要刻意地去找经济价值的实现途径。一切的产业开发都是为了文化价值的实现而做出的，其结果是直观地体现在了经济价值的增值上。所以不论是直接的产品开发、服务增值，还是间接的产业链条设计、品牌效应等都是围绕着博物馆的文化价值的开发而开发的。经济价值在开发过程中，通过市场的推动，便会产生经济效益，实现博物馆的经济价值增值。因此，对于艺术博物馆而言，文化价值的实现一方面要依托其良好的资源优势，充分发挥艺术品的经济价值，形成以艺术品为中心的会展和产业链开发。比如说纪念物品的发行，通过拍卖会加大品牌效应。另一方面，要积极借助多媒体技术与科技的发展，实现自身的飞跃，通过高科技效应来打造自身的价值。可以通过正规的教育活动来产生私人的利益，或者为职业艺术家提供保管及展览的私人服务也可以实现自身的经济价值。

让我们再来分析艺术博物馆的文化价值市场化的实现。艺术博物馆文化价值的实现是侧重博物馆馆藏文物和博物馆自身文化属性的相关方面的价值开发。注重对博物馆文物相关知识的展示、教育、研究、传播等；另外，对博物馆自身建筑的文化属性、历史属性的展示与传播，这些都是博物馆文化价值的实现内容。对于前者来说，在传统的展示方式方法上，首先是如何通过全新的科技手段更广泛、更加深入地传播文物相关知识是当今博物馆实现文化价值的重要手段。如互联网对文物知识传播起到的作用，多媒体技术对文物深层的研究带来的效果等。其次是尽可能通过开发更多的间接展示、教育、研究、传播渠道，使得文物自身不会因为在实现其价值的过程中受到一定程度的损害，这样更加有利于文物的保护，也不影响价值的体现。对于博物馆自身文化价值的实现则可以通过丰富的纪念产品来实现，其价值的实现很大程度上取决于经营文物展出所带来的影响力。世界著名的博物馆都在经营方面有独特的方法，不只是取决于博物馆馆藏文物的分量有多重，馆藏文物再珍贵，如果不会经营，不会用更好的手段开发服务内容和产品，博物馆的文化价值也无法得到充分的实现。

关键术语

价值　劳动价值论　效用价值论　文化价值　经济价值

问题与思考

1. 文化价值的内涵是什么？

2. 文化价值与经济价值之间具有什么样的关系？

3. 文化价值市场化的实现机理是什么？

第四章 文化资本

学习目标

通过本章学习，应了解和掌握以下内容：

1. 文化资本的含义。
2. 布迪厄的文化资本理论。
3. 有形文化资本及其特征。
4. 无形文化资本及其特征。
5. 文化资本的积累。
6. 文化资本的可持续。

资本这一概念广泛应用于经济学领域，是用于生产的基本生产要素之一，被定义为具有经济价值的物质财富或生产的社会关系。文化资本的概念又搭建起一座桥梁，让我们从经济学的意义上理解文化现象。本章主要阐述文化经济实践领域中的文化资本概念、分类及特征、文化资本的积累及文化资本的可持续发展等问题，为以后各章节的分析奠定良好的基础。

第一节 文化资本的概念及分类

一般情况下，我们很容易理解，一件艺术品或一处建筑遗产可以被理所当然地视为文化资本。而语言、习俗等也被大家认为是文化资本。那么什么是文化资本？我们先从分析资本的概念入手。

一、资本的概念

理论经济学认为，资本只是物，只是一种生产要素。生产是将资源组织起来，进行加工以生产产品，直接或间接满足消费者需求的过程。生产过程的投入要素包括自然资源、劳动、货币资本。劳动指人们在生产过程中提供的体力和脑力的总和，被称为人力资本；自然资源不仅指土地，还包括地上和地下的一切自然资源，如森林、江河湖泊、海洋和矿藏等，被称为自然资本；资本的实物形态又称资本品或投资品，如厂房、机器、原材料等，被称为物质资本；资本可以表现为实物形态或货币形态，资本的货币形态又称货币资本。

经济哲学认为，资本不是物，资本是人与人之间的一种关系。关系是人与人之间在活动过程中直接的心理上的关系或心理上的距离。人际关系反映了个人或群体寻求满足其社会需要的心理状态，因此，人际关系的变化与发展取决于双方社会需要满足的程度。在社会学意义上，关系是中国社会中特有的一种人际互动形式，是费孝通差序格局理论中的重要概念。按照他的解释，在传统中国社会中，"社会关系是逐渐从一个一个人推出去的，是私人联系的增加，社会范围是一根根私人联系所构成的网络"①。它是被人切身感受到的一种存在，这一存在有时不用解释，如家庭关系、社会关系、人际关系、组织关系、社团关系等，可以说无人不处在各种关系交织的网络之中。

从投资活动的角度看，资本与流量核算相联系，而作为投资活动的沉淀或累计结果，资本又与存量核算相联系。存量指在一定给定的时点上存在的文化资本的数量，可以用实物总量或总价值等任何适当的会计单位来衡量。流量存量随着时间的推移会引起服务流量，产生的服务流量可以用于消费，或者进一步生产商品或服务。

二、文化资本的概念

文化资本不同于物质资本、人力资本和自然资本，属于第四种资本。可以这样定义，文化资本是一种特殊的文化资产，除了拥有经济价值之外，文化资本还体现、贮存并提供文化价值。

文化资本表现了某经济主体在文化上的有利或不利因素，它在特定的条件下可以转换成经济资本。要理解文化资本的概念，必须区分以下概念。

第一，文化资本与人力资本。人力资本论强调学校教育对经济主体获取知识和技能的重要性，认为教育投资是基于经济主体自由意识与意志的理性行为；而文化资本论则重视早期家庭教育和学校教育两方面的作用，认为文化资本的积累主要是通过再生产的方式完成的。人力资本主要包括两方面的内容：通过投资于教育和各类培训所获得的资本，具体包括知识和技能等与文化有关的内容；通过

---

① 费孝通. 乡土中国 [M]. 北京：中华书局，2013.

医疗和保健等途径获得的资本，主要体现为个人卫生、健康和寿命。布迪厄的文化资本也由两部分组成：与知识有关，主要指通过学校教育掌握的知识和技能；与个人的教养有关，专指通过早期家庭环境获得的品位、感性和气质。由此可见，人力资本和文化资本既有相互重叠的部分，也有相异的部分。相同部分是二者都通过投资于学校教育（也包括各种培训）获得知识和技能，而二者存在差异的部分主要体现为在资本的获取方式上有所不同。

第二，文化资本与社会资本。文化资本表示各种各样的知识和技能。社会资本表示人脉与网络。首先，文化资本的占有是社会资本积累的前提。从文化资本的具体状态来讲，它是一种真正的"私有财产"。社会成员首先需要经过文化教育、人身修养等过程，将文化资本实体化、具体化，并将其投入具体行动中，以获取效益。在文化资本的积累过程中，社会成员是亲历亲为的。在此意义上，文化资本是个体性的，而社会资本则是群体性的。社会资本一旦产生就不可能为单个人所占有，而是以共享的方式使社会成员受益。其次，社会资本影响个人或群体的文化资本存量。具体的文化资本无法通过礼物或馈赠，但它可以通过家庭教育来传承并积累。这种传承和积累一方面源于父母对子女的直接文化教育，另一方面源于父母所拥有的社会资本。父母所拥有的社会资本的丰富程度直接影响子女对文化资本的多样性占有。最后，社会资本与文化资本的相互转化。一般而言，社会资本、文化资本与经济资本之间的转换是最为频繁的。社会资本和文化资本之间的转化也多以经济资本为中介，如在求职过程中，一个具有高等学历、在面试中展现出优雅谈吐的应聘者往往易于博得招聘专员的好感。其文化资本经制度化的认证后转化为招聘专员对其工作能力的信任，从而在竞争中顺利胜出。

第三，文化资本与经济资本。具体化、体制化文化资本一般都存在向经济资本的转换。经济资本与文化资本的产生并不具有同时性和一致性。一些早期经济资本家和现代金融寡头并不一定拥有文化资本；同样，在现代社会中，一些拥有文化资本的"知本家"并不一定拥有经济资本。这样就为持有文化资本的劳动者开辟了一条晋升之路，允许他们利用自己的文化资本优势，收到文化资本在劳动力市场上的回报，改善自身社会地位，得以跻身上层社会之列，从而改变整个社会结构。文化资本投入文化生产中既创造文化价值，又生产经济价值。其中，文化价值是文化资本物品的内涵，经济价值是文化价值的载体。当社会需要引导文化生产时，文化资本变为一定经济产品投入社会，在市场机制的运行中实现交易，以经济收益体现出文化资本的价值。文化资本生产和再生产，需要经济资本投资，经济资本的投资状况，决定了文化资本的生产和积累的状况。文化资本的运行，需要经济资本的推动，经济资本为文化资本运行提供动力源。文化资本的持有者和运行主体，对经济资本向文化资本的转换也具有主观能动性，后者的文化活动能力、强度及有效时间，直接决定了经济资本向文化资本转化的比率和成效。

三、文化资本的分类

文化资本可以依据很多标准进行分类，较为重要的一种分类是依据文化资本的形态来分类。文化资本具有外显和内隐两种形态，于是便可以将文化资本分为显性文化资本和隐性文化资本两种形式，即有形文化资本和无形文化资本。

一般来说，有形文化资本包括建筑物、遗址、庭院、绘画、雕塑、手工艺品等。有形文化资本主要存在于被赋予文化意义和文化价值的文化产品中。有形文化资本主要体现在物质性层面，表现为物质性的文化产品，是文化与文化实践活动物化的结果。因此，有形文化资本可以在个体与个体、组织与组织之间直接而又简单地交换、传播和消费，从而实现文化资本的文化价值并获取经济利益。由于有形文化资本主要停留在物质层面，因而在很大程度上容易被模仿或仿制。

有形文化资本具有以下特征：由人类创造且能够持续一段时间；如果不加以保护最终会随着时间的流逝而残破不堪；通常可以买卖等。有形文化资本一般具有可以度量的资金价值，即使用衡量文化价值的各种指标和标准，可以依次确定文化资本的文化价值存量和文化价值流量。如历史建筑属于有形文化资本，其经济价值在于它以建筑物的实体而存在，与其文化价值无关。这些资产的经济价值可能因其文化价值而得到显著提升，文化价值会产生经济价值。再以油画这样的艺术品为例，尽管其纯粹的物质价值（几张画布、几块木板）可以被忽略不计，但是它们却从文化内容中获得了大量经济价值。

无形文化资本是指某个群体所共享的思想、习惯、信仰和价值观，也表现为音乐、文学这样的公共商品的艺术品。其主要体现在精神性层面，它是文化资本植根在个体心智或组织内核之中的价值观念、行为方式、思维方式等内隐的文化资本，包括各种文化知识、技能、生产者的素质和能力等是个体和组织长期内化和积累的结果。因此，无形文化资本难以被复制和模仿。无形文化资本的特征体现在以下几个方面：文化资本是一种智力资本，被忽视会失去价值，也可能通过新的投资而增值；随着时间的推移，它也会产生服务流；智力资本的保持和创造都需要资源的投入。

相比较而言，无形文化资本在文化资本运作中的作用更大、更重要，是文化资本拥有者进行创新和竞争的核心要素。可以说，无形文化资本是文化资本的智力资产，能使文化资本拥有者在文化资本运作中处于不败之地，进而获取更多的文化效益和经济效益。现有的音乐与文学作品、文化习俗、信仰、语言等都有巨大的文化价值，但不能进行资产交易，因而不具有经济价值。这些资产存量引起的服务流会产生文化价值和经济价值。

无形文化资本的经济价值与文化价值之间的关系有所不同，如现有的音乐作品和文学作品存量、文化习俗和信仰的存量、语言存量，都有巨大的文化价值；但是，除了未来收益权（如文学作品或音乐作品的版权费）之外，它们都不能作为资产进行交易，因而都不具备经济价值。这些资产存量引起的服务流反而会产生文化价值与经济价值。一方面，一部分服务流的经济价值完全出于经济方面的原因，作为公共品，需求以纯物质或机械的方式而存在（如语言的功利主义功能、在宾馆大厅和电梯里所使用的背景音乐）；另一方面，在多数用途中，由于文化价值的存在，这些文化资本资产所产生的服务流的经济价值依然可能增加。以上分析表明，由于文化价值与经济价值各自独立被决定，但却又互相影响。一般具有较高文化价值的资产一般也具有较高的经济价值。那么，在一定程度上，也可以根据一项资产的价格来推出其文化价值，具有较高价格意味着该资产具有较高的文化价值。

四、布迪厄的文化资本理论

布迪厄将文化资本分为以下三类。

具体化状态的文化资本：通过家庭环境及学校教育获得，并成为精神与身体一部分的知识、教养、技能、品位等。其积累必须经历具体化与实体化的过程，正如行动者可以通过劳动获得物质财富那样，其也能够通过学习积累知识和提高文化素养。由于身体形态文化资本的获取不仅需要花费大量的时间并付出极大的精力，最终只能体现于特定的个体身上，所以它无法通过馈赠、买卖和交换的方式进行当下传承。

客观化状态的文化资本：具体指书籍、绘画、古董、道具、工具及机械等物质性文化财富，可以直接传递的物化形态文化资本。客观形态文化资本并非与身体化过程毫不相干。布迪厄认为不存在纯粹意义上的物质形态文化资本，任何事物若想要作为文化资本而发挥作用，就必须具备某些身体形态文化资本的特征。换言之，通过文化资本所获得的利润"与他所掌握的客观形态资本及身体形态资本的多少成正比"。正统的范围：高雅音乐、绘画、雕刻、文学、戏剧等；准正统的范围：爵士乐、电影、摄影等；任意的范围：时尚、食物、家具等。

制度化状态的文化资本：将行动者的知识与技能以考试的形式予以认可，并通过授予合格者文凭等方式将其制度化的资本形态。将个人层面的身体形态文化资本转换成集体层面客观形态文化资本的方式。文凭是制度形态文化资本的典型形式。布迪厄指出,学历资本的积累只有通过经济层面的教育投资才能实现。父母若要把孩子送入更好一些的学校就读,就必须投入大量的金钱,而且投入时间越早获得的利润就越大、回报也越高。

资料链接:

皮埃尔·布迪厄

皮埃尔·布迪厄(Pierre Bourdieu)(1930—2002),法国当代著名社会学家。1954 年毕业于巴黎高等师范学院。1958 年赴阿尔及利亚服兵役,并在那里开始其社会学研究。1968—1988 年任法国国家科研中心社会学部主任,创办《社会科学的研究行为》。1982 年入法兰西学院任社会学教授。Lash 说:"20 世纪最近十多年社会学中发展最好的领域,无论是在美国、英国、德国,还是其他国家和地区,无疑当推文化社会学,而布迪厄是最有影响力的文化社会学家。"布迪厄的主要著作包括《摄影术:普通艺术的社会作用》(1965)、《对艺术的爱:欧洲博物馆及其公众》(1966)、《教育、社会和文化中的再生产》(1970)、《区分:鉴赏判断的社会批判》(1979)、《艺术的规则:文学场的生成和结构》(1992)等。

布迪厄认为,"习性"是社会中所有社会成员行动的关键原则。Habitus 中文严格说没有对应翻译,该字是布氏界罗马文所改用而来,的确具有习惯、习性的意味,但却不是单纯反射性的习惯,而是一个透过长时间生活实践,累积下来的,视为理所当然的一种习性,如中国人觉得吃米饭才算吃饭,吃汉堡不算。放到社会阶层与场域理论去看,在特殊社会环境下成长的个体,自然受到该环境文化的深刻影响,很多日常生活中视为当然的东西,未必在另一个环境被视为当然。例如,一个没落王孙,虽然经济无法支持,但对精英生活仍有深刻怀念,无法降格习惯庶民生活。资本具有"一种文化的、约定俗成的、经久不变的、合法化的价值"。

资料来源:包亚明. 文化资本与社会炼金术:布尔迪厄访谈录 [M]. 上海人民出版社,1997.

第二节 文化资本的特征

文化资本与其他类型的资本相比,具有象征性、增殖性、转化性和流动性等特征,本节具体进行分析。

一、文化资本的象征性

在文化资本习得过程中，当遇到审查和控制时，文化资本的象征性特性发挥了作用，从而保证文化资本的生产和再生产。文化资本象征性功效的最有力原则存在于其传递逻辑中。在获取、传递、运作和支配中，文化资本比经济资本更具象征性。

布迪厄指出，"文化资本的传递和获取的社会条件，比经济资本具有更多的伪装，因而文化资本预先就作为象征资本而起作用，即人们并不承认文化资本是一种资本，而只承认它是一种合法的能力，只认为它是一种能得到社会承认（也许是误认）的权威。"更主要的是，形成这一区分的特殊象征性逻辑，为大量占有文化资本的人额外地提供了对其物质利润和象征利润的庇护：任何特定的文化能力，都会从它在文化资本的分布中所占据的地位，获得一种"物以稀为贵"的价值，并为其拥有者带来明显的利润。

二、文化资本的增殖性

在市场经济条件下，文化资本具有资本的一般属性，也具有增值的属性。文化资本的增值是一系列能带来价值观念、思维方式、经济利益、经济价值等一系列的价值增值总和。

文化资本不仅具有商品特性，也具有文化特性。因此，文化资本的增值不仅能带来经济意义上的经济财富增值，也能带来文化意义上的文化财富增值。文化资本的增值性特征主要在体现以下两个方面。

第一，文化资本能转化为经济资本，获取经济利润，推动经济的发展。文化资本泛指一切与文化或文化活动有关的有形或无形资产。在一定条件下，文化资本经过资本的运营，能充分开发和利用文化资源，生产出种种有形或无形的文化产品和文化服务，增加了商品的附加值，从而转化成经济资本，进而获取经济利润，促使经济增长方式发生转变，推动经济的发展。

第二，在很大意义上，文化资本能整合文化资源，促使文化资源向文化资本转化，促进社会文化的传承与发展。人们在购买其需要的商品时不再纯粹追求其使用功能，而是更多地重视商品所包含的精神文化价值，注重的是能与人的心灵产生共鸣的价值观念。文化资本运作能激活显在的和潜在的文化资源，进而满足人们日益增长的精神文化的需要，并促进文化的传承、创新和发展。

三、文化资本的转化性

在一定条件下，文化资本可以转化为人力资本、社会资本及经济资本等其他形式的资本。随着知识经济时代的到来，市场经济进一步深化，文化资本转化和交换的势头迅猛。一般来说，在没进入交换和转化之前，文化资本都只是以资源的形式存在，是一种象征性资本。只有经过转化和交换，文化资本才能把文化资源转化为文化资本，进而实现文化资本的文化价值和经济价值，从而产生真正的经济效益和社会效益。

随着时代的变迁和社会的发展，文化资本也不断地发展、变化。从历时的维度和共时的维度出发，文化资本的转化主要有两条途径：一是文化资本自身的新陈代谢；二是文化资本对其他资本形式的资源整合，进行创新性的转化。无论是自身的提升转化，还是对其他资本形式的创造性转化，文化资本都不断得到提炼和升华，从而使得文化资本的生产和再生产循环反复发展。

四、文化资本的流动性

流动的存在是因为有存在的差异。文化资本的差异为文化资本的流动提供了前提，促使文化资本的存在和发展不断流动和循环。文化资本的流动性不仅体现了文化资本的自我生产和再生产的生命力，也凸显出文化资本的动态性存在和自我更新能力。另外，市场经济的影响、高新科技的运用和现代传媒的发展使文化资本的流动具有现实的客观性，能加快文化资本的生产和再生产。

在现代社会，现代传媒的信息化和数字化发展开辟了文化资本流动的新通道，扩大了文化资本交流和传播的范围和领域，缩短了文化资本交流和传播的时间，使得文化资本的流动更快捷、更便利、更有效，推动文化价值的共享与传承。

第三节　文化资本积累

作为布迪厄的理论术语，"文化资本"这个概念不仅描述文化与经济资本二者之间的关系，而且用来表示本身即作为一种资本形式的文化。在布迪厄看来，"资本是积累的劳动，当这种劳动在私人性，即排他的基础上被行动者或行动者小团体占有时，这种劳动就使其能够以具体化的或活的劳动的形式占有社会资源。"物以稀为贵"是经济学的基本价值规律,资源的稀缺性(Scarcity)是经济学的逻辑出发点之一。经济学上的稀缺性是指相对于人类无限的需求而言,资源总是有限的。同样,任何文化资源,不论是文化能力、文化习性还是文化产品,在一定的社会历史条件下,也表现为一定的稀缺性,成为不同社会主体和社会阶级的争夺对象。占有这类资源就可以获取一定的物质的和象征的利润。在这种情况下,文化资源就开始成为文化资本。正是在这个意义上,文化资本是以人的能力、行为方式、语言风格、教育素质、品位与生活方式等形式表现出来的,包括文化能力、文化习性、文化产品在内的文化资源的总和。

一、文化资本积累

文化资本的获得、文化的生产都是通过文化资本的积累而实现的。文化资本积累是一个动态的概念。它是文化资本持有者通过自身的特殊实践活动使得资本增殖的过程。尽管这种实践活动的形式会因具体积累过程的条件性差异而有所不同。一般来说,经济资本的积累是超越个人组成部分之外的、垒砖块式的、直接的、即时性的积累,而文化资本的积累遵循间接性原则,这种间接性表现为持有者亲历亲为的劳动。同时,文化资本的积累又是以不同形式资本之间的可转换性为前提的,它通过其他形式的资本的消耗来补偿。因此,文化资本的积累具有不同于其他形式资本积累的特点。

第一,文化资本积累对主体有依赖性。人是社会的主体,是文化的创造者、传播者。因此,人是文化生产力中最活跃、最积极的因素。文化资本积累对资本持有者有强烈的依赖性。这种依赖性表现在两个方面:一是对持有者自身的依赖,即文化资本积累是针对自身的一种活动。这种活动不能采取游离于持有者之外的物物叠加式的活动方式,如经济资本的积累方式,而是采取我们熟知的文化实践、教育、自我修养的形式进行。这种形式的独特性在于它排斥了任何替代效应及诸如馈赠、购买或交换的市场法则(如商品交换法则)。因此,文化资本的积累必须由资本持有者采取某种特殊的实践形式进行并具体化于自身才能达到。这种具体化的结果导致文化资本持有者形成对文化资本事实上的排他性;二是对资本持有者的生理能力的依赖,即文化资本积累不能超越持有者的表现能力,如持有者的精力、记忆力、理解力等。这些构成了文化资本积累的基础,它影响着文化资本积累的形式和程度。最终,文化资本积累也会随着持有者的生理能力的衰竭而消亡。

第二,文化资本积累具有持续性。文化资本的积累是一个过程,该过程可以从两个维度去考察:一是资本转换维度。文化资本积累的可能性预设了不同形式资本之间的可转换性。这种转换本身是一个过程，即持有者通过投资并以习得、修养等形式将不同形式的资本具体化为自身的一种获得性资源的过程。这一过程拒绝了即时传递的可能性，因而特别需要时间；二是行为者自身的维度。文化资本的持有者只有不断地积累才能使自身的文化资本持续增值，尽管这种积累行为有时会以无意识、无目的的形式表现出来。这种积累行为一直持续到持有者的生命结束。因此，文化资本积累的过程与持有者的生命过程同步。

第三，文化资本积累的潜在风险性。文化资本的积累必须以其他形式资本的消耗来支付。因此，投资成为文化资本积累的必要条件。这种投资具有与其他资本形式投资相同的风险，其风险系数的大小取决于投入与产出的比值的大小。文化资本积累的投入包括两个方面：一方面，文化资本的积累需要经济资本的投入，这部分的投入成本很容易计算出来；另一方面，文化资本积累需要时间，因而时间也成为文化资本积累的投入要素。时间投入的成本可以用时间的机会成本来计算，即通过将用于文化资本积累的时间用在其他方面所能获得的最高收益来计算。这样，用于文化资本积累的总成本就等于投入的经济资本和投入的时间的机会成本之和。文化资本积累的收益就是投资者所拥有文化资本的增量。文化资本积累的风险性在于文化资本积累的收益是否受到了这种体制化的学术资格或证书的认可和庇护。

二、文化资本积累的形式

文化资本的积累通常是以再生产的方式进行的。"文化再生产"是一个体现代际文化资本传递方式的概念。"再生产"着重强调资本积累过程中"反复生产与复制"的特征。换言之，文化资本的积累并非通过从无到有的创造性生产，而主要以传承的方式实现。不过，再生产也不同于纯粹意义上的复制或拷贝，它必然受到各种外在因素如时间、转换和实践行为等的制约。因此，文化资本的再生产可以被理解成一种具有有限自由的重复性生产。文化再生产主要通过早期家庭教育和学校教育来实现。

第一种文化积累的方式是在秘密状态下进行的，即早期家庭教育。在充分反映父母文化素养和兴趣爱好的家庭环境中，他们的一举一动都将成为孩子们竭力效仿的对象。孩子们正是通过这种无意识的模仿行为继承父母的文化资本并将其身体化的。布迪厄称为提前执行的遗产继承或生前馈赠的资本转移方式，显然不同于经济资本的继承。它不需要履行任何法律手续，而且，由于这种转移发生在家庭这一私密空间内部，所以，它是在秘密状态下完成的。因此，以继承的方式所进行的文化资本的再生产更具隐蔽性、更容易被人们忽略。

第二种文化积累的方式发生在各种公共场所内，主要是指在学校接受教育。学校是除家庭以外最重要的生产文化资本的场所，但和家庭不同，孩子们只有等到法定年龄才能入学。与个性化的家庭教育不同，孩子们在学校接受的是一种经过预先设计、内容统一的集体教育。在此情形下，文化资本的传递必然以第二种方式，即"从较晚的时期开始，以一种系统的、速成的学习方式"进行。

在现代社会，家庭和学校所承担的传承功能不尽相同，家庭和学校有着不同的培养目标。在通常情况下，家庭主要是培养"教养"和"规矩"等广义品位的地方，而学校则是除培养"教养"和"规矩"外，还传授系统性专业化知识与技能的场所。现代社会中家庭更加重视孩子对礼仪的系统化学习，如2016年，香港某奢侈童装品牌在上海某私人会所中推出"英式贵族礼仪"课程，针对7~12岁的家境富裕的中国"小公主""小王子"们，由英国著名礼仪专家亲自授课，一天的定制课程费用高达人民币3800元。

关于文化资本的积累，布迪厄论认为，文化资本在家庭中形成，靠的是代际传递，即前辈人对后辈人的言传身教；要实施很好的家庭教育，要求长辈（特别是母亲）有更多的可以自由支配的时间，即闲暇；而闲暇的长短取决于家庭的经济状况。家庭可支配的经济资本在其中起了决定性作用，家庭经济状况好，经济资本有优势，就不必为谋生花费更多的时间，从而闲暇相对增加。布迪厄看到了这种由经济资本向文化资本的转换，认为这种投资对下一代进入社会是有利的。当然，他也看到了这种投资时间长、有风险、收效慢；同时，效益是没有保证的。

第四节　文化资本的可持续性

"可持续性"的概念最早于20世纪80年代由世界环境与发展委员会提出，它是指这样一种发展，既满足当代的需求，又不致影响后代满足其需求的能力。当将之应用于文化资本时，它被赋予了有关文化可持续发展的内容。有学者认为，文化产品和服务贸易会使得强势文化资本扩张，弱势文化资本则日趋消失。通过以上对文化资本的介绍，我们对文化资本的特征及其社会功能有了基本的认识，在文化资本的发展过程中，同样要遵循可持续发展的发展规律，这不仅是对文化资本的合理开发利用，对文化资本的代际传承及保护也有着至关重要的作用。

维护文化资本可持续性的原则如下：

第一，物质福利与非物质福利原则。无论是针对个体还是社会，文化资本所产生的文化商品流和文化服务流都为其同时提供了物质利益与非物质利益，确定这些利益的方法就是区分文化价值和经济价值。

第二，代际公平或跨期分配正义原则。指的是福利、效用和资源在代与代之间分配的公平性，特别是当代与下一代之间。它适用于包括有形与无形文化资本的管理，因为这些资本寓含了我们从祖先那里继承并将移交给后代的文化。代际问题是一个公平问题而不是一个效率问题。

第三，代内公平原则。这项原则肯定了不管属于什么样的社会阶层、收入群体、地域类别等，当代的所有人都有权利公平地获取文化资源和源自文化资本的收益。

第四，维持多样性原则。文化资本的多样性因素对个体和社会都具有重要价值。文化资源的区域性决定了文化资本的多样化，多样化的文化资本也使得文化产品和服务呈现多样性，从而丰富了人们的精神生活。然而，随着文化产品和服务的国际贸易日益频繁，文化资源是否会趋于同质化值得担忧。

第五，谨慎性原则。这是指对于那些可能导致不可逆转变化的决策，应该从严格风险规避的角度极为谨慎地对待。例如，当一座历史建筑面临拆除威胁或一种土著语言面临灭绝危险时，谨慎性原则就可以应用于文化资本的管理。摧毁文化的形态只需要一次运动、一场战争、一个事件，而要长成文化精神的大树，却要经历风霜雨雪一百年、几百年，甚至几千年。

资料链接：

西 安 城 墙

西安明城墙位于陕西省西安市中心区，是中国现存规模最大、保存最完整的古代城垣。而西安城墙在新中国成立以来到现在的六十年的时间里，在城市化的过程中，也是经受了几次大的考验。

20世纪50年代初，西安正在制定新中国成立后的第一个城市规划。那时，西安还"蜷缩在城墙里"：一个小型发电厂、一个破落的棉纺织厂、一个设备陈旧的面粉厂和几家手工作坊，便是这个城市的"全部工业基础"。"一五"期间，西安进入快速的工业扩张期，中西部地区接受苏联援助的35个军工项目中，有21项安排在川陕地区。1953年，正在讨论的西安城市总体规划也需要听取苏联专家的意见。此前，西安市城市规划组曾提出总体设想：保留老城格局，工业区避开汉唐遗址，放在东西郊区，已知的名胜古迹遗迹将规划为绿地，城墙和护城河将作为公园绿地保留。梁思成的学生、当时担任总图绘制工作的周干峙认为，城墙与护城河将成为"西安的一条绿色项链"。苏联的工业专家对这个方案很不满意。有多家大型军工企业将在西安建成，大量北京、东北和四川的军工技术人员和工人将迁入西安，居住和交通是个大问题。有人强调，工业企业布局应该距离旧城更近，最好"拆掉城墙，发展更多的道路，解决当时的交通问题"。在一次拍板定论的会议上，时任国务院副总理的李富春旁听，工业专家要求从工业发展和交通问题的角度考虑，而仅有的两位规划专家却坚持当初的设想。双方意见分歧非常大，争论进入白热化，几乎到了剑拔弩张的阶段。最终起到决定性作用的，是几位老干部的表态：抗战时期，就在城墙上挖了不少防空洞躲避轰炸，可见"城墙有利于防空，符合人防备战要求"。最重要的是，"城墙有利于防原子弹、防地面冲击波"。1953 年，抗美援朝战争刚刚结束，核战的阴云仍笼罩着中国。防原子弹是一个极具说服力的理由，所有人都无话可说。西安的规划方案就这样敲定下来。可是，这个规划却一直没能完全落实。1952 年，首都北京已经停止了修缮城墙的工作，并发动市民义务劳动，扒城砖取墙土了。1954 年，北京城中轴线上的地安门被拆除，外城城墙已经拆得如火如荼，全国都开始跟风拆城。时任陕西省省长的赵寿山，曾是杨虎城将军的老部下，参与过"二虎守长安"战役和西安事变，对西安城有极深的感情，他反对拆掉城墙。在将此事上报中央后，他的意见受到周恩来、陈毅的重视。随即赵寿山召开会议，强调"西安是我国历代名城，也是我们陕西人的骄傲，古城墙是文物古迹，我们一定保护好城墙，把西安建设成为一座现代化的文明城市。"主张拆城的风潮暂时被压制住了。1958 年，西安拆城之风再起。西安市委向省委请示：今后总的方向是拆……，今后将按照城市发展的需要，结合义务劳动，逐步予以拆除。陕西省委做出批复，原则上同意拆除城墙。几乎绝望的陕西省文化局副局长武伯纶和几位文物界的老同志，越级向国务院上书。得到习仲勋等国家领导人的重视。1959 年 9 月，西安市收到了国务院关于《保护西安城墙》的通知。1961 年，西安城墙被国务院公布为全国重点文物保护单位，同年 5 月 30 日，陕西省文化局拨款整修西安城墙。

"文革"结束后，西安又一次迎来了大建设的时期。西安城墙的去留问题又一次摆上了台面——这是它面临的最后一次"命运审判"。那时，一些经济学专家在"寻找陕西落后的原因"时说道："西安城墙是陕西人头上的紧箍咒，束缚遮挡了人们的视线。""拆墙运动"的呼声又一次高涨起来。后来曾担任过西安市规划局局长的韩骥，正负责起草新的城市规划。在一次会议上，房地局的领导认为：拆了城墙，空出来的地方都可以盖住宅，而且拿着账目说明——这可以解决"大量群众的居住问题"；而交通部门的领导还是那句老话，城墙阻碍城市交通，希望拆除后，铺上更宽阔的马路，让更多的车辆通过。昔日城墙的保护者——习仲勋，已经重新回到了国家领导人的岗位。1981年，时任中共中央书记处书记的习仲勋看到《国内动态》发表的《我国唯一的一座完整的古城垣遭到严重破坏》一文后，作出指示，要求对西安城墙认真保护。随即，陕西省省长马文瑞将"四位一体环城公园"工程项目申报国务院，得到批准。用韩骥的话说，这是"大势所趋"。他所说的"大势"中，包含了一个意外事件。

1974年3月，西安市东郊的临潼县，几个农民在打井时，发现了震惊世界的"秦始皇兵马俑一号坑"。西安很快成了国家领导人接待外宾来访的必经之地。在对文物遗址的公开表述发生了悄然的变化——从"了解封建王朝的统治方式"，转变为"中国劳动人民的伟大成果，中华民族的骄傲和自豪"。

这个偶然的事件，带来了一系列的后续效应：1979年4月，中国考古学会成立大会在西安召开。1982年2月，国务院转批《关于保护我国历史文化名城的请示通知》，北京和西安在同时第一批入选。在20世纪80年代初，西安的旅游收入，占到了陕西省全省旅游收入的97%。人们发现，保护传统文化不是只会赔钱。在时任西安市规划局局长韩骥看来，兵马俑的发现，对西安城墙后来的保护，起到了"偶然却巨大"的作用。

1985年，中国加入了《保护世界文化遗产和自然遗产公约》。没有人再提出拆掉城墙了，更重要的是，人们不再需要去找其他理由留下它。保护传统文化、传统建筑的观念，终于回到了应有的轨道上。

资料来源：赵尔奎，杨朔. 文化资源学［M］. 西安交通大学出版社，2016.

第六，维持文化系统与承认相互依赖性。关于可持续性的一条总体原则是，在一个系统内没有任何部分可以独立于其他部分而存在。因此，我们可以认为，文化资本对长期可持续性所做的贡献基本上与自然资本是一样的；如果漠视文化资本，不管是任由文化遗产状况恶化，还是不维持能够带给人们认同感的文化价值，抑或不承担维持和增加有形文化资本存量与无形文化资本存量（所需投资），都同样会置文化系统于危险境地，或者导致文化系统崩溃，从而造成社会福利与经济产出的损失。

资料链接：

对方言的保护

方言是文化的活化石。语言是人类文化的载体和重要组成部分；每种语言都能表达出使用者所在民族的世界观、思维方式、社会特性以及文化、历史等，都是人类珍贵的无形遗产；当一种语言消失后，与之对应的整个文明也会消失。当今处于弱势的民族语言正面临着强势语言、全球化、互联网等的冲击，正处于逐渐消失的危险中。因此，有关机构和语言学界都应该采取积极而有效的措施，抢救濒临消失的民族语言。保护少数民族语言和汉语方言，有利于人类文明的传承与发展，也有利于民族团结、社会安定。

我们选择一些陕西方言如下：

夜儿个——昨天

难场——困难，不容易办的

毕咧——完蛋了，指事态无可挽回

窝窝——指过去的棉鞋

颇烦（po fan）——意思是有点烦（也有累的意思）

木气——痴头笨脑

关键术语

资本　文化资本　文化资本积累　文化资本可持续

问题与思考

1. 文化资本是什么？

2. 试述布迪厄的文化资本理论。

3. 文化资本积累有哪些途径？

4. 如何实现文化资本的可持续性？

第五章 文 化 遗 产

学习目标

通过本章学习，应了解和掌握以下内容：

1. 文化遗产的基本概念。

2. 文化遗产的分类。

3. 文化遗产的评估。

4. 文化遗产的保护。

文化遗产是一种特殊的文化资本，我们由此也认为，文化遗产本身具有的文化价值和经济价值也使之成为连接文化与经济的一座桥梁。本章主要探讨文化遗产的定义及其基本特征，随后对文化遗产的价值及其衡量方法展开分析，最后探讨文化遗产的可持续性及数字化问题。

第一节 文化遗产概述

每个城市或乡村都有一些历史建筑或遗迹，有一些艺术收藏品，有一些当地的传统习俗，彰显着这代人与先辈之间、与地域之间的联系。那么，什么是文化遗产？如何对其进行分类？下面我们进行具体分析。

一、文化遗产的定义及分类

遗产是指被继承人死亡时遗留的个人所有财产和法律规定可以继承的其他财产权益。文化遗产则是指具有文化意义的可继承的财产。20 世纪六七十年代，由于大兴水利工程和旅游业的兴起，在世界范围内因此而毁掉的古迹要远多于两次世界大战对古迹的破坏。埃及在尼罗河上游修建了阿斯旺水坝，致使两座千年神庙毁于一旦，就是其中一个突出的例子。为了保护人类文化与自然遗产，使之免于毁灭，1972年11月16日，联合国教科文组织在巴黎通过了《保护世界文化和自然遗产公约》。该公约规定保护的对象是自然遗产和文化遗产。公约中提到的"文化遗产"只包括"文物"、"建筑群"和"遗址"三类。学者们一致认为，文化遗产包括三大类：（1）建筑或不可移动的遗产，如建筑、古迹及一些遗迹，其中包括历史名城中的建筑群和遗迹；（2）可移动的遗产，如艺术品、档案或其他具有文化意义的物体；（3）非物质文化遗产，从过去继承下来的现存的音乐或文学作品、习俗、语言、仪式、技能，以及社区和团体认可的文化上重要的传统知识。

文化遗产可以被认为是带有经济资本特征的资产，因而可以用经济学的视角来研究它，如在文化遗产的生产和创新过程中需要资源投入；文化遗产具有价值贮存和长久持续的资本服务功能，而且为了维护这些项目还需要提取折旧。遗目作为资本类别的一个成员，因有别于其他形式的资本，而被称为文化资本。这种区别在于文化资本的价值体现在其资产之中并通过产生的商品或服务而获得。例如，历史建筑一定具有作为物质资产的普通建筑的特点，除此之外，它还拥有普通建筑所没有的历史性和其他属性。

文化遗产可以分为物质文化遗产和非物质文化遗产。

物质文化遗产是指具有历史、艺术和科学价值的文物。根据《保护世界文化和自然遗产公约》，物质文化遗产包括古遗址、古墓葬、古建筑、石窟寺、石刻、壁画、近代现代重要史迹及代表性建筑等不可移动文物，历史上各时代的重要实物、艺术品、文献、手稿、图书资料等可移动文物，以及在建筑式样、分布均匀或与环境景色结合方面具有突出普遍价值的历史文化名城（街区、村镇）。

非物质文化遗产是各种以非物质形态存在的，与群众生活密切相关、世代相承的传统文化表现形式，可以是被各群体、团体或有时为个人视为其文化遗产的各种实践、表演、表现形式、知识和技能及有关的工具、实物、工艺品和文化场所，被誉为历史文化的"活化石""民族记忆的背影"，如各种民间传说、习俗、语言、音乐、舞蹈、礼仪、庆典、烹调以及传统医药等，以口头或动作方式相传，具有民族历史积淀和广泛、突出代表性。

资料链接：

党 家 村

英国皇家建筑学会查理教授曾说："东方建筑文化在中国，中国民居建筑文化在韩城。"党家村位于陕西省韩城市东北方向，是一块泌水河谷地之阳高岸上形似"葫芦"的风水宝地。距韩城市城区9千米,西距108国道1.5千米,东距黄河3.5千米,主要有党、贾两族,320户人家,1400余人,始建于元至顺二年(公元1331年),距今已有近700年的历史。党家村历史悠久,民风淳朴,因村中有120多座四合院和11座祠堂、25个哨楼,以及庙宇、戏台、文星阁、看家楼、泌阳堡、节孝碑等古建筑,被国内外专家誉为"东方人类古代传统文明居住村寨的活化石""世界民居之瑰宝"。党家村古建筑群作为山陕古民居的典型杰出代表,于2008年3月28日被国家文物局列入《中国世界文化遗产预备名单》。2016年12月9日被评定为国家AAAA级旅游景区。

党家村民居历史悠久,选址恰当,建筑精良,内涵丰富,有村有寨,群体保护完整,公用设施齐全,避难防御安全。村中有宝塔、祠堂、私塾、节孝碑、看家楼、暗道、哨门城楼、神庙、老池、古井、火药库等公共建筑和独特建筑。村中20多条巷道综合纵横贯通,主次分明,全部由条石或卵石墁铺,古色古香,别具一格。

每院一般占地260平方米左右,呈长方形,个别的为正方形,俗称"一颗印"。四合院由厅房、左右厢房、门房围成。厅房为头,厢房为双臂,门房为足,似人形,有寓意。厅房高大宽敞,前檐多为歇檐,为供祖和设宴之所,逢婚丧嫁娶,卸掉活动屏门,设席摆宴,显然发挥了厅房设施功能。门房和厢房为起居之室,长辈兄弟居有序。

走进党家村,高大气派的"走马门楼"列于巷道两侧,建筑装饰十分讲究,朴实精美,三雕俱全,是雕刻艺术荟萃。家门外有上马石、拴马桩、拴马环。门枕为方形或鼓式,均为石雕。有狮子门墩、鼓儿门墩、狮子鼓儿相结合的门墩,还有形体单纯的竖立双体线雕门墩。特别是狮子门墩,无论是粗犷简略或精雕细刻,都能将这一猛兽处理得形体生动、神态逼真。门楼两侧有美观的砖雕峙头,内容非常丰富,有琴棋书画、梅兰竹菊、鹿兔象马、虎牛麒麟以及几何图案、万字拐、八卦图等。更为夺目的是门额题字,几乎家家都有,或木雕或砖刻,名家书写,相当讲究,成为书法艺术的展示。从内容上看,大致有炫宗耀祖、伦理道德、理想追求三类。

大门内照墙多为砖雕,主题画面题材多样,有"鹿鹤同春""封(蜂)侯(猴)挂印""五福(蝠)捧寿"等,有的则一个大"福"字或大"寿"字。院中家训砖雕,多在厅房歇檐两侧山墙上,内容多为道德修养之类,文化气氛浓厚。像这样把现实生活起居的空间拓展到了人们的精神世界,不仅能美化建筑空间,还具有跨时空对多代人进行教化的功能。这些建筑艺术,体现了中国传统建筑是文学、道德、美学的融合，凝聚着一种潜在的乡村文化力量，是劳动人民在建筑装饰上创造的文明成果。

资料来源：周若祁. 韩城村寨与党家村民居 [M]. 陕西科学技术出版社，1999.

从符号、文化、国际认同、社会等维度出发，建筑遗产可以是一个简单的建筑，也可以是远古的巨石阵，还可以是最新的纪念性建筑，甚至一座城市，如威尼斯及印度的卡塔赫拉等。现实中长期存在纪念文物的毁弃和恢复的争论，如20世纪50年代开始的城市化进程中城市中心的建设与传统的保护之间的矛盾。

艺术史学家或普通百姓认为应该保护和保留的东西并不都能进入历史建筑的官方名录之中。在2010年，世界遗产名录包含了890项联合国教科文组织认为具有突出世界性价值的资产。这些文化遗产都具有一些世界公共产品特征：在保护文化遗产的决策过程中涉及许多国家，它们的符号价值超越了一个国家或一代人。

二、博物馆

说到文化遗产，必须要提博物馆，因为博物馆收藏着众多由专业的考古学家、人类学家和艺术专家评估过的艺术珍品。国际博物馆协会给博物馆的定义为：博物馆是一个为社会及其发展服务的，向公众开放的非营利性常设机构，为教育、研究、欣赏的目的征集、保护、研究、传播并展出人类及人类环境的物质及非物质遗产。通常情况下，除了政府补贴，博物馆自身的收入主要包括门票、商店、活动项目、基金会和私营企业捐助等。对于免收门票的博物馆而言，捐赠与遗赠、基金会、私营企业赞助通常是其主要经费来源。

建成一个博物馆的目的并不仅是吸引游客，博物馆及其建筑同样应该受到保护。专家会评价遗产物的存量，以及什么样的建筑可供游客参观。经济学家们将这种情况称为供给者诱导需求，即消费者的购买行为取决于具有信息优势的专业供给者。

遗产物品的供应链由遗产的保护、研究服务和展示展览，以及为参观者所提供的环境等一系列因素组成。通过展览、标记、引导和其他设施的大量投入，以及应用现代数字技术对游客进行参观讲解，使得参观过程变得更具吸引力和教育意义。而这些服务包括了资源的使用并取决于提供它们所花费的成本，因而遗产的供应取决于非经济因素和经济因素的混合作用，且其组成部分既包括存量的物品又包含流动的服务。

博物馆中的藏品存放于一些建筑中，而通常这些建筑本身也会被当作遗产来保护；从被知名的建筑家专门设计建造的博物馆到著名作家住过的小木屋，都在其范围之内。许多美国和英国的博物馆由公债发行或私人捐赠方式提供资金支持，其他博物馆则由国家资助。因此，博物馆可能由国家、地方政府或基金会拥有，虽然部分博物馆乃私人为营利目的所有，但大部分都以非营利组织模式运作。同样地，那些被指定值得保护的建筑物的所有权既存在公有也存在私有，而且当这些建筑物是住所或办公室的情况下，甚至可能不对公众开放。

第二节 文化遗产的属性

文化遗产和其他遗产形式相比较，具有以下特殊属性。

一、文化遗产具有公共产品的属性

不管是私人拥有，还是国家或集体拥有，文化遗产都具有公共产品的属性。公共物品是集体消费的物品，具有消费的非排他性和非竞争性，如路灯是公共物品，非排他性是指任何一个消费者都无法阻止其他消费者利用路灯，非竞争性是指任何一个消费者利用路灯也并不影响别人利用路灯。国防、公园及灯塔都是典型的公共物品。这种非排他性和非竞争性决定了人们可以不用购买仍可以进行消费。这种不用购买就可以消费的现象称为"搭便车"。人们不购买公共物品，公共物品就不会进入市场交易，从而就没有价格，生产者也不愿向社会提供，这就是说，依靠市场价格自发调节，公共物品的供给就大大小于需求。但像国防、道路、立法、基础研究这类公共物品是任何一个社会发展所必需的。然而，市场无法提供充分的公共物品，在公共物品问题上，市场所实现的资源配置是无效率的。这就引起市场失灵。文化遗产具有很强的公共产品特点，即具有经济学意义上的非竞争性和非排他性：博物馆内的藏品，以及像威尼斯城一样的城市建筑并不会因为参观人数增加而减少。所有遗产的消费对所有消费者都是潜在相同的，这表明遗产是合并的、非竞争产品。然而，这种公共性也导致拥塞出现，过度的消费也会将遗产置于风险之中，退化威胁着那些吸引太多游客的建筑，尤其是对"超级明星"似的景点或古迹，如威尼斯、圣米歇尔山、自由女神像、比萨斜塔、吴哥窟等。

二、文化遗产具有外部性

外部性是指经济活动给予这项活动无关的第三方带来影响，即这些活动会产生一些不由生产者或消费者承担的成本，或不由生产者或消费者获得的利益。一方面，如果某人的经济活动会给社会其他成员带来好处，而自己却不能由此得到补偿，此时，他的私人利益就小于社会利益，我们称之为正的外部性。另一方面，当某人由于自己的经济活动给社会上其他成员带来危害时，但他自己却并不由此而支付足够的成本，这种活动的私人成本就小于社会成本，我们称之为负的外部性。由此，外部性可以分为正外部性和负外部性。文化遗产具有正的外部性，突出体现为文化遗产给予那些不曾为其制造或保存作出贡献的个人带来利益。现代经济中，历史古迹对当地生产和旅游的溢出效应格外突出。

第三节　文化遗产的价值评估

文化专家关心文化遗产价值，经济学家则追求合理评估文化价值的方法。本节我们主要探讨文化遗产的价值构成以及如何评估文化遗产价值。

一、文化遗产的价值构成

今天，越来越多的人将文化遗产理解为文化资本。文化遗产的存量是指在一个给定时点上存在的文化资本的数量，可以用实物量或总价值等任何适当的会计单位来衡量；这种资本存在随着时间的推移会引起服务流量，产生的服务流量可以用于消费，或者进一步生产产品与服务（Throsby，2001）。从这个意义上讲，文化遗产同时具有文化价值和经济价值。

先来分析文化遗产经济价值的构成。按价值的来源，文化遗产的经济价值可以分为消费价值、非使用价值和外部经济性三部分。

第一，消费价值，也可称为使用价值，包括使用者（实际参与其中的人）和非使用者所获得的价值，最能够观测到的使用价值就是门票价格。但还有其他不易被供给者获得的消费价值，如消费者剩余及任何与商品消费直接相关的交通和花费。

第二，非使用价值。即使从未参观过文化遗产的人也能获得非使用价值，这可通过其作为一个未来的直接消费者的选择而潜在的支付意愿反映出来，或者通过他们从社区中的文化资产获得的间接的面子和生活的好处，或者通过他们为其继承者保留这些资产的兴趣中反映出来。Throsby 将非使用价值分为三部分：一是存在价值。作为人类，即使自己无法亲身体验到某项文化遗产，但也会为这项遗产的存留于世而感到其存在的价值，如反映了人类文明的结晶、人类文化的多样性等。二是选择价值。长期保留文化遗产，为人们及其后代消费遗产提供了可能的选择，这种选择就是一种价值。三是遗赠价值。人类能通过遗产了解前人遗留的知识，即人类能通过文化遗产传递知识，这就是遗产所具有的遗赠价值。

第三，外部经济性，即与文化遗产有关的潜在的生产率增长和经济发展。这些可以用拥有最佳文化设施的社区的资产价值和租金的增长，以及源于就业者因处于拥有这些文化设施的地方而愿意接受较低工资进而降低企业的劳动力成本的享乐价值来衡量。文化遗产的这一价值对生产率提高的贡献尽管很难被证实，但却是显而易见的。此外，文化遗产对于提升所在区域的知名度具有显著影响，同时也成为吸引人才特别是创意人才的重要条件。尽管这种长期影响与资产的消费价值相关，但它们能够产生潜在的可测量的、与人口增长和经济发展的实体经济有关的经济影响。

接下来我们分析文化遗产文化价值的构成。我们在第三章对文化价值进行内涵界定时，认为一栋古老的建筑物、一个古人类遗址，或者一件明清时期的艺术品，其文化价值可以分解为审美价值、精神价值、社会价值、历史价值、象征价值、真实价值等。历史名城西安作为世界四大古都之一，有许多世界著名的文化遗产，蕴含着巨大的文化价值。被誉为"世界第八大奇迹"的秦始皇兵马俑、回响数百年的晨钟暮鼓、传承隋唐源脉的曲江池遗址公园、现存最早规模最大的唐代四方楼阁式砖塔大雁塔，都将让人重新回味几千年来发生在这里的故事。对文化遗产文化价值的评估不是一件容易的事情，下面我们将探讨文化遗产价值的评估方法。

资料链接：

曲江遗址公园

西安曲江，兴于秦汉，盛于隋唐，曾经是我国历史上久负盛名的皇家园林，历时 1300 年之久，被誉为中国古典园林的先河。早在秦朝，曲江就兴建了一处专供帝王游猎的禁苑——宜春苑。秦朝灭亡以后，宜春苑在汉代被继续保留，并成为汉代上林苑里一处重要的宫苑。汉武帝刘彻在位期间，对宜春苑进行了全面的整修，疏凿扩大了水源，因其河岸曲折，于是有了"曲江"的美称。到了东汉，长安失去了首都地位，上林苑也就名存实亡了。隋初，建大兴都城，曲江被扩展为都城的一部分，北半筑入城内，南半隔于城外，并将曲江南半所在地区划为禁苑。因南池中多芙蓉，遂将曲江南池命名为芙蓉池，禁苑命名为"芙蓉园"，曲江重新以皇家园林的性质出现在历史舞台。在隋芙蓉园的基础上，唐代延续了这一情况，并扩大了曲江园林的建设规模和文化内涵。唐鼎盛时期，唐玄宗开凿了大型水利工程——黄渠，来扩大曲江水面，并修建了紫云楼、彩霞亭、蓬莱山等建筑。曲江成为长安城的公共游览胜地，达到了其园林建设的鼎盛。随着唐末长安城的毁灭，曲江盛况已成过去，各种园林建筑也被破坏殆尽，各项文化活动也逐渐沉寂下去，以至于最终消逝无法追寻。

曲江池遗址公园以秦、汉、隋、唐曲江池遗址为基础，以恢复曲江池历史水系为目标，是西北首个集历史文化保护、生态园林、山水景观、休闲旅游为一体的大型山水园林式遗址公园。曲江池遗址公园北与大唐芙蓉园相连，南临秦二世陵遗址公园，西接唐城墙遗址公园，东接寒窑遗址公园，并将与这些公园形成城市生态景观带。

曲江池遗址公园规划设计充分考虑了曲江池原有的园林风格和空间布局，将景观创作融入到历史环境当中，并将历史环境作为新的景观创造的文脉资本予以创新，作到了历史文脉与现代文化、休闲旅游的有机结合，使曲江历史环境借助当代文化活动得以重现活力，以创新的方式解决了传统文化的继承、弘扬与发展。

曲江池遗址公园的建设在实践中不断被丰富和完善，在整合历史资源、挖掘文化内涵的基础上，实现了其文化、生态和经济价值的最大化。一方面，曲江池遗址公园带来了巨大的直接社会效益，如完善城市绿地生态系统、推动旧城改造、创建城市文化名片等；另一方面，也产生很多间接社会效益，如带动周边地区旅游产业的发展，提高整个曲江地区的文化品位和居民生活质量等。

曲江池遗址公园是恢复唐长安山水城市格局的一个重要步骤，也是"唐皇城复兴计划"的组成部分，在此背景下，通过挖掘、整理唐以来的历史印记和文化遗存，将公园定位为集历史文化保护、生态园林、山水景观、休闲旅游为一体的大型山水园林式遗址公园。"唐文化"主题的表现使曲江池遗址公园形成了独具特色的完整体系，并为城市文化的复兴作出了新的探索与尝试。

资料来源：贺嵘，毕景龙.从遗址公园实践到《良渚共识》——以西安曲江池遗址公园为例 [J].四川建筑科学研究，2012，38（1）：243-246.

二、文化遗产价值的衡量方法

文化遗产有着外部性和公共产品的特征。考虑到文化遗产筹资极有可能涉及国家利益，通常使用条件价值评估法来探讨纳税人愿意为文化遗产承担多少税费来研究这一问题。

（一）条件价值评估法（CV）

条件价值评估法可以衡量两组支付意愿：作为游客的参与者和不是游客的参与者。未参与者愿意为保护遗产而付费，既是因为外部性得到普遍认可，也因为他们可能希望在未来能够参观更多的遗产。参观者的支付意愿可以从他们购买门票的行为中体现出来，也就是通过需求体现他们的私人收益（但在门票免费情况下不太可能实现）。非参与者的支付意愿也有很重要的意义，因为它向政府显示了这些非参与者们愿意通过纳税的方式支持遗产事业。

条件价值评估法是通过调查者采用面谈的方式来实施的，调查者会向人们询问他们愿意为一个具体项目支付多少费用，如大教堂的保护项目，当然该项目有一个估算成本。因为估算成本的存在，调查者会为参与调查的人提供足够多的信息以便其作出一个明智的决策。这项调查也涉及被调查者多方面的社会经济学特征，如年龄、职业等，使得调查样本能与整体人口特征相匹配，这些随后将汇总出结果以反映整体的支付意愿。在调查过程中，调查对象被告知了机会成本的存在，即涉及这些金钱可以用于别处，也就是说，这些钱也可以用来修建学校，以便参与调查的数量和有效选择能够更加真实。这种做法也就使得这项研究可能会更加具有"条件性"。

研究者们都清楚地认识到这种研究中存在着明显的障碍：例如，人们说愿意支付但实际上未必会真的付出金钱，他们有可能夸大了自己的选择倾向，甚至可能都不了解被提及的事物，所以其回答也言不由衷。此外，这种调查实施起来非常昂贵，并且也不能用于每一个决定。在衡量遗产景区支付意愿这一问题上，其他一些更为客观的方法已经被开发了出来，如旅行成本分析，即通过向一项设施的真实用户询问其旅行的起点，从而使得调查者们能够计算出他们在旅途中的成本，并以此来代替他们在旅行上的花费。旅行成本分析存在的一个问题就是通常旅行会涉及不只一次的游览，并且游客在度假期间有可能会游览多地，所以其旅行成本很难分配到单个项目。这些测量上的问题造成了一种困境，即基于一些必要的信息来决策，即使这些信息存在缺陷，或者我们是否心满意足地将所有此类选择留给政客们或遗产管理者们。文化经济学家无法对此作答，我们的任务就是试着去完善数据。

旅行费用法是用参观者去遗迹旅游的费用来表示参观者的支付意愿，进而用它来衡量文化遗产的价值。然而，这种方法通过排除非使用者而低估了消费者对文化遗产的需求。

（二）博物馆的门票

公有博物馆是否应该收取门票已经成了一个政治问题，这项问题存在于50多年前的英国，其他地方也应该有此类问题。大部分建筑本身的设计使其收取门票变得十分容易——一个十字转门或其他障碍就可以阻止没有购票的游客进入。但问题是在近观那些藏品时是否应免费，这是一个规范问题。在关于反对收费的争论上存在几种经济学论点。其中一个观点认为既然这些藏品已经存在并且具有非竞争性，门票价格则无经济功能可言，这说明收藏品是一种固定资产，因而收取门票不会对它造成影响。与这种观点相反的是，经济学家们会争辩说，从门票得到的收入能够用来改善展览设施、提供附加服务等以增强参观者的体验，而其边际成本能够从售票收入中得到补足。此外，当博物馆存在拥挤情况时，非竞争性的论点就不再适用了，并且在高峰期门票还能使参观者数量趋于合理。博物馆的教育性目标可以通过对儿童和学生免费的方式来实现。

另一种反驳收费合法性的观点认为，收藏品被赠与国家就是为了能够使所有的公民都能够欣赏，因而通过收费来限制进入的方式辜负了捐赠者的信任。这一观点的问题在于为了保存这些藏品和提高展览质量，需要在这些藏品上投入资金，因此，除非捐赠者同时也捐献了相应资金来资助这项事务，否则博物馆必须为这些服务支付费用。美国的博物馆已经十分清楚地意识到了这个问题，因此，它们对是否接受那些没有办法获得维护的捐赠物常犹豫不决。许多博物馆都采用自愿捐赠来代替门票费用或当作其补充。原则上，参观者对体验价值的感知决定了他们捐助的意愿。人们通常有两种自愿捐赠的方式：一种是在参观时将钱放到博物馆提供的盒子里，另一种是为博物馆捐赠一整笔资金（如果政府有相应政策的话，这种方式还会享受税收减免）。有些观点认为，采用这种将票价设置成一种鼓励赠与的方式比单纯收取门票要更好一些。博物馆也会为会员"之友"提供免费参观展览的服务，以及其他如新闻简讯等服务。然而，许多游客都是"搭便车"者，在感受不到管理者那种难以承受的压力的情况下，他们并不会捐赠。

在荷兰有一种针对国有博物馆系统的参观卡，参观者购买了这种卡，能够在一年之内进入任何国有博物馆（收费）参观。这种方案的优点是能够鼓励人们去参观那些他们可能不愿付门票的博物馆，但这种方案也存在缺陷，即游客会"低估"受欢迎的博物馆的参观价值。

总体而言，我们可以说大多数博物馆的资金来源于私人和公共财政支出混合，即使收取门票的博物馆也不可能仅依靠这一项收入来源。博物馆除了直接为参观者提供展览和信息等服务以外，购买新文物以提高藏品质量，研究、修复和编目都需要专业技术，并且这些服务是劳动密集型的。虽然门票收入能够大体上补足每次参观所产生的边际成本，但长期的运营成本更有可能从公共财政中得到补贴。

（三）历史建筑的市场价值

历史建筑的市场价值的替代品就是财产出租。它也许完全不同于其科学价值（作为研究对象）和交流价值（遗产的社会意义）。一个零市场价值的财产，除了土地外，可能具有非常大的交流价值（如一座乡村教堂）。

建筑遗产机构面临着与博物馆相似的问题。对于那些收费可行的遗产而言，游客们只能购票，否则就会被排除在外。然而，进入其他一些文物景点时，只有在禁入措施可行的情况下才有可能去收取门票费，如安装栅栏等，并且这还要取决于考虑成本前提下潜在付费游客的需求量。巨石阵对公众免费开放了许多年，直至变成热门景点，过多游客所带来损坏的风险，迫使管理者开始收取门票。许多受到保护的遗产建筑都是私有财产且正在使用，这也使得要求其对公众开放参观变得十分困难。但因为这些建筑遗产值得为后代人保存下来，所以我们会使用一些法律规定以避免它们的遗产价值因拆迁或变更而受损。虽然这是一种对产权所有人的干涉行为，但通常都会拿出公共财政资金来补偿所有者，并且确保建筑物根据专家设定的条款得到了很好的保护。对于一些建筑遗产而言，只有在获得条件授权的情况下，游客才能被允许进入参观。

（四）特别展览

许多博物馆会提供特别展览，这类展览可能是基于它们自己的藏品或其他博物馆的私人藏品而举办的。它们通常会持续有限的一段时间并且很可能会收费，即使是免费博物馆也同样如此。其中的一些特别展览被称为"重磅展览"（block busters），因为它们吸引了相当多数量的游客前来参观，并且尽管博物馆需要付费举办展览或租用一场现成的展览，但其高票价还是为博物馆带来了一笔可观的收入。

三、文化遗产的需求

博物馆及博物馆研究者一直在关注并研究博物馆参观者及其参观行为。发现对于大多数的游客而言，与建筑文物相比，似乎博物馆对他们的吸引力更小一些。很大一部分处于学龄阶段的游客认为参观是学校课程的一部分，而且他们并不是自愿前来参观的。已经工作的成年人属于更高一级的社会经济群体，他们在博物馆参观者中最为典型。世界闻名的国家博物馆如卢浮宫、大英博物馆、罗马教廷等有非常多数量的游客，这些游客中很多都来自国外，而且大都以团体形式来旅游。巴黎的卢浮宫自称是世界上参观人数最多的博物馆，参观量为每年接近1000万人次（2013年，卢浮宫对其主展区收取了人均12欧元的门票费）。

具有经济和教育优势的成年游客主要是为享受和品位艺术，这也就意味着政府对博物馆的资助实质是转移给了这些具有更高支付能力的人。研究表明，对博物馆永久藏品的需求是缺乏弹性的，提高门票价格就能增加收入。2001年英国国家博物馆对永久藏品免除了门票，伴随而来的就是参观量的急剧增长。而差不多在同一时间，这些博物馆中的一部分在其建筑上做了相当大的改进，因而也就提高了参观质量。事实上，有关研究发现，这些博物馆监测的参观人次和游客数量还在持续增加，但这种涨势已经持续了很长一段时间。现在尽管英国国家博物馆仍会增加特别展览以收取门票，并且也会从如咖啡馆、饭店和商店等附加性设施中赚取收入，但博物馆很大一部分收入仍依赖于政府资助。尽管现在可以从网上预订门票，但从人们为了参观"重磅展览"所排队伍来推断，博物馆提高票价并没有太多的阻力。

第四节　文化遗产的管理及数字化

一、文化遗产的管理

为保障文化遗产的可持续性，就需要提供公共规制。思罗斯比（2001）将规制分为"软"规制和"硬"规制，"软"规制放开了相对较大的税收激励和补贴的可能性，或简单的批准；"硬"规制则包括了强制的法律约束的实施、交换和转化。

遗产名录也是一种较为有效的规制，但进入名录要求所有者克服一系列的约束，涉及改造和拆迁的限制、公众专家的监督，以及需由认可的承办商来完成工作等多个层面。

在许多国家，继承税的扣除需在一个规定的期限内公开地提交给公共产权部门。因此，规制创造了一项揭示遗产商品的存在和向公众提供服务的激励。但规制产生了申请补贴的激励，这样，就可能出现了道德困境，产生了一种集体倾向去制造比一个自由市场环境下应该保存的、数量多得多的遗产。面对遗产，个体就会非对称地权衡损失和效益，因而就会自然地倾向于申请补贴。保留的社会成本也许远高于社会所需要的。

进入名录给文化遗产的价值带来双重比较效应：源于象征意义的较高价值与由于限制和延迟带来机会成本而造成损失的较低价值。

正如在大多数国家所观察到的，国家和所有者分担了保存古迹的责任。

二、文化遗产的数字化

数字化信息技术为博物馆和遗产组织扩充它们的文化提供物创造了巨大的机会，许多技术已经得到了充分利用以提升参观者的理解和欣赏，而且其内部流程管理中也使用了 IT 技术。以博物馆为例，运用数字技术能够使其更好地将藏品存档，如通过对藏品的扫描和交叉对比，就能够与其他博物馆交换研究信息，以及为那些未被展出的藏品提供数字化访问，因而也就拓展了对收藏品的了解。事实也证明，数字技术对重建和补修建筑遗产十分有帮助，最引人注目的例子就是，复原在 1997 年地震中损坏的乔托（Giotto frescoes）在阿西西（Assisi）圣弗朗西斯教堂（Basilica of st francis）所画的壁画。细小的碎片被收集起来并拍摄成数码照片，然后使用电脑系统来分类匹配碎片的边缘，以便修补者能重新将其组合起来。

线上参观使博物馆和遗产所拥有的新的、多样化的观众数量大大增加了，并且线上体验随着社交媒体的介入而得到强化。许多遗产组织都有自己的网站来提供关于建筑物、收藏品、景点、参观方案、展览细节之类的信息，还包括一些后勤上的细节，如布局、开放时间、费用、购票、方向等，这也是市场营销的一个方面。使用这些设施的公众人数正在不断增加。然而，据现有资料与研究来看，采用这些创新的能力却十分有限。数字化主要是为我们提供了一种新方法来存储和传播现有藏品的相关现存信息。因此，对于即便已经用于上述功能的数字化尚需额外投入，而且投入不菲，其花费主要体现在两个层面：一是将图片等信息转成数字化内容的过程需要花费大量的人力；二是文本、图片及处于版权保护期内的艺术作品等藏品必须获得其知识产权。

上网公开这些信息就意味着将其作为公共产品提供出来，所有人都可以免费共享。这种特点让公共财政有必要为这些数字化项目买单。与此同时，通过为参观者提供优化的信息，遗产专家与其他博物馆数字化项目提升了社会收益与服务价值，这也构成了公共财政资助的重要理由。藏品的数字化还让政策制定者能够评估全国藏品的地理分布：在荷兰，这已经促使政府将某些国家级藏品重新分配至地区性博物馆。

此外，数字 IT 技术使得博物馆能够通过出售其藏品的图片来增加收入，这些照片可供购买者使用及重复使用，有些博物馆还欢迎社交媒体用户在其网页上使用这些图片。与其他文化创意产业一样，对于藏品的数字化接触是否会替代"真实"游览成了一个问题，或者说，数字技术通过告知参观者为参观做好准备来增强体验，成了真实游览的一种补充。新技术为提升服务价值提供了机会，一方面它增加了游览数量（数字的或现实的），另一方面它创造出了一种新的"混合式"体验。在研究数字技术的使用所带来的附加文化收益时，巴赫希（Bakhshi）和思罗斯比（2010，2012）研究了参观伦敦泰特美术馆所提供的网上展览对游客产生的效果。大部分网上游客在此之前的几年间都有参观美术馆（博物馆）的经历，这也证明了之前就观察到的——那些具有成熟品位的既有参观者会充分利用数字化的文化设施。这一新兴学科中存在着非常广阔的研究空间。

1987 年 12 月 11 日，敦煌莫高窟作为中国首批世界文化遗产被联合国教科文组织列入《世界文化遗产名录》，当时一并列入的仅有长城、兵马俑、故宫等 6 处[①]。

关键术语

文化遗产　博物馆　文化遗产价值　文化遗产管理

问题与思考

1. 试述文化遗产及其特征。
2. 文化遗产有哪些价值？
3. 试述文化遗产价值的评估方法。
4. 如何保护文化遗产？

---

① 新浪新闻. 莫高窟数字化不是高仿［EB/OL］. https：//news. sina. com. cn/gaotan/2017 - 12 - 10/doc - ifypnqvn2645759. shtml.

第二篇
文化经济学的微观分析

第六章　文化产品的需求与供给

学习目标

通过本章学习，应了解和掌握以下内容：
1. 文化产品的分类。
2. 文化产品的需求。
3. 文化产品的供给。
4. 文化产品的定价。

人类经济生活的实践中，文化产品或服务是开发文化资源、发展文化产业的载体。没有文化产品的生产，没有文化服务的提供，不可能有文化产业的发展。然而从理论上看，文化产品无疑又是最为复杂最难界定的一类产品或服务，本章主要研究文化产品的界定、文化产品的需求与供给、文化产品的定价等。

第一节　文化产品的界定及分类

文化资源是人类除自然资源外最重要的资源，指能够突出地区文化特征及其历史进步活动痕迹的，具有地域风情和文明传统价值的一类资源，它既存在于人类的物质领域，又存在于人类的精神领域，构成了人类赖以生存的基础，也是人类社会发展的重要推动力，如历史遗迹、民俗文化、地域文化、乡土风情、文学历史、民族音乐、宗教文化等。没有文化资源，就如同没有自然资源一样，人类社会的发展和进步是不可想象的。发展文化产业，开发文化资源，最终要落实到文化产品的生产和开发上来。

一、文化产品的界定

一般情况下，我们可以认为，文化产品一般是指传播思想、符号和生活方式的消费品，它能够提供信息和娱乐，进而形成群体认同并影响文化行为。基于个人和集体创作成果的文化产品在产业化和在世界范围内销售的过程中，被不断复制并附加了新的价值。图书、杂志、多媒体产品、软件、录音带、电影、录像带、视听节目、手工艺品和时装设计组成了多种多样的文化产品。需要指出的是，文化产品文化领域能够进行市场交易的对象也常常以服务的形式出现，如参观博物馆或看电影，文化服务通过消费者购买门票或许可的方式支付费用。因此，本章所讨论的文化产品是指文化产品或服务。也可以说，文化产品是指商品的文化属性满足人们对于意义的需求从而带来经济价值和文化价值的各种商品和劳务。这一定义揭示了文化产品的内部属性，突出了文化产品的符号性形式和意义承载，将各种实体性的商品、休闲娱乐性的服务和活动包含其中。

各种实体性的文化产品能够传达生活理念、表现生活方式，具有传递信息或娱乐的作用，有助于建立集体认同感，并能影响文化实践活动。在取得版权后，文化产品能够通过工业过程大量生产并在全球广泛传播，图书、杂志、多媒体产品、软件、唱片、电影、录像、视听节目、工艺品和设计等都属于实体性文化产品。文化服务指的是政府、私人、半公立机构或公司取得文化利益或满足文化需求的活动，文化服务不包括其服务所提供的物质形态，只包括艺术表演或其他文化活动，以及为提供和保存文化信息而进行的活动，包括图书馆、档案馆和博物馆等机构的活动。文化服务以有偿服务或免费服务的形式提供。

也有学者将文化产品界定为广义的文化产品和狭义的文化产品。广义的文化产品是指人类创造的一切提供给社会的可见产品，既包括物质产品，也包括精神产品；狭义的文化产品专指精神产品，纯粹实用的生产工具、生活器具、能源资材等，一般不被称为文化产品。

二、文化产品的分类

（一）按照存在方式划分

实体－静态类型。这一类型的文化产品主要包括文字、绘画、工艺品等。第一，以文字表现的文化产品的主要内容包括书籍、报刊、杂志、卡片、日历等带有文字解说的印刷品。文字以传播文化为目的，文字的传播主要受两方面的影响，一方面是承载文字的载体，另一方面是文字接受者的个人素质。承载文字的载体有许多种，随着社会的发展也在不断发展着，从春秋时期的竹简、绳帛到西汉的纸张，再到现代出现的网络多媒体。第二，以图画形式表现出来的静态的物质产品是承载文化产品的又一普遍形式，是文化产品所传达符号意义的视觉图像。画是一种在二维的平面上以手工方式临摹自然的艺术，按类别可分为国画、油画、水粉画、漫画、简笔画、刺绣画、速写画、字画、炭画、素描画、动画画等。第三，工艺品即通过手工将原料或半成品加工而成的产品，来源于生活，却又创造了高于生活的价值，充分体现了人类的创造性和艺术性，包括木、牙、竹、碳、玉雕、马汉琉璃、彩雕、树脂、文玩核桃、刺绣、漆器、青铜器、玉石、蓝印花布、编制品、铁画、铁艺、木艺和皮艺工艺品等。

行为-过程类型。这一类型文化产品主要有两方面内容，即表演和文化服务。表演指演奏乐曲、上演剧本、朗诵诗词等直接或借助技术设备以声音、表情、动作公开再现作品。表演包括音乐歌唱表演、戏曲表演、杂技表演、舞蹈表演、语言表演等。文化服务包括图书馆服务，档案馆、博物馆提供的服务，交易会和博览会提供的服务，录音、录像、摄影提供的服务等。

网络-影像类型。这一类型的文化产品同时具有实体的静态性和行为的过程性，主要内容包括影视和网络文化两方面。影视不但包括了电影和电视剧，还有动画等通过拍摄、绘画等手段制作出来的带有故事性的影片，它借助于现代科学技术，特别是物理学中的光学及声学成就，革新艺术表现手法，拓宽艺术表现范围，强化艺术表现力度，通过画面、声音、蒙太奇、故事情节等语言来传达与表现。

（二）按照物理表现形式

有形文化产品一般体现在实物上，其特征是可移动、可存储的，是消费与制作相分离的。

无形文化产品可分为两类：一类是我们虽然已经接受了它的服务，却没有留下任何可以同提供这些服务的生产者分开存在的结果。如"一个歌唱家为我提供服务，满足了我审美的需要；但是我所享受的，只是同歌唱家本身分不开的活动，他的劳动即歌唱一停止，我的享受也就结束；我所享受的是活动本身，是它引起的我的听觉的反应。"另一类是以象征要素为其存在基础的文化产品，如经长期文化积淀或信誉凝练的"品牌"、借用某个象征符号来表达的"民族精神"或"团队精神"等。这一存在清楚地表明，文化要素能以时尚改变、品牌塑造等多种形式对经济发展产生重要的影响。

三、文化产品的特征

文化产品最基本的特征是它的双重性：一是文化创意价值属性，二是经济价值属性。文化创意价值属性是指文化产品所表达的人类精神活动内涵及其影响；文化产品通过定价和售卖，把无形资本转换为有形的货币价值，带来直接或间接的经济增长和就业增长，这些经济效益的总和就是文化产品的经济价值。在这一基本特征之外，文化产品还具有以下特征。

（一）文化产品的符号性

文化产品的本质特性是具有一定内涵意义的符号，如前所述，其表现形式包括实体符号形式的实物产品，包括工艺品、建筑、绘画、文字、多媒体制品（网络、影视、动漫游戏、影碟、磁带、光盘）等；行为符号形式的服务产品，包括表演艺术（音乐、舞蹈、戏曲、杂技、语言）、其他文化服务（图书馆、档案馆、博物馆提供的服务）等。文化产品通过其表达的符号意义来满足人们对意义的追求，而这种符号的意义表达总是会以某种客观形式（实体、行为）表现出来。因此，文化产品最终都是以一种符号形式被人类所消费，如人们去参加历史古迹的旅游团，去观看文艺表演，去购买书籍、音乐唱片，其根本性的目标并非是要购买其存在的具体实物，而是要消费其代表的含义和意义，也就是说去消费文化产品本身的符号意义。

（二）文化产品的意识形态性

文化产品传递着特定的思想、价值观和民族观，宣扬特定政治制度的合法性，并对现行制度的合理性提供解释，有利于增强人民对国家、民族的认同感和归属感，维护政治体系和社会秩序。相对于传统的农业、工业和服务业等经济门类，文化产品具有强烈的意识形态属性。人们往往在欣赏电影、观看戏剧、聆听音乐甚至是玩游戏时，潜移默化地被特定的生活方式和价值观念所影响，并最终对全社会的精神结构产生深刻的影响。因此，文化创意产业除了为本国谋求一定的经济利益之外，更可以成为一国宣扬或抑制某种意识形态的工具。美国著名左翼学者詹姆斯·彼得拉斯，在其《20世纪末的文化帝国主义》的开篇引言中一针见血地指出，"美国的文化产业有两个目标：一个是经济的，一个是政治的。经济上是要为其文化商品攫取市场，政治上则是要通过改造大众意识来建立霸权。"

（三）文化产品的创意性

美国心理学教授罗伯特·斯特伯格（Robert J. Sternberg）认为，创意是生产作品的能力，这些作品既新颖，又恰当。美国作家丹尼尔·平克在他的《全新思维》一书中指出：相对于线性思维、逻辑性的以左脑为主的思维，人类社会已经步入"右脑时代"。他指出未来属于那些拥有与众不同思维的人，唯有拥有右脑时代的六大全新思维能力——设计感、娱乐感、意义感、故事力、交响力、共情力，即"三感三力"，才能于决胜于未来。创意是人类的一种思维活动，是我们平常所说的点子、主意、想法等。当然，并非所有的创意都是向上的、积极的与有价值的。正如发明被划分为有用发明和无用发明，创意也可区别为有价值创意与无价值创意。衡量一个创意价值与否的一个前提就是创意的结果要得到目标受众的价值认可。

（四）文化产品的历史性与民族性

文化产品是在一定的历史时代和环境下产生的，文化产品的生产离不开人类的实践活动，文化产品要成为人类社会的财富，就必须在人类的实践过程中被理解和接受，而人类的实践活动是受民族历史和社会发展的双重限制的，这就使得文化产品的生产同样受到民族历史限制。从历史上看，文化产品反映出一个民族历史与发展过程中精神文明风格上的独特方面。

第二节　文化产品的需求及需求弹性

任何生产都是为了满足需求，没有需求，就没有生产，没有需求，也就没有市场。萨缪尔森在《经济学》中引用了这句话：你甚至于可以使鹦鹉成为一个博学的经济学者——它所必须学的就是"供给"和"需求"这两个名词。微观经济学认为，一种商品的需求是指消费者在一定时期内在各种可能的价格水平下愿意并且能够购买的该商品的数量。根据这个定义，文化产品的需求即指消费者在一定时期内在各种可能的价格水平下愿意并且能够购买的文化产品的数量。

一、文化产品的需求

随着人类社会生产力和劳动生产率的不断提高，人们生活水平逐渐得到改善，人们闲暇时间增多，使得人们的消费层次和消费结构发生变化，人们对精神生活的追求不断增加，文化产品及服务已经成为人们生活中必不可少的一部分。文化产品需求的满足，可以丰富人类的精神生活，可以改变人们的文化环境，进而带动整个社会的发展，推动社会进步。

对于文化产品需求的满足，不同于一般产品，可以分为商品性文化产品和非商品性文化产品。非商品性文化需求，是指人们无须支付价格就可以实现的需求，主要表现为社会公益性文化需求，它由文化生产部门无偿提供文化艺术产品而实现，如街头雕塑、广场音乐会等，其目的是满足社会公众对生活环境的良好文化氛围的要求。这类需求的满足不经过市场交易，直接由公共组织提供，我们不研究这类文化产品的需求。但是，必须指出的是，这种需求仍然构成人们整个文化产品需求的重要方面，并且在这种需求的背后仍然浓缩了整个社会资金在文化事业上的分配和使用。商品性文化产品的需求是指人们通过购买手段，支付一定的价格，以交换方式实现的需求。由于这类需求是通过货币交换方式实现的对文化商品的有偿购买，主要通过市场进行，因而也就成为文化经济学研究的主要内容之一。

在这类文化产品的需求中，由于需求动机的不同和购买结果的不同，又可分为投资性文化需求和娱乐性文化需求。投资性文化需求，是指着眼于人的人文品格的培养和文化素质发展的需求，其目的是通过货币的投资行为实现货币的保值和增值，如人们对字画古玩等艺术品的需求。娱乐性文化需求，是指满足以感官享受为特征的需求，如人们对卡拉 OK、音乐会、影视作品等的需求，它不以货币的保值和增值为目的，而是追求瞬时的享受，在这个过程中虽然会涉及人的人文品格的塑造。

（一）需求表和需求曲线

我们以娱乐性文化需求为例，分析一下商品性文化产品的需求规律。

采用经济学中最常用的需求表来反映某人对某种商品的需求。表 6-1 表示的是陈文在不同的电影票价格时对应的每年愿意去看的次数。一般可以观察到这样的现象：如果电影是免费的，她愿意去看 12 次；如果价格为 10 元，她愿意去看 6 次；如果价格继续上涨，她的需求量会越来越少，当价格达 60 元时，她根本就不想看了。表 6-1 表示的是在其他条件不变的情况下，电影票的价格和陈文对其需求量之间的关系。

表 6-1　　　　　　　　　　　陈文的电影票需求

价格 P（元）	需求量 Q（次）
0	12
10	6
20	5
30	3

续表

价格 P（元）	需求量 Q（次）
40	2
50	1
60	0

　　把需求表绘制在平面坐标图上，就得到一条曲线，称其为需求曲线。我们一般会得到一条向下倾斜的需求曲线，反映了需求量和价格呈反比关系。我们称之为需求向下倾斜规律：其他条件不变，当一种物品价格上升时，其需求量减少。经济学中用替代效应和收入效应来解释这一规律。替代效应是指由于该商品价格上升而引起的其他商品价格相对降低，从而减少对这种商品的需求；收入效应是指由于该商品价格上涨，那么就意味着消费者的实际收入在减少，购买能力在下降，从而会减少对这种商品的需求，如图6－1所示。

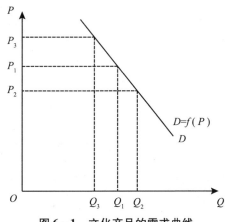

图6－1　文化产品的需求曲线

　　需要注意的是，画需求曲线时，自变量价格 P 画在纵轴上，因变量需求量 Q 画在横轴上，这是经济学中的惯例。

　　刚才分析了陈文的个人需求，市场中看电影的人也很多，那么必须分析整个市场中对电影的需求，这就是市场需求。

　　市场需求是所有个人对某种商品或劳务需求的总和。我们假定市场中有两个消费者，另一个叫刘斌，我们同样可以观察到，他的需求如表6－2所示。

表6-2 　　　　　　　　　　　　刘斌的电影票需求

价格 P（元）	需求量 Q（次）
0	12
10	10
20	7
30	4
40	2
50	1
60	0

那么市场需求如表6-3所示。

表6-3 　　　　　　　　　　　　电影票的市场需求

价格 P（元）	需求量 Q（次）
0	24
10	16
20	12
30	7
40	4
50	2
60	0

根据以上需求表，由陈文的需求曲线 D_1 和刘斌的需求曲线 D_2，通过横向叠加，可以得出市场需求曲线为 D_3，如图6-2所示。

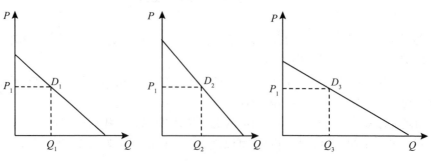

图6-2　电影票的市场需求曲线

（二）影响需求的因素

需求曲线说明在其他条件不变的情况下价格的变化对需求量的影响。一般情况下，影响商品需求的主要因素包括：

第一，价格是影响需求的最基本因素。价格和需求量之间是一种反向关系，产品价格上升时，消费者倾向于减少对这种商品的消费；对于一般商品而言，当价格下降时，需求量增加；当价格上升时，需求量减少，我们称这种现象为需求法则。表现在曲线上就是需求曲线一般向右下方倾斜，即斜率小于零。需求法则在现实中也符合理性人的行为。假设其他条件不变，文化产品的需求总是随文化产品价格的变化而变化：文化产品价格上升，文化产品需求量下降；反之，文化产品价格降低，则需求量增加。

第二，消费者的收入水平。对于大多数商品来说，收入增加会增加消费者对某种产品的需求量，收入减少就会减少对该商品的需求。文化产品的需求量与人们的可支配收入、闲暇时间存在关联。在价格不变的情况下，人们的可支配收入越多、闲暇时间越充足，对文化商品的需求就越大；反之则需求下降。

第三，相关商品的价格。当一种商品本身的价格保持不变，而与其相关的其他商品的价格发生变化时，该商品本身的价格也会发生变化。如图书和电影在休闲娱乐功能的发挥方面可以被认为是替代品，当图书价格发生变化时，会影响人们对电影的需求。

第四，消费者对该商品的价格预期。当消费者预期某种商品的价格在未来某一时期会上升时，就会增加对该商品的现期需求量；反之就会减少现期消费。

第五，偏好。偏好不能直接度量，但可以将偏好看作一项表示消费者偏好的指数，当消费者感觉一种商品的质量有所提升、更加适应潮流、更有益于健康时，获得它的欲望便会升高，偏好值也会升高。传媒常常会引起偏好的变化，主要是有两个效应：一是示范效应，二是广告炒作效应。

上述几个因素是对于一般商品而言的，而且对于文化产品也同样适用。而对于文化产品来说，影响其需求的还有一个重要的因素，就是消费者的品位。每个人对艺术的潜在需求来源于他们自身对艺术的品位。对于经济学家而言，品位的形成是一个难题，他们深知品位对消费者支付意愿和参与度的影响，但是其所运用的理论模型都建立于品位既定的假设之上。这使得文化经济学研究面临更多困难，目前针对这一难题的研究寥寥无几，只将这一难题留给心理学家和营销专家来解决。也就是说，品位在某些方面可以从经济角度来理解：第一，艺术，尤其是高雅艺术是体验性产品，这意味着人们通过理解及亲身体验而获得强烈的愉快感，他们的品位才能形成；第二，提升品位需要投入更多的时间和精力，而这颇为昂贵。

文化消费与物质消费不同，主要是在生理需求以外寻求精神依托，它是一种心理需求，而这种心理上的需求，并不是出于人的生物性本能，而是受文化环境和社会文化意识的影响而产生的。也就是说，后天的教育水平是决定文化消费质和量的重要因素，特别是在文化消费活动中不仅需要一般知识的储备，而且需要在文化消费中积累的知识和经验准备。一般而言，一个人接受的教育程度越高，其文化需求也就越旺盛，层次也就越高。从社会发展的趋势来看，人们接受教育的时间越来越长，其教育的水平越来越高。艺术趣味受教育影响，受童年时期参与表演性的音乐、戏剧、舞蹈、诗歌等艺术活动经验的影响，这些经验对于文化参与者有终身影响，因此，专业艺术机构的巡演工作对于未来观众的发展至关重要。

二、文化产品的需求弹性

弹性这一词来源于物理学，弹性是指某一物体对外界力量的一种反应力。我们用力拉一根弹簧，如果用同样的力，一根弹簧拉伸的长度大，我们就可以说它的弹性大。由此可见，弹性是反映弹簧长度对外力的敏感程度。因而可以这样说，弹性是这样一个数字，它告诉我们，一种变量对另一种变量变化的敏感程度，也可以说是一个变量变化1%将会引起另一个变量变化的百分比。需求弹性就是指影响需求的诸多因素发生变化以后，需求数量变化的程度。对需求量影响的主要因素有价格、收入、相关产品的价格，相应的就有需求价格弹性、需求收入弹性及需求交叉弹性。

需求价格弹性是需求量对价格变化的敏感性的度量。当价格变动1%时，该商品的需求量会发生多大的百分比变动。用 ΔP 表示价格变动，ΔQ 表示需求量的变动，需求价格单性定义为价格变动百分比而带来的需求变动的百分比，用公式表示如下：

$$E_P = \frac{\Delta Q/Q}{\Delta P/P} \qquad (6-1)$$

若价格变化1%，需求量变动2%，则：

$$E_p = -\frac{2\%}{1\%} = -2$$

通常情况下，E_P 为负值，除个别的场合外，E_P 总是小于或等于零，这是由于需求法则在起作用，即 ΔQ 和 ΔP 总是呈反向变化。当价格变化引起消费者反应十分强烈，需求量变化的百分比在绝对值上超过价格变化的百分比时，$\mid E_P\mid>1$，

称需求富有弹性；当价格变化引起消费者微弱的反应，需求量的变化的百分比的绝对值小于价格变化的百分比时，$|E_P|<1$，称需求缺乏弹性。还有一种特殊情况，即需求量变化的百分比等于价格变化的百分比，$|E_P|=1$，称需求是单位弹性；$|E_P|=0$，称需求完全无弹性；$|E_P|\to\infty$，称需求完全有弹性。

拥有高雅品位的人可能拥有更强的支付意愿和较低的需求弹性。对芭蕾狂热的人可能愿意花费收入中很大一部分去看芭蕾。相反，没有艺术趣味的人，不管票价多低，他们也不会去观看。因此，试图通过降低票价来刺激参与的艺术政策很难有效。在实践中我们很难从受众需求表中辨别价格弹性、收入弹性，但可以从观众的社会经济特征等身份信息来判断需求弹性。艺术机构为了市场营销目的开展受众调查，艺术委员会和政府机构，尤其与文化行政部门有密切联系的机构，也渐渐开始定期开展艺术参与调查，包括不同艺术类型参与程度在内的各类问题。参与研究要询问某个人口（而不仅是观众）样本中的每个个体，问他们在过去一年里是否看过演出或参观过博物馆等，并调查他们的观看或参观频率。这些表明，那些受资助艺术表演的观众，往往是比全社会人口平均水平拥有更高的收入和教育水平的人；歌剧和芭蕾舞的参与度最低，其次是古乐表演、戏剧、音乐剧和爵士乐。在有些国家，电影被看作一种表演艺术，它往往能吸引最多的观众。

总收益是价格和需求量的乘积，用 TR 来表示，因此有：

$$TR=P\times Q \tag{6-2}$$

一般情况下，价格和需求量总是沿着相反方向移动，P 提高，Q 减少；P 降低，Q 增加。因此，价格变化和需求量的变化对总收益的作用正好相反，两种效应中，效应较强的一方决定对总收益的总的影响，现在我们来检验这两种效应。价格效应是指在保持一定产出水平的情况下，由于价格变化对于总收益的影响。产量效应是指在某一种给定价格水平下，由于销售量发生变化而带来总收益变化的效应。价格效应和产量效应使总收益沿着相反的方向变化，总收益将沿着作用更强的方向变化，如果两种效应同样大，总收益不发生变化，即：

若 $|E_p|>1$，则 $|\Delta Q/Q|>|\Delta P/P|$，产量效应优于价格效应；

若 $|E_p|<1$，则 $|\Delta Q/Q|<|\Delta P/P|$，产量效应不及价格效应；

若 $|E_p|=1$，则 $\Delta Q/Q=\Delta P/P$，产量效应抵消价格效应。

如表 6-4 所示，对于文化产品而言，当需求价格缺乏弹性时，即价格的变化将不会带来收入结果的变化，那些强烈渴望观看演出的观众，愿意为此支付更高的价格，提高票价就能使收入提高。相反的情况是当需求富有弹性时，提高价格会导致消费者消费支出减少，因此，提高票价减少了收入。而对有关表演艺术需求弹性系数的测量表明，它们通常是缺乏弹性的，因而如果表演艺术组织想要增加收入，那么可以通过提升票价来实现。

表 6 − 4   需求弹性和总收益之间的关系

情况	富有弹性	单位弹性	缺乏弹性
价格 ↑	TR ↓	TR 不变	TR ↑
价格 ↓	TR ↑	TR 不变	TR ↓

第三节　文化产品的供给及供给弹性

文化产品的供给反映了一个社会文化生产力发展的水平，是衡量一个国家综合文化国力的重要指标，同时也是衡量文化生产部门市场竞争力和国家经济结构与产业结构现代化程度的重要指标。

一、文化产品供给

文化产品的供给是指文化生产部门为了满足社会的文化需求而在一定时期内向社会和市场提供的文化产品和商品的数量。与文化需求相对应，文化供给一般可分为商品性供给和非商品性供给两种类型。商品性文化供给，是指文化生产部门在一定时期以一定的价格向文化市场提供的文化商品的数量，内容主要有图书、报纸、杂志、音像品、美术品、电影、文艺演出等。人们要获得这类文化商品和精神上的满足，只有通过支付一定的价格，以货币交换形式才能实现。因此，这是一种市场行为。这也是文化经济学研究的主要内容。非商品性文化供给，是指文化生产部门向社会无偿提供的文化产品的形式和数量，主要表现为社会公益性文化供给和为营造社会文化环而提供的文化供给，如街头雕塑、街头画廊、广场音乐会、广播、无线电视等。这类文化供给以整个社会为对象，社会的任何一个成员都可以无偿获取以满足自己的文化需求。这种类型的文化供给不带有经济交换关系，因此，非商品性文化供给通常不作为文化经济学研究的主要对象，但非商品性供给对社会文化生态环境的营造、对人们文化需求质量的提高具有特殊的作用和意义，是整个文化供给构成中不可缺少的组成部分。

（一）供给表和供给曲线

文化供给包括两种存在形式：实物形式和非实物形式。以实物形式表现的文化产品的供给，包括图书、报刊、音像制品、美术品（字画、雕塑）等；以非实物形式表现的文化供给，包括电影、电视、广播、文艺表演等。在商品性文化供给中，前者一般属于对象的占有性供给，即被供给的文化商品被购买者以货币形式购买后永久占有；后者通常表现为有限占有供给，即购买者虽然支付了一定的货币，但也只能在有限的时间和空间里占有，而供给者却可以不断地把同一商品在同一空间的不同时间里提供给不同的需求者消费，以满足文化需求。当然，这种区别和需求者支付的一定的货币量有关。购买一幅美术品可以永久性占有，观看美术作品展只能是有限占有，二者不仅占有形式不同，支付的货币量也不同。

由此可见，价格对于一种产品的供给起着重要的作用。一般而言，某种物品的供给量和价格是正相关的，即价格升高，厂商认为生产这种产品是有利可图的，便会增加供给量；价格降低后，厂商认为生产这种产品利润会减少，便会减少供给量。一般情况下，我们可以用供给表来反映一种物品的价格和供给量之间的关系。供给表反映的是每种价格下产品的供给量。

由表 6-5 可以看出，在其他条件不变的情况下，文化产品供给与文化产品价格的变化成正比。即市场上流通的文化产品的价格越高，供给量越大；反之，价格越低，供给量越小。如图 6-3 所示，Q_S 表示供给量，P 表示文化产品的价格，供给曲线呈向右上方倾斜。

表 6-5 　　　　　　　　　　　　　图书的供给

价格 P（元）	供给量 Q（册）
0	0
1	100
2	150
3	200
4	300
5	600

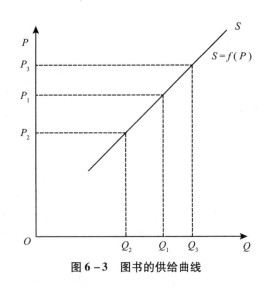

图 6 - 3　图书的供给曲线

市场供给是指一种物品在同一时间及同一市场区域内各经济单位供给的加总。

（二）影响文化产品供给的因素

经济学家假设商品或服务的供给量是由以下几个因素决定的：产品自身价格的变化；生产要素价格的变化，即一种投入要素的价格发生变化而使得供给量发生变化；技术；自然环境的变化，这个主要是针对农产品而言；由于气候、虫害或动物疾病等原因而造成供给的变化；生产者对产品未来价格的预期；市场中生产此种产品厂商的数目。影响文化产品的供给因素还包括文化经济政策。

影响文化产品供给的还有一些特殊因素，这主要是由文化产品生产的特殊性决定的。以电影生产为例，明星是电影生产中最重要的无形资产。"这些万众瞩目的电影明星实质上是在交换价值的符号体系安排下的独特且被商品化的人，如何利用明星的商业价值成了这些体制化的实际控制人——制片人考虑最多的一个问题。"① 因为"在明星身上，制片人不只得到电影生产过程中的产品价值（production value），还有商标价值（trademark value）、保证价值（insurance value），这些价在确保产品的销售和赚取顾客的利润上，是极为真实而重要的。"在此意义上，好莱坞的体制化生产可以说是围绕明星展开的。一方面，好莱坞的制片人围绕类型的明星演员"量身定做"分合明显类型的影片；另一方面，好莱坞的制片公司不惜工本、重金约请炙手可热的天王巨星出演筹拍中的影片，按照常规，

---

① 周正兵. 文化产业导论［M］. 北京：经济科学出版社，2009.

好莱坞花在演员身上的片酬约占整个制作成本费的40%，即使在经济不景气的时候，也会保持在35%左右。这就使得电影生产不同于一般产品的生产，我们可以称其为明星制。明星制（影视剧）将著名作家、表演艺术家等明星的名字和文本联系起来。电影产业中，一个著名的好莱坞明星、一个著名的导演或一个知名的编剧都是好莱坞电影票房的重要保障。20世纪90年代好莱坞126部国内票房过百万的电影中有41部就有以下大牌明星中的一名或多名加盟：汤姆·汉克斯、茱莉亚·罗伯茨、罗宾·威廉姆斯、金·凯瑞、汤姆·克鲁斯、阿诺德·施瓦辛格、布鲁斯·威尔斯。

二、文化产品供给弹性

当一种产品价格上升时，该物品的生产者会增加供给量。我们用供给价格弹性来反映供给量对价格变动的反映程度。计算公式为：

$$E_S = \frac{\Delta Q/Q}{\Delta P/P} = \frac{\Delta Q}{\Delta P} \cdot \frac{P}{Q} = \frac{\mathrm{d}Q}{\mathrm{d}P} \cdot \frac{P}{Q} \qquad (6-3)$$

一般来说，供给量的变动和价格的变动呈正向关系，所以一般E_S为正值。若$E_S > 1$，则说明价格每提高1%，供给量的增加量大于1%，我们说这种物品的供给是富有弹性的；若$E_S < 1$，则说明价格每提高1%，供给量的增加量小于1%，我们说这种物品的供给是缺乏弹性的；若$E_S = 1$，则说明价格每提高1%，供给量的增加量也等于1%，我们说这种物品的供给是单位弹性的；若$E_S = 0$，则说明不管价格如何变化，供给量的增加量均为0，我们说这种物品的供给是完全缺乏弹性的，如图6-4中的a图所示；若$E_S = \infty$，则说明价格变动之后，供给量的变化为∞，我们说这种物品的供给是有完全弹性的，如图6-4中的b图所示。

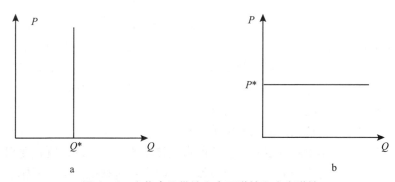

图6-4　文化产品供给完全无弹性和完全弹性

一般来说，供给价格弹性的大小，主要取决于下列因素。

如果着眼于厂商的供应能力，则时期的长短是决定供给弹性大小的主要因素。在极短的时期内，厂商所生产的产品的供应量无法增加，供给完全缺乏弹性；短时间内，厂商能够在固定的厂房设备下增加可变要素的投入，以扩大产量。在长时期内，厂商可以改变其生产规模来扩大产量。因此，长期的情况是供给价格弹性大。一般来说，生产规模大的资本密集型企业，因受设计和专业化设备等因素的制约，其生产规模变动较难，调整的时间长，因而其产品的供给弹性小；反之，规模较小的劳动密集型企业，则其产品供给弹性相对更大一些。

生产的难易程度与生产周期的长短。一般来说，容易生产的产品，如技术要求低、生产周期很短，则产量调整比较快、供给弹性大；反之，较难生产的产品，如果生产周期长，则供给弹性小。

生产成本的变化。在其他条件不变的条件下，如果生产成本随着产量的增加不会增加太多，则产品的供给弹性就大；相反，如果产量增加促使成本显著增加，则供给弹性就小。

然而，文化产品的生产因其特殊性而使得其供给弹性与一般商品不同。对于画家、作家、雕塑家等艺术家以个体为单位进行原创性艺术创作的，其产品供给大都是供给无弹性。独创的艺术品顾名思义是要求生产者独自创造出来的，且不能够被批量化复制，这种类型的艺术品比较独特，可能会由于生产者的创新使得这种艺术品的特征具有唯一性，或者对于这种文化产品的欣赏仅限于在特定的时间、空间内。这一类型的文化产品包括美术音乐作品、雕塑建筑品、影视及舞台创作表演等富含创新意味的文化产品，指艺术家以一定的世界观为指导，运用一定的创作方法，通过对现实生活观察、体验、研究、分析、选择、加工、提炼生活素材，塑造艺术形象，创作艺术作品的创造性劳动。艺术创作是人类为自身审美需要而进行的精神生产活动，是一种独立的、纯粹的、高级形态的审美创造活动。艺术创作以社会生活为源泉，但并不是简单地复制生活现象，实质上是一种特殊的审美创造。每一首新歌的问世、一幅画的诞生、一个雕塑的完成，这在艺术界是具有独创性的、与众不同的，对于这些独创艺术的欣赏对我们的时间、空间也存在一定的限制。一首新歌的发布会，只有在特定的时间和空间里我们才能欣赏到它。文学创作也是这样。作家为现实生活所感动，根据对生活的审美体验，通过头脑的加工改造，以语言为材料创造出艺术形象，形成可供读者欣赏的文学作品，这样一种特殊的复杂的精神生产活动称为文学创作。文学创作是最基本的文学实践，是作家对一定社会生活的审美体验的形象反映，既包含对生活的审美认识，又包含着审美创造。影视及舞台表演主要包括电影、电视剧、舞台戏曲、杂技等创作表演作品。这些文化产品在消费方式上具有独创性，并且只能在特定的环境中消费，如话剧《白毛女》，消费者在欣赏这一文化产品时需要在特定的舞台上、配合一定的灯光音效才能完整领会到其表达的符号内涵。而在供给方面也是完全无弹性的。

资料链接：

凡·高的向日葵

作为一个自学成才的画家，凡·高的绘画历程经历了多个变化期，从纽南、安特卫普、巴黎到阿尔、圣雷米和奥维尔，其间辗转各地都给他新艺术风格的产生提供了机遇，直到凡·高带着希望来到法国南部那个充满阳光的小城阿尔，才迎来了他最辉煌的创作时期。阿尔猛烈的阳光和刺目的麦田使他几近"疯狂"，凡·高的艺术仿佛受了神明的指点忽然迸发出金子般的灵感，一发而不可收，他的代表作《向日葵》就是在这里完成的。

向日葵在法语里面的意思是"落在地上的太阳"，人们往往把它看作是光明和希望的象征。凡·高的向日葵不是一种亮丽明快、充满着希望和幻想的向日葵，而是近乎疯狂的。凡·高一生共作了 11 幅《向日葵》，有 10 幅在他死后散落各地，只有一幅目前在凡·高美术馆展出。在其众多的向日葵作品里最有名的是这幅画有 15 朵的《向日葵》。这张画是在阳光明媚灿烂的法国南部小城阿尔所作的。画面上这些简单地插在花瓶里的向日葵，呈现出令人心弦震荡的灿烂辉煌。凡·高以重涂的笔触施色，雕塑般的笔触就像是在画布上拍上一块黏土，黄色和棕色调的色彩以及技法都极力展现出一个充满希望和阳光的美丽新世界。此时画家仿佛就如同闪烁着的熊熊火焰，满怀炽热的激情令奔放和旋转不停的笔触雄浑有力，同时画面上色彩的对比也是单纯而强烈的，然而，在这种粗厚和单纯中却又充满了智慧和灵气。观看此画时，无不为那激动人心的画面效果而感应，心灵为之震颤，激情也喷薄而出，跃跃欲试，与之共同融入到凡·高丰富的主观感情中去。

凡·高是个热爱自然并能从简单的事物看到纯粹之美的画家，他说他宁可画从窗户向外看到的树影，而不是想像中的幻象。总之，凡·高笔下的向日葵不仅仅是植物，而是带有原始冲动和热情的生命体。他以《向日葵》中的各种花姿来表达自我，有时甚至将自己比喻为向日葵。凡·高强烈地爱上了遍地生长的高贵向日葵及炙热目眩般的阳光。他不无自嘲："我越是年老丑陋、令人讨厌、贫病交加，越要用鲜艳华丽、精心设计的色彩为自己雪耻。"对于凡·高而言，向日葵这种花是表现他思想的最佳题材。夏季时间短暂，向日葵的花期更是不长，他借以向日葵来比喻自己，亦如同向日葵般结束自己短暂的一生，后人因此称他为向日葵画家，应该是恰如其分的。他曾多次描绘以向日葵为主题的静物，也爱用向日葵来布置他的房间。向日葵是太阳之光，是光和热的象征，是内心翻腾的感情烈火的写照，也是热爱生命选择生活的表现，但为何却成了凡·高苦难生命的缩影。他自己则成了向日葵的背叛者，如此看来热爱生命与选择灭亡并不矛盾。凡·高身为一个画家，成就了艺术却蔑视了生命。

资料来源：郎崇. 凡·高绘画艺术风格评析——以《向日葵》为例 [J]. 吉林化工学院学报，2011, 28（6）: 76-79.

相比于独创性的艺术品，批量生产的消费品对于文化产品的创新性和特定时空的消费方式的要求就显得不那么高了。从消费方式上看，批量生产的消费品可以随时随地进行消费，并且可以在特有的技术条件下大量的复制、进行批量化生产。这种类型的文化产品范围比较广泛，凡是可以进行量化生产并且其消费方式不受特定时空限制的文化产品都可被囊括在此范围内，例如印刷品、视听媒介、工艺纪念品等。以印刷品为例，印刷品是印刷的产品，是使用印刷技术生产的各种成品的总称。在日常生活中，人们所接触到的报纸、书刊报纸、地图、海报、广告、信封、信笺、商标、名片、请柬、钞票、贺卡、台历、挂历、各种证卡、包装盒、电路板等，都属于印刷品的范畴。印刷品几乎充满在人们的衣、食、住、行领域之中，它与人们的生活十分密切。印刷媒体种类繁多，最常见的为纸张及纸板，其次有布、纤维材料、塑料片（胶片）、金属表皮及各式各样生活常见的电器用品的表面。印刷品是文化产品中典型的批量生产的消费品，当然这种文化产品的批量生产是与技术的支撑密不可分的。这种产品的供给弹性和一般产品相同，但也有其特殊性。对于很多文化产品，其复制时的边际成本几乎为零或等于零，这样，其供给则属于完全弹性。

第四节　文化产品的定价

文化产品本身存在巨大差异，存在供给完全无弹性和供给完全弹性两种极端状况，加之一些私人文化产品也具有公共产品的属性，所以文化产品的定价显得非常复杂。本节尽量简化分析，在论述文化产品定价的影响因素之后，阐述文化产品的定价方法，最后探讨文化产品的定价策略。

一、文化产品市场均衡价格

均衡是指各种力量相互作用而处于平衡的一种状态，是一种最为理想的状态。经济学的均衡分为局部均衡与一般均衡。局部均衡（Partial Equilibrium）是就单个市场或部分市场的供求与价格之间的关系和均衡状态进行分析。一般均衡（General）是就一个经济中所有市场的供求与价格之间的关系和均衡状态进行分析，强调市场之间的影响。在分析了供给和需求之后，进行局部均衡分析，我们将二者结合起来，说明二者如何决定市场上一种产品的价格。

在坐标系中，需求曲线和供给曲线相交于一点，在这一点上，生产者愿意供给的数量刚好等于消费者愿意购买的数量，这时价格将被固定下来，不再有变动的趋势，这一状态称为市场均衡。这种使得需求量和供给量相等的价格，称为均衡价格，有时也被称为市场出清价格。因为在这种价格时，市场上每一个人都得到了满足，买者买到了他想要的东西，而卖者则卖出了他想卖的东西。与均衡价格相对应的需求量称为均衡产量。

卖者和买者的行动会自然而然地促使市场达到均衡。我们来分析一下当市场价格不等于均衡价格时会出现什么情况。如图 6 - 5 所示，假设市场价格为 2.5 元，这时需求量为 4，供给量为 10，因而就会有 6 个单位的东西卖不出去，存在

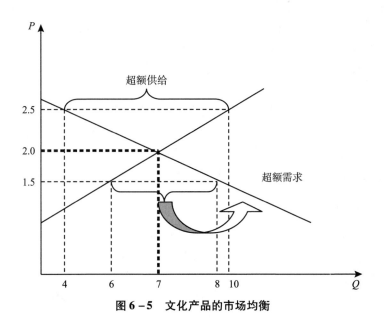

图 6 - 5 文化产品的市场均衡

过剩，即超额供给。这时卖者对过剩的反应是不断降低价格，价格的下降增加了供给量，价格降到什么程度为止？到市场均衡价格为止。如果说低于市场均衡价格会怎么样？假设市场价格是 1.5 元，这时需求量是 8，供给量是 6，那么会有 2 单位的消费者买不到，我们说市场上存在商品短缺，也叫作超额需求。这时你会看到市场上有很多人排着长长的队等待购买的机会。由于太多的买者，卖者提高自己的价格而不会降低销售量。随着价格的上升，需求量减少，供给量增加，市场又一次趋向均衡。

因此，卖者和买者的自发活动将市场一次次推向均衡状态，即市场上供给和需求的力量会自发作用最终达到均衡。

二、文化产品定价的影响因素

影响文化产品定价的因素是多方面的，主要包括企业定价目标、文化产品成本、市场竞争的激烈程度、购买者特有偏好、政府政策法规等。

（一）企业定价目标

和一般企业一样，文化企业制定价格也要考虑目标市场战略以及市场定位。文化企业的定价目标主要有：

生存目标。在文化企业产量过剩或面临市场激烈竞争时，文化企业将以维持企业生存为首要目标，这样，文化企业就不能将产品的价格定得过高，只需要销售收入能够弥补部分固定成本及可变成本即可。

市场占有率最大化。文化企业若要在短时间内迅速占领市场，获得市场的控制权，那么企业需要将价格定在可变成本之上。

产品品质最优。在此目标指导下，企业将为消费者提供高品质的文化产品和服务，进而可能引起成本的上升，这必然要求企业提高文化产品的价格。

社会效益和经济效益兼顾。文化企业将注重文化产品带来的社会效益，与仅注重经济效益的企业相比，这类企业文化产品的价格会定得更低。

（二）文化产品成本

通常情况下，成本是文化企业制定价格的底线。如果文化企业将文化产品的价格一直定在只能弥补成本甚至低于成本，那么文化企业就不能扩大生产，长期下去容易导致企业破产。

资料链接：

表演艺术的成本

从成本角度而言，在演出正式开始之前，一个作品要经过设计、彩排等程序，这些需要大量的后台工作人员及演员的人力投入。它们是表演的固定成本，可由一定数量的表演场次分摊。如果作品初始准备完成后立即演出，且能在下一个演出季复排的话，那么其平均成本（所有演出固定成本的平均数）可由一个较长的时间段来分摊。一旦演出全部结束，如果这些投入无法在其他地方重复使用，那么这些固定成本就会变为沉没成本。然而，有些支出是可以重复使用的，如由剧场提供的服装或道具，或者乐队的乐器。它们同样也是上演一场表演所需的成本，即边际成本。每一个作品的每一场演出，其边际成本很可能是固定的，因而随着作品演出场次的增加，平均成本逐渐降低。

场地成本是表演艺术成本的另一个特点。一般大型艺术机构通常拥有自己的演出场地，它们通常在此演出或外出巡演一段时间。当它们不需要场地时，它们可能会将场地租给其他艺术机构使用以赚取租金。在欧洲大陆每逢演出季来临，每个城市的公有剧院都被用于多种艺术形式的演出——话剧、音乐剧、歌剧、舞蹈、管弦乐演奏等，这是一种常见的现象。另外，伦敦和纽约有很多剧院用于出租，并且它们会为热门节目提供"加场"（overflow facilities），即将它们从原来的场地转移到伦敦西区或百老汇，从而能从扩大演出轮次中获取更多收益。然而，这种情形只在音乐剧和话剧中较为常见，至于其他表演艺术则难得一见。大量场地的存在也使得国内外演出团体能够找到演出场所。在大型的演出中心通常也有排练场地可供出租。无论一个艺术机构是否拥有自己的表演和排练场地，实际或估算的租金（imputed rent）都是一项固定成本。劳动力成本一直被视为演出的主要成本；然而，艺术形式不同，劳动力成本所占比例也会千差万别。如交响乐团，支付给音乐家的费用在总成本中占很大比例。不同类型乐队的合约安排方式也有区别：一些大型的世界著名乐队都是自治性联合体，而其他乐队的乐手通常只是长期或短期聘用式雇员。在大型音乐中心，常常有各种从人才库中挑选出来的乐手组成临时乐队和合唱团，他们承担着各种工作；同样的道理，如果表演需要不常见的乐器或大量相同乐器，那么乐队可以雇用特定乐器演奏家，或者寻找自由乐手（或从其他乐队借用）以满足这些需求。上述不同安排都会影响演出成本。然而，对于戏剧演出而言，相较于台上的表演人员，每场演出可能还会有更多的幕后工作人员，例如舞台监督、灯光、声音和舞台布景操作等，这还不包括导演、设计师、化妆师等——他们是一场演出准备就绪的必备要素。

（三）市场竞争的激烈程度

市场竞争会影响产品的定价。若文化产品市场的竞争者数量少，替代产品不多，文化企业可以将文化产品的价格定高一些。举一个极端的例子，若文化企业是市场垄断者，那么，理论上它可以将价格定得远超过成本，从而攫取高额的垄断利润。

（四）购买者特有偏好

文化产品的价值受购买者主观评价的影响。若购买者认同文化产品所映射的文化，文化企业显然可以将文化产品价格定得更高一些；反之亦然。因此，购买者特有偏好与文化产品的价格存在正向关系。

（五）政府政策法规

文化产品的定价同样需要考虑政府相关的政策法规。由于一些文化产品和服务具有公共产品性质，文化企业的定价会受到政府相关部门的价格规制的约束。

三、文化产品定价策略

常见的文化产品定价策略主要包括歧视性定价策略、捆绑定价策略、关联定价策略、质量差别定价策略以及其他定价策略等。

（一）歧视性定价策略

通常，完全竞争市场的供给方必须执行给定的价格，因而不能利用价格歧视，但是这种情况在艺术领域很少见，因为每一场演出、展览或节日都有一些独有的特征。价格歧视就是要找到一种能够向价格敏感的消费者提供更低价格而对需求缺乏弹性的消费者提供更高价格的方法。

实施价格歧视最常用的方法有两种：一是三级价格歧视，即根据需求价格弹性的不同向不同的文化产品消费者群体索取不同的价格。文化产品供给方很容易鉴别哪位顾客属于哪一类群体，如博物馆给学生或超过某一年龄的个人以折扣票价。这种方法只有在不发生套利行为时才有效；学生购买到折扣票后不能将票卖给不合规定的人。二是二级价格歧视，即根据单个消费者购买的产品数量来定价。例如，大多数博物馆既提供单次消费的门票，也提供年票。在一些咖啡馆，消费的第二杯咖啡比第一杯咖啡便宜。

资料链接:

电影票价格

电影与任何一种文化艺术形式一样,是以愉悦观众的精神和心理为其内在价值的。因此,年龄性别、教育程度、职业类别等个人生活状况和经历的差异对观众的观影需求有着重要影响。研究发现,不同城市、不同年龄性别、不同教育程度、不同收入的观众,他们的观影频率、对票价的接受程度、对影片类型的喜好等都有着明显不同。电影市场的正确定价,应该在充分了解不同的细分市场需求的基础上,对电影票价作更为合理的划分和确定,以最大限度地吸引不同观众走进影院,实现影院利润的最大化。细分市场的维度很多,在此仅对年龄、城市等细分市场作简单剖析。

策略一:按不同年龄细分市场的定价策略。观众的年龄,是对观众影响最大的一个因素。事实上,年龄本身并无太大意义,更多意义来自随年龄变化、生活经历不同而引发的心理需求不同。研究发现,虽然喜剧片、动作片是所有类型观众的共同喜好,但不同年龄受访者对影片类型仍是各有所好。例如:科幻片、恐怖片在15~24岁的青少年中有着绝对竞争优势,而战争片在35岁以上的人群中受到较高关注,警匪片和爱情片则有着较广泛的受众群。针对不同受众群推出的影片,票价制定的策略自然也应该不同。下表列出了不同的年龄段间票价接受程度的差异。可以看出,在电影方面最有消费潜力的观众在15~34岁之间,因此针对这部分观众推出的科幻片、爱情片可以采用适合他们的相对高端的定价。35~44岁的人群也有较高的消费潜力,战争片是这部分人的观影意愿之一,在定价时可以参考他们的票价需求。而在7~14岁和45岁以上人群中,票价支付意愿较低,适合他们观看的动画片、历险片及家庭伦理片等,要在控制成本的基础上对票价作合理的低端定位。

策略二:按不同城市细分市场的定价策略。城市观众总体愿意支付票价呈正态分布,主要分布区间在10~80元间。在票价为30元左右时正态分布达到最高峰。不同城市间票价分布有很大区别,因此按不同城市细分市场进行区别定价是很重要的一项市场策略。以北京上海为例加以说明。北京、上海都是电影市场中的一级市场,票房均居全国首位。但从观众对票价接受程度看,北京观众票价的正态分布最高峰出现在20元左右,而上海票价的最高峰出现在50元左右。两个市场的观众对票价的接受程度呈现显著差异。不同市场中的潜在观众不去电影院看电影的原因也各有不同。武汉的潜在观众不看电影的原因主要为"票价偏高",其比例高达71.0%。而在上海,认为"票价偏高"而不去看电影的潜在观众仅为 22.1%，更多观众选择了"其他娱乐方式多，顾不上看电影"和"可以买到 DVD 或从网上下载看"。因此，在不同城市的细分市场中，票价的定价策略也应有所不同。北京观众对票价的接受值低于上海，在定价时要考虑观众的需求，不能盲目将上海、北京两个市场都简单按一级票房城市作统一定价。武汉票价对该城市电影观众的影响要远远大于上海、深圳、长沙等其他城市，如试图挖掘更大的潜在观众的市场，票价定位时则应在现有票价水平上作必要的下调。而对上海的潜在观众而言，票价不再是影响其走进影院的主要原因，因此影院应通过其他方式而不是降价吸引潜在观众的视线，力图将他们从其他娱乐方式中吸引过来。

资料来源：刘晓华. 电影票价成因及定价策略研究［J］. 电影艺术，2009（1）：50－54.

（二）捆绑定价策略

捆绑定价是指文化产品供给方将一种文化产品与其他产品组合在一起以一个价格出售给目标消费者。例如，某剧院经营者由于了解观众会支付较高的价格观看戏剧，因此该剧院可能会索取较高的门票，并且将门票和观众巴士票、正餐一起捆绑销售，这一套餐价格高于成本但明显低于分别购买这些产品的价格之和。通过这一策略，剧院可以在不降低门票价格的情况下，通过这一套餐价格吸引更多的观光客进入剧院，同时也不会对需求价格无弹性的本地消费者产生消极影响，因为他们对这一套餐根本不感兴趣。

（三）关联定价策略

需求上互相联系的产品或替代品，或者互补品。在产品定价时，可以把需求上的相互联系考虑进去，即不应该孤立地规定一种产品的价格，而是必须考虑一种产品的价格对另一种产品需求的影响，以实现企业总的利润最大化。如向所有消费者群体提供门票和各类互补品构成的不同组合价格菜单，消费者可以根据自己的偏好进行自我归类和选择。例如，博物馆出售门票的同时，对馆内其他活动项目另外收费，消费者根据自己的需要可以选择某类和某几类项目。电影院可以通过较低门票价格而高价出售爆米花以赚取更高的利润。

（四）质量差别定价策略

质量差别定价策略是文化产品供给方对不同质量的产品索取不同的价格。采用这一策略时，文化产品供给方必须考虑到如何让大多数消费者不选择低质量/

低定价的替代品。为此，文化产品供给方为低质量的文化产品定价时应尽可能地接近边际消费者愿意支付的价格，而高质量的价格则应低于高需求的消费者最大的支付意愿，从而避免后者选择价格更低的替代品。例如，普通的座位及平装版小说的定价低是为了吸引价格敏感的边际消费者，而一楼的头等座位及精装版小说的定价更高，是因为这些机构知道有的消费者为了买到更高质量的产品愿意支付更高的价格。

（五）其他定价策略

上述定价策略是以企业利润最大化为目标的。然而在文化产品供给方偏离利润最大化目标时，如由国家或非营利性机构运营的博物馆或管弦乐队，该采取何种策略呢？有一种可能情况是，价格根本不会发生变化。通过博物馆入场券或音乐会门票的利润最大化进而利用所得收入资助各类教育项目，可能将更好地达到扩大服务贫困社区的目标。另一种情况是，假设该目标只是简单地增加博物馆参观人数或音乐会的观众人数。首先要注意到，利润最大化的公司使用价格歧视这一方法对那些支付意愿较低的消费者的利益已产生作用——在需求通常很低时这些消费者能够买到一周中某些天或某些时段的折扣门票，在不要为特别展或黄金前排座位付钱的情况下他们也可以以低价买到入场券。但是国有艺术机构或非营利性艺术机构可能会进一步地对入场券打折以达到广泛传播艺术的目的。

资料链接：

文化产品的补贴制度

对表演艺术补贴的目的就是通过维持低于其原本的市场价格以提升参与度。

文化经济学有关表演艺术的研究大多数是针对那些获得公共资助的机构，如艺术委员会或艺术基金会，其决定是否拨款给一个独立艺术机构的根据通常是其经营规划及预计成本和收入。一些机构已经接受了一定时间的资助（如3年），那么它们就能够提前计划，开始雇用艺术工作者和表演者等；其他一些机构则由于某项活动或产品获得项目资助。众所周知，大型的国家艺术机构如国家交响乐团、歌剧、芭蕾或剧院等都会得到经常性资助，尽管它们获得资助的数额会根据国家总体财政状况而有所不同，但是毫无疑问它们会持续获得资助。它们通常占全部资助预算的很大比重，并且由于这些机构大多位于首都，因而它们常常能获得最大的一份资助。不可避免的是，项目资助只能是那些经常性资助所剩余的资金。因此，人们普遍认为，政府对新兴艺术机构或地方性艺术机构的补助不足。人们进而认为将目光集中在那些成熟艺术机构不利于促进艺术创新及新作品的问世。

然而，新作品往往拥有较低的观众规模，如果不对其进行补助，艺术机构常无法独自承担这种风险。而有关德国剧院的研究已经表明，它们常常在预算中计提亏损，以获得额外的资金补助。此外，尽管新作品的演出并受观众欢迎，但是它们能够提升艺术总监的声誉。

鼓励艺术创新和养成欣赏新作品的品位通常是艺术和文化政策的目标，因此，政府除了资助艺术团体，也会设立专门资金以支持作曲家、剧作编导和哑剧表演家等独立艺术工作者，或者与那些有意演出该作品的机构共同创作新作品。资助一方面必须足够支付创作者的费用，他们也有可能到作品的准备或演出过程中；另一方面，必须足够支付艺术机构的生产成本，因为新的作品往往需要进行更多的排练。此外，票房收入较低提高了新的经济成本。

资助常常是通过一次付清的形式来发放的，即在一定时期内根据计划给予艺术机构一定额度的资金。它与该计划的成功与否无关，而且资助机构也不可能介入艺术事务。从经济角度而言，资助覆盖了艺术机构营的固定成本，从而使其能够依据演出的边际成本制定票价。由于表演艺术的固定成本较高，其平均成本很可能高于边际成本，因而根据边际成定价将会造成损失：这就是一次性资助所要避免的。资助的影响程度取决于需求的价格弹性：如果需求具有弹性，较低的价格会提高观众参与度。如果演出的边际成本很高（如一场演出或一个大型乐队的巨额投入），那么一次性资助将不会改变观众参与度或演出票价。

针对内部决策的研究很少，如关于艺术机构如何使用其获得的资助，是否降低演出的所有票价或只是降低部分场次的票价，或者上演新的或小众化作品。如前所述，一定比例的资助可能会被用于特定目的如促进新观众参与，但是如果没有达到目的，这笔资助会被收回。然而从总体上看，一旦资助拨付出去，资助机构似乎难以控制这笔拨款的使用细节。

资料来源：露丝·陶斯，文化经济学 [M]. 东北财经大学出版社，2016.

关键术语

文化产品　需求弹性　供给弹性　文化产品需求　文化产品供给　文化产品定价

问题与思考

1. 文化产品有哪些特征？
2. 文化产品的需求受哪些因素的影响？
3. 试述文化产品供给的特殊性。
4. 文化产品如何定价？

第七章 文化消费

随着经济社会的不断发展，人们生活水平不断提高，余暇时间增多，消费结构发生变化，用于生存需要的开支部分所占的比重逐渐下降，而用于享受和发展需要的文化开支部分所占的比重在逐步上升，文化消费需求正日益成为人们生活中的普遍需要。本章主要阐述文化消费的概念及特征、文化消费结构及其优化、文化消费水平。

第一节　文化消费的概念及特征

文化消费是社会发展的重要驱动力，文化消费的内容和消费方式的选择，揭示了一个国家和社会的文化精神秩序建构所达到的文明高度，反映了文化发展在社会发展中的作用。

一、文化消费的概念

文化消费是指对精神文化类产品及精神文化性劳务的占有、欣赏、享受和使用等，它是以物质消费为依托和前提的。狭义的文化概念是指以文学艺术为主体，包括音像、出版和以此相应的文化艺术服务，而文化消费就是指上述范围的文化产品和文化服务的消费。广义的文化消费主要指相对于物质消费而言的精神层次的消费，也就是通常所说的文化生活，它既是人们满足精神生活需要的过程，又是消费文化制品和劳务的过程①，旅游即属于这种文化消费。一般来说，文化消费是一个历史范畴，人们首先要解决温饱问题，然后才谈得上精神文化的需求，但这也并不是绝对的。

国外文化消费的研究很多是从消费者个体出发，研究其消费偏好和品位，关注某一细分文化产品或类型，具有鲜明的微观指向。如许多学者证实，消费者对文化产品或文化服务的消费具有"消费上瘾"效应。1891 年，马歇尔曾经描述人们对音乐的消费行为，他发现，如果人们越喜欢听某类音乐，他将越来越喜欢这类音乐。这种现象与消费者对一般商品消费方面具有的边际效用递减刚好相反。对于文化产品的消费而言，消费者在消费更大数量时其边际效用会随着欣赏文化产品的能力提升而增加，也可以说，消费者在消费文化产品时具有一种学习效应，这种学习效应使消费者在消费过程中不断积累一种促进艺术品消费的资本，即消费资本。消费资本可以区分为个人资本和社会资本，其中，个人资本与其自身过去的消费及其他相关的个人经验相关，社会资本则表现为地位相当的消费者或其他相关人员对个人效应的影响，但这种影响有限并受制于人们生活的社会环境②。

影响文化消费的因素包括个人特质、家庭教育和社会潮流等。第一，个人特质包括消费者的年龄、职业等。据国际唱片业协会（IFPI）发布的《2017 全球音乐消费者洞察报告》显示，13 ~ 15 岁的青少年表现出了极高的消费音乐的能力，这个年龄段几乎 85% 的人都使用流媒体平台收听音乐，其中有 79% 的视频流媒体用户，还有 67% 的音频流媒体用户。而且在这部分音频流媒体用户中，又有 37% 的人使用订阅服务。职业对文化消费的影响表现在，如果是从事音乐行业的消费者，对音乐类型没有特殊的偏好，呈现出多样性的偏好；而普通听众却选择性地收听音乐。第二，家庭对消费者的文化消费影响显著，父母对不同艺术品的态度将极大地影响孩子对艺术品的喜好程度。第三，文化消费会受到潮流的影响，缘于大多数人对文化产品的消费缺乏专业知识，对这些产品的消费具有一定的盲从性，因而极易受到外界评论的影响。

---

① 杨晨. 文化消费研究述评 [J]. 牡丹江大学学报，2013（2）：116－118.
② 杨永忠. 文化经济学 [M]. 北京：经济管理出版社，2015.

四种消费理论

绝对收入理论。凯恩斯认为，当期收入对当期消费具有决定性的作用，即消费支出是实际收入的函数，消费与收入之间的关系也就是消费倾向。同时，随着收入的增加消费也将增加，但消费的增长低于收入的增长，消费增量在收入增量中所占的比重是递减的，也就是我们所说的边际消费倾向递减。凯恩斯的消费理论存在自身的不足，它更多关注的是消费者自身的因素和当期的收入，没有考虑到未来收入的影响。

相对收入理论。1949 年，美国经济学家杜森贝利（J. S. Duesenberry）在《收入、储蓄和消费者行为理论》中提出相对收入消费理论，该理论是对凯恩斯的绝对收入消费理论的进一步补充和完善，他认为消费是相对决定的，而不是像凯恩斯所提出的消费仅由当期的实际收入决定，消费会受到自己过去的消费习惯和周围消费水平的影响。根据理论我们得出了长期消费的曲线和短期消费的曲线，发现长期消费曲线是一条由原点出发的直线，短期消费曲线则是具有正截距的曲线，短期消费曲线产生正截距，杜森贝利认为这是由于经济周期各阶段的不同消费行为造成的。杜森贝利理论的核心内容总结起来包括两个方面：一个是"棘轮效应"，消费会随着收入的增加而增加，但是如果收入减少，消费不易减少，也就是说增加容易减少难；另一个是"示范效应"，是指消费者的消费容易受到周围的消费水平的影响，也就是说如果周围的消费水平比较高，即使你的收入减少了，消费也不会有明显地减少。

生命周期消费理论。该理论由美国经济学家莫迪利安尼与布伦贝格、安东共同提出，从传统的消费者选择理论出发，在消费者的整个生命周期内考察收入和消费的关系。认为理性的消费者不仅根据当前收入，而且会根据预期的未来收入等信息来决定一生的消费。该理论从单个人的效用函数出发，通过在预期正常收入的约束条件下实现效用最大化来推导消费函数。因此，该理论以消费者据自己一生的全部预期收入安排其消费支出为中心论点，以消费者具有理性和实现效用最大化为分析的起点。

永久收入理论。弗里德曼认为，消费者的消费支出主要不是由其现期的收入决定，而是由其永久收入决定的，即消费者可以预计的长期收入，永久收入是一个加权收入，大概可以由能够观察到的消费者的若干年的收入数值的加权平均算得，距离现在的时间越近，权数就越大，反之就越小。当收入上升或下降时，永久收入消费理论认为人们不确定收入是否会一直变动，因而不会马上充分调整消费，只有收入变动被最终证明是永久的时，人们才会在最终证明是较高或较低的永久收入的水平上调整其消费。

　　资料来源：斯蒂格利茨，沃尔什．经济学（第三版）（下册）［M］．中国人民大学出版社，2005．

二、文化消费的特征

　　作为一种精神行为和活动，文化消费是人的精神行为和活动的表达，是相对于物质消费而言的。人们的物质消费特点是要通过改变对象的物理形态来满足生理消费需求，而作为一种精神消费的文化消费，则可以通过不改变对象的物理形态而满足自己的心理消费需求。同时，消费需求的满足感及其满足程度因人而异。文化消费具有以下特点。

（一）文化消费具有超时空性

　　人的精神世界与历史之间具有一种天然的联系，这种联系并不因时间和空间的变化而失效。相反，由于在人的心中总是存在着"我是从哪里来的"这一永恒之问，因此，对历史的追溯使人们愿意凝望历史遗迹，在其中寻找答案。这种精神需求造就了人们特殊的文化消费行为。因此，无论是故宫还是卢浮宫，无论是秦始皇陵还是金字塔，一直具有永久的文化消费魅力，无关乎消费者的身份。

（二）文化消费内容的超认同性

　　人类有许多共同的终极之问，对这些终极之问的探索与回答即构成了人类思想史的"轴心时代"。由于所有这些人类存在的终极之问具有普适性，因此，和任何一种关于终极之问的接近于科学的回答都会超越人种和人群，乃至社会和阶级、阶层的局限性，成为人类社会认识自己的共同思想资源。这就是为什么诞生于两千多年前的中国的孔孟老庄和古希腊罗马的柏拉图、亚里士多德的著作和思想仍然是我们精神文化重要源头的原因，因而具有永恒的消费价值。

（三）文化消费的象征性

　　文化消费不仅反映了消费者的消费能力，还反映了消费者的某些社会特征，如其身份、地位、职业以及受教育程度等，这是文化消费的象征性。精英文化与大众文化的划分，某种程度上就是基于对这种文化消费象征性的社会认知的产物。但是，处在同一阶层的文化消费也会存在不同的文化消费者个性化选择的差异。同时，文化消费的象征性还体现在文化消费能力方面，一个亿万富翁没有文化消费能力，并不是因为他没有钱，而是因为他没有能够实现象征性文化消费所需要的文化消费能力，如审美欣赏能力、知识储备能力等。

（四）"审美疲劳"与"百看不厌"并存

"审美疲劳"现象是文化消费中"边际效用递减"规律的体现，然而，对于一些文化商品的消费却呈现出边际效用随着对其消费数量的增加而递增的现象，即"百看不厌""历久弥新"。如一些超越时代的文化作品，给人们带来永久的价值，这种价值并不会随着时空的转换而改变，也不会随着人们对其消费的增多而递减。凡是这一类作品，无论是文学艺术，还是哲学、社会科学，其永久性价值均来自它们在那个时代的创造。真正的精神文化创造是超越时代的，并不因时空转移和消费次数的增多而使其边际效用递减。

三、文化消费的作用和意义

进入 21 世纪以后，文化消费已经成为很多国家及地区最重要的经济发展引擎，它对于扩大一个国家或地区的消费需求、带动就业创业、推动产业结构优化调整都具有十分重要的作用和意义。

第一，文化消费可促进居民消费结构的优化升级，有利于国家产业结构的优化。随着我国经济的发展和居民收入的提高，城乡居民越来越追求生活的品位和档次，文化消费支出大幅提升，成为拉动消费需求增长不可忽视的热点。与此同时，文化消费需求可以形成一种"倒逼"，促进文化产业及相关产业的发展，推动艺术创作与生产的发展繁荣。文化消费是消费者为娱乐自我、陶冶自我、获取知识、发展自我而采取的消费行为，在消费过程中会受到文化产品与文化服务所蕴含的思想哲理、审美情趣、价值观念等潜移默化的影响，有利于国民素质的提高。

第二，文化消费是社会文明进步的重要标志。文化消费在消费支出中所占的比重是衡量居民生活质量的重要指标。在满足基本生活需求后才会考虑较高层次的文化需求，文化消费的水平成为衡量一个国家历史文化积淀、社会文化氛围和国民文化素养的重要标志。在当代中国，反映现实生活、展现民族精神和时代精神的文化产品越来越受欢迎，说明人们的社会参与意识日益增强，对社会主义核心价值体系日益认同。文化消费是一面镜子，能清晰地照映出一个社会文明进步的程度和状况。

第三，文化消费是促进社会经济发展的重要因素。文化产业成为我国经济结构战略性调整和产业升级的一个重要选择方向，成为促进经济发展、调整产业结构、提高消费水平的重要手段。近年来文化消费需求旺盛，增长速度快，市场潜力巨大。统计数据显示，近年来文化产业的增幅超过同期 GDP 增幅，对经济增长的贡献率不断提升。预计文化消费将继续扩张，对扩大内需、促进经济增长发挥的作用将更大。

第四，文化消费是提高综合实力的重要途径。扩大文化消费，对扩大内需、拉动经济发展具有重要的促进作用，其增加值是 GDP 的重要组成部分。未来世界的竞争将是文化生产力的竞争，在综合国力竞争中，文化生产力的地位和作用将越来越突出。文化产业已成为 21 世纪的核心产业。

第五，文化消费是提升居民综合素质的重要途径。文化消费的数量多少、质量高低、能力强弱，是评价人的综合素质的重要标准。良好素质的形成，要通过学习教育和实践锻炼。近年来，政府加大了对公共文化服务的投入，免费看演出看展览的机会越来越多，这本身也促进了国民素质的提高，有助于国民文化消费习惯的养成。

第二节　文化消费水平与消费能力

研究文化消费，首先要研究文化消费水平。文化消费水平从一定程度上反映了人们日益增长的精神文化生活需求的实现程度。

一、文化消费水平

文化消费水平也有狭义与广义之分。狭义的文化消费水平能够反映人们文化需求实际满足的程度。它最大的优点是能以实物、货币等数量指标表示，如每年人均订购报刊的数量、观看电影的场次，每年某地区的文化消费总额、人均文化消费支出额度等。但是，广义的文化消费水平不仅包括文化消费品的数量，还包括文化消费品的质量；不仅反映了满足文化需求的程度，也反映了文化消费水平的高低层次。因此，提高文化消费水平，既包含数量的增加，还包含质量的飞越。只有数量的增加，而无质量的提高，不可能大幅度地提高文化消费水平。文化经济学侧重于对广义的文化消费水平进行研究，既讨论文化消费的数量，又讨论文化消费的质量。

（一）文化消费指数

"文化消费指数"（culture consumer index，CCI）是指文化消费占国民总消费的比重。一般来说，文化消费指数越高，文化消费占总消费的比例越大，说明在经济条件相当的情况下，该地区或个人的文化生活越丰富。文化消费指数的高低，是衡量人民生活水平、国民综合素质的重要指标。"中国文化消费指数指标体系"，包含文化消费环境、文化消费意愿、文化消费能力、文化消费水平、文化消费满意度五个方面。文化消费的主体是大众，文化产品的定位既要和受众对位，又要引领大众形成积极的世界观、价值观、人生观。

文化消费指数要想起到鼓励文化消费的作用，需要先建立文化消费产品的综合评价体系。在实际调研的基础上，动态监测不同地区的文化消费数据，收集文化消费相关数据，分析文化素质的量化增长水平、文化消费的提高对地区居民和谐生活的贡献率，以及文化消费水平的提高对地区居民幸福感的贡献率。2015年11月2日，中国人民大学和文化部文化产业司联合主办的"文化中国：中国文化产业指数发布会暨拉动城乡居民文化消费试点项目阶段成果发布会"在京举行。会上，中国人民大学创意产业技术研究院院长彭翊发布了"中国省市文化产业发展指数（2015）"和"中国文化消费发展指数（2015）"。其中，我国文化消费综合指数由2013年的73.7增至2015年的81.2，平均增长率为5%。文化消费环境、文化消费能力、文化消费水平指数等一级指标均呈上升趋势，且文化消费环境指数上升速度最快，平均增长率为11.33%。其中，北京在文化消费综合指数和文化消费能力的指标排名中，均位居首位（见表7-1）。

表7-1　　中国省市文化产业发展指数（2015）得分及排名情况

排名	综合指数		生产力指数		影响力指数		驱动力指数	
1	上海	81.44	山东	82.14	北京	88.23	北京	82.47
2	北京	81.41	江苏	81.29	上海	87.67	上海	82.30
3	江苏	79.76	广东	80.37	浙江	83.56	福建	80.85
4	浙江	79.54	浙江	77.82	广东	82.03	辽宁	80.70
5	广东	79.49	四川	76.45	江苏	81.72	青海	80.20
6	山东	78.12	河北	75.04	山东	80.27	贵州	78.48
7	福建	76.24	江西	74.99	福建	75.97	海南	78.11
8	四川	75.86	河南	74.82	四川	74.81	浙江	77.25

排名	综合指数		生产力指数		影响力指数		驱动力指数	
9	湖南	75.18	上海	74.34	湖南	74.44	吉林	77.11
10	河北	74.69	湖南	74.10	河北	74.20	湖南	76.99

（二）人均文化消费额

人均文化消费额是反映文化消费水平的又一指标，是一定时期内以货币形式表现的人均文化消费量，计算公式如下：

$$人均文化消费额 = \frac{文化消费总额}{人口总量} \qquad (7-1)$$

根据文化消费的内容，人均文化消费额可以分为两种：一是反映一定时期人均拥有或消费的实物形态的文化消费品数量，称之为人均文化实物消费量，如人均图书消费量可以通过当年国内市场图书销售总量与进口图书的销售总量之和，再除以人口总量基数获得；二是反映一个时期人均消费的文化服务形态数量的人均文化服务消费量，如人均年度文化旅游的次数及其消费额。尽管文化服务消费量和实物消费量按同一方向增长，但由于文化消费水平越高，文化服务消费量的增幅越大，所以二者并非一定按正比例增长。此外，评价文化消费水平的高低，还要考虑文化消费结构、人口状况、闲暇时间等诸多条件和因素。

（三）文化消费水平标准

在不同的国家、地区和不同的社会群体中，国家的经济实力、城乡居民和不同家庭的收入差别，导致了文化消费水平的差异性。为了从宏观上指导文化消费发展战略和文化产业部署，在微观上指导文化企业的发展谋划，就需要一个标准来评判文化消费水平，即文化消费水平标准。通常认为，文化消费水平有两个标准：最低水平和合理水平。

作为维持劳动力再生产必需的文化消费品的最低数量界限，最低文化消费水平满足人们在教育和娱乐方面的最低需要。这一概念的提出有利于人们摒弃穷人没有文化生活的偏见，更有利于一个国家关注文化消费的弱势群体在文化消费发展战略、文化产业发展和有关宏观调控政策制定中的部分。依据国民收入的增长情况、平均工资和最低工资水平，以及消费水平的差异可确定最低文化消费水平标准，但其并非一成不变，而是随着经济的增长、国民收入的增加、工资水平的提高而分段确定。通过提高消费者的收入和教育水平，大力发展经济与文化产业，增加文化消费品的供给，可以有效提高最低文化消费水平。

在特定生产力和文化力发展条件下，合理地利用资源促使经济和文化健康稳定发展，最大限度地满足人们的文化需求，即合理的文化消费水平。这一标准并非一成不变，它会随经济、社会、文化和科技的发展而变化，如文化消费总额的变化、文化消费中消费内容的变化、消费项目质量的变化等，其变化的趋势表现为消费总额越来越大、消费内容越来越丰富、消费层次越来越高、消费质量越来越高。实现合理的文化消费水平，可以适当增加消费者的闲暇时间，进一步改善文化消费环境。

资料链接：

第一批第二次国家文化消费试点城市名单
发布——2017 年 2 月 23 日中国文化报

近日，根据《文化部、财政部关于开展引导城乡居民扩大文化消费试点工作的通知》要求，文化部办公厅公布了第一批第二次国家文化消费试点城市名单，山西省太原市、江苏省苏州市等 19 个城市位列其中，加上第一批第一次 26 个试点城市，截至目前，全国范围内共有 45 个城市被确定为国家文化消费试点城市。

据悉，自 2015 年 6 月文化部、财政部联合开展拉动城乡居民文化消费试点项目以来，扩大和引导文化消费工作取得积极进展。2016 年 4 月，文化部、财政部联合印发《关于开展引导城乡居民扩大文化消费试点工作的通知》，在全国范围内开展扩大文化消费试点工作；2016 年 6 月，在全国文化产业工作会议上，第一批第一次 26 个试点城市名单正式对外公布，试点工作在全国范围内铺开。试点工作开展以来，首批 26 个试点城市因地施策，围绕扩大文化产品和服务有效供给、推进惠民便民措施、提高文化消费便捷度、促进文旅体商融合发展、加强宣传发动营造社会氛围等方面积极开展试点工作，成效显著。

此次公布的第一批第二次试点城市共 19 家，由文化部在各有关省（区、市）修改报送试点工作方案的基础上，根据文化部文化产业专家委员会评审意见，经商财政部研究确定。文化部要求各省（区、市）文化厅（局）牵头组织本省（区、市）试点工作，督促试点城市认真落实试点工作方案，并切实加强对试点工作的组织领导，做好资金保障、激励措施、宣传推广等保障工作，以确保试点工作取得实效。

第一批第二次国家文化消费试点城市名单中包括：河北省廊坊市、山西省太原市、辽宁省盘锦市、吉林省吉林市、黑龙江省牡丹江市、江苏省苏州市、浙江省杭州市、安徽省芜湖市、江西省新余市、山东省济南市、山东省淄博市、河南省郑州市、湖北省宜昌市、湖南省株洲市、广东省惠州市、云南省昆明市、甘肃省张掖市、新疆维吾尔自治区乌鲁木齐市、新疆生产建设兵团第八师石河子市。

二、文化消费能力

美国人本主义经济学家马斯洛把人的需要分为五个层次，即生理需要、安全需要、社交需要、尊重需要和自我实现的需要。在生产力水平迅速提高、经济高度发达、产品丰富的现代经济社会，人们的消费早已超出了满足基本生存需要的功能层次阶段，而更多地进入具有满足精神消费、享受和发展消费的高层次功能阶段，即文化消费阶段。前已述及，影响文化消费水平的因素有很多，然而特别需要关注的因素是文化消费能力。

文化消费要求消费者具有一定的消费能力，即一定的文化修养和鉴赏水平。而且，文化消费能力不是自然而然形成的。应充分运用各种形式和手段，提高人们的文化素质和鉴赏水平，扩大文化消费的领域和范围，使消费者看得懂、听得明、欣赏得了。因为文化消费能力和文化消费水平有循环因果关系，具体来说，文化消费能力和消费者的个人特质、文化产品的供给及社会阶层具有循环因果关系。

（一）文化消费能力与消费者个人特质

文化消费是满足精神需求的主要途径，具有鲜明的个人色彩，文化消费能力的差别较大程度上取决于消费者个人特质的差别。第一，心理特征对文化消费具有显著影响。如 Situmeangetal（2014）考察了 2000—2009 年的 577 个游戏产品，认为消费者预期和成瘾性心理对产品销售产生了重要影响。第二，个性特征对文化消费具有显著影响。具有创新精神、语言能力强、政治上的自由主义者更倾向于选择古典、爵士、布鲁斯和民谣等音乐类型；认真、与人为善、政治上的保守主义者更倾向于选择乡村、宗教和流行等音乐类型。责任感强的人倾向于阅读科学类书籍，而性格开朗的人则更喜欢阅读文化艺术类书籍。第三，经济特征对文化消费具有显著影响。例如，Diniz 和 Machado（2011）的研究表明收入与文化消费之间存在正相关关系，但对不同文化产品的需求存在差别性影响：收入增加会对艺术品的需求产生强烈的正向影响，对戏剧或博物馆等耗时较长的文化产品和服务的需求则没有显著影响。第四，其他一些个人特征对文化消费具有显著影响，如年龄和教育水平、性别和种族等。文化消费选择反过来又会影响个人特征演变。如 Dillman Carpentier 等（2008）的研究发现，人们倾向于寻找特定类型的娱乐活动以舒缓负面情绪，听音乐的主要目的是实现情绪的自我管理和放松。电影、音乐和书籍如果可有效地传递思想，能对消费者的性格变化产生显著的推动作用。文化产品消费可能增进文化资本、社会资本或经济资本，如教育水平、婚姻选择和社会交往等，进而增加个人收入。

（二）文化消费能力与文化供给

文化消费能力与文化供给之间同样存在着相互作用的循环因果关系。一方面，文化产品的供给决定了其受众的多少。有学者研究表明，文化遗产景区旅游需求虽然受收入增长和教育水平的刺激，但供给诱导需求依然是导致需求增加的一个很重要的因素。另一方面，文化消费能力在一定程度上决定文化供给的类型与数量。社会是一个复杂的有机体，社会文化生活也是复杂的。组成社会的人是多种多样的，其年龄、职业、经历、素质和性格、风格、习惯、爱好等都不尽相同。社会生活的复杂性和人的社会属性的多样化，决定了人们文化消费的多层次性。这就要求文化产品的创作者、生产者和文化服务的提供者把"人民群众喜欢不喜欢、认可不认可、消费不消费"作为创作、生产和服务的追求，积极提供导向正确、为人民群众所喜闻乐见的精品力作和优质的文化服务，努力满足不同地域、不同层次、不同群体、不同年龄的人民群众日益增长的文化需求。对文化遗产旅游的消费增加，可以吸引更多的文化产品投资，增加就业与收入，促进地方经济发展。近年来我国特色文化小镇的发展很好地说明了这一现象，文化消费通过产业关联产生对其他产业的拉动作用，文化消费增加了地方财政收入，进而通过投资乘数产生对宏观经济的拉动作用，消费者在消费文化产品时附带消费其他产品，如游客在景区附近支付餐饮、住宿费用等，文化消费环境的改善进而对人才、资本等生产要素产生更大的吸引力。

（三）文化消费能力与社会阶层

一般认为，处于不同社会阶层的个体具有不同的文化消费特征。Alderson 等（2007）认为，处于底层的消费者往往倾向于消费与传统价值和流行文化关联更加紧密的产品，而处于社会中、高阶层的消费者更加倾向于消费现代化的文化产品。社会阶层和文化消费之间的关系往往呈现出复杂的动态特征。从静态来看，某个社会群体中的个体应该具有类似的文化偏好，但社会发展导致社会阶层的动态性和社会成员的跨界层的流动，同一个社会群体中往往又体现出个体文化的异质性偏好。从动态来看，社会阶层之间文化消费差异会随时间的推移而扩大，而同一阶层内部的个体间的文化消费差异则趋于缩小。

第三节　文化消费结构及其合理化

一般认为，消费结构是指各类消费支出在总费用支出中所占的比重，它能够反映一国的文化、经济发展水平和社会习俗。消费结构的变动受多种因素影响，包括社会生产力发展水平、社会经济制度、产业结构、消费者的收入水平、人口结构、自然环境等。

一、文化消费结构的含义

文化消费结构是指在文化消费过程中，人们享用的文化消费品或服务因类型不同而存在一定的比例关系，能够反映出人们的文化消费水平、文化消费质量以及文化消费需求的满足程度。

文化消费结构包括地域结构、文化消费品与文化服务的比例关系，揭示了文化消费的不同表现形态，个人消费和团体消费之间的比例关系、实物形态与非实物形态的消费比例关系等，显示了不同的消费方式在某一阶段的主导地位；而商品性文化消费和政府提供的文化产品和服务的消费之间占比不同，会反映出政府对文化产业及文化事业发展的支持力度。

二、文化消费结构合理化

消费结构合理化是消费合理化的核心问题，是确定合理产业结构和整个国民经济结构的前提。消费结构合理化可以使得人们的消费需要得到较好的满足，保证人的智力、体力充分而自由地发展；较好满足人们每天正常所需的营养，并使营养平衡，促进健康；有较好的消费质量；有利于合理利用经济资源。在文化总量上，虽有一些地方呈现攀升的势头，但总体上还是偏低；另外，在消费结构上也出现了一些新变化，娱乐性、享受性、消遣性的精神文化消费占的比例偏大，而发展性、智能性文化消费却表现不足。文化消费结构的合理化是在文化消费水平逐步提高的基础上，居民的文化消费质量不断提高，文化消费领域进一步扩大，文化消费空间得到提升。

1. 文化消费结构的合理化能够促进人的整体素质的提高。文化消费尤其是教育性消费的投入，目的是换取知识，赢得不断进取有为的智力支撑。对一个民族来说，民族精神是一个民族文化的主体精神，是整个民族文化的灵魂和升华。而这种民族精神的形成和铸就，并不是一味地凭借人的主体意识觉醒就能实现的，还得需要通过勤奋学习、兼收并蓄，才能演化为国人的文化性格。高尔基这样说过："读书，这个我们习以为常的过程，实际上是心灵和上下古今一切民族的伟大智慧相结合的过程。"培根说得更直接："读书在于造就完全的人格。"这种人格不仅单指个体的人格，也是一个民族的群体人格和精神气息。文化消费与物质消费不同，主要是在生理需求以外寻求精神依托，是一种心理需求，而这种心理上的需求，并不是出于人的生物性本能，而是受文化环境和社会文化意识的影响而产生的。它既是一种有形的习惯，更是一种无形的信仰。古代虽然没有"文化消费"一词，但在我国几千年的文化历史中，同样有着许多关于读书与进取的论述，也流传着很多这方面的故事。这些宝贵的传统，至今仍有顽强的生命力，对一个人自强不息进取精神的形成，对一个民族发愤图强精神的支撑，以至于对我们民族社会政治的影响，可谓深远而巨大。

当今世界，科技日新月异，信息、技术、知识不断发展。在这种形势下，偏低水平的文化消费，结构失衡的文化消费，就意味着可能在国际竞争中落后，甚至被淘汰。没有进取精神的民族，是非常可悲而危险的。文化消费如同一把尺子，能衡量出一个民族的进取精神和状态。因此，大力提倡健康的结构合理的文化消费，提高居民的文化消费水平，是实施文化战略的关键一环。为此，就需要我们充分开发和利用市场优势，发展壮大文化产业和文化事业，加大对文化馆、图书馆、少年宫、纪念馆等设施的人力和财力投入，丰富居民文化消费的场所与资源，建设品位高雅、风格鲜明、科技含量高的现代文化设施，把广大人民群众的文化消费真正提高到一个新水平。

2. 文化消费结构合理化将引导产业结构，促进产业结构全面升级。文化消费结构的合理化需要合理的文化产业结构和产品结构的支持，文化产业结构对文化消费结构具有约束作用；同时，合理的文化消费结构又是文化产业结构、文化产品结构调整的重要依据，文化消费结构对文化产业结构具有导向作用，二者相互协调、相互促进，是一个互动的过程。目前我国文化市场结构问题的主要矛盾在于供给，特别是文化供给结构调整的滞后，此时文化消费结构合理化对文化产业结构、文化产品结构调整的导向作用十分重要。文化消费结构的合理化使消费的选择性和个性化大大增强，需求的范围增大、层次增多，将促使文化产业结构优化和市场细分深化，使文化产业内部的新兴产业不断出现、专业化市场不断形成、产品系列不断拓展，可有效解决文化消费市场的供求失衡问题。

3. 文化消费结构合理化将促进技术和产业创新，为经济发展提供更广阔的空间。文化消费结构的合理化是文化消费结构不断优化的过程，其对文化消费质量的要求将促进技术开发和新产品开发，加快科技成果产业化、商品化的转化；加快对传统产业的技术改造，促进新兴产业的迅速扩张和生产能力的迅速提高，使经济发展的空间更加广阔。

三、文化消费结构合理化的标准

1. 文化消费结构合理化的经济标准。合理的文化消费结构要与生产力发展水平相适应，并能引导和调节文化产业结构，促进文化产业结构的合理化。任何消费者总是生活在既定的社会生产条件下，因此，其消费受社会生产状况的制约，受生产力水平的制约。合理的文化消费结构首先应与一定条件下的社会生产状况，即产业结构和产品结构相适应。但在社会主义市场机制下，消费需求的导向作用增强，产业结构、产品结构的调整必须适应消费结构的变化，否则，产品结构、产业结构调整缺乏动力。因为建立在市场基础上的结构调整是企业的自主行为，但影响企业行为的是市场需求，即消费需求结构的变化，消费需求结构的变化才是结构调整的真正动因和依据。因此，合理的消费结构不仅与生产力发展水平相适应，还必须有利于引导和促进产业结构的合理化。

合理的文化消费结构能够拉动经济不断增长。随着市场格局从卖方市场转向买方市场，过剩经济已逐渐成为我国的常态经济，经济增长支撑力量由投资和出口带动转为由最终消费需求拉动。从长期来看，真正决定经济运行方向和增长速度的是居民消费需求结构的变动，文化消费结构变动对整个经济增长和文化产业结构变化起着始发性、基础性的作用。因此，文化消费结构合理化可为经济发展开拓更宽的领域和更大的空间。

2. 文化消费结构合理化的社会标准。合理的文化消费结构能够保证消费质量不断提高，并反映公平与效益的统一。文化消费质量既是一个经济问题，也是一个社会问题。从社会问题的角度来看，文化消费质量影响消费者的身心健康，影响消费者的整体水平和综合素质。合理的文化消费结构必须保证消费质量的不断提高，并通过消费结构中发展资料和享受资料的不断增加，使人们的整体水平和综合素质得到普遍提高。同时，合理的消费结构又表现为消费需求的多样化和多层次，体现合理消费差别。多层次、多样化的消费需求使人们的消费行为呈现出许多新特点，文化消费结构内容更加丰富。这样，既可体现社会公平，又能体现出劳动效益，充分调动人们的积极性和创造性，实现公平与效益的统一。

合理文化消费结构有利于人的全面发展，促进精神文明建设。合理的文化消费结构表现为，随着生产力水平的不断提高，居民消费支出中用于精神文化和服务方面支出所占的比重越来越大，有利于提高人的素质，促进人的全面发展。因此，社会主义社会的合理消费结构，要反映文明、健康、科学进步的生活方式，要有利于提高整个中华民族的科学文化素质和思想道德素质，有利于社会主义精神文明建设。文化事业和文化产业发展应立足居民文化消费现状，生产适销对路的文化产品，提供符合居民需求的文化服务。要调整目前文化市场定价过高的产品和项目，如电影、景区门票等，要让普通老百姓都能消费得起。文化消费定价过高，中低收入消费者难以承受，抑制了普通消费，单纯靠高价位反而不能换取高额利润。文化产品和服务既要有标志性的经典项目，更要贴近群众、社会、生活，满足居民文化需求，引导居民文化消费不断增长，最终实现不断提高全体居民的文化素质和思想道德水平、营造和谐文明社会氛围的目的。

关键术语

文化消费　文化消费结构　文化消费水平

问题与思考

1. 什么是文化消费？它有什么特点？
2. 文化消费的结构合理化标准是什么？
3. 文化消费水平如何测评？
4. 如何提高文化消费能力？

第八章 文 化 市 场

学习目标

通过本章学习，应了解和掌握以下内容：

1. 文化市场的概念。
2. 文化市场细分。
3. 文化市场营销策略。

市场指人们进行商品交换的场所和领域，以及在商品交换过程中所反映出的各种经济关系的总和。物质产品和精神产品都是人类劳动在社会生产中创造的劳动成果。随着人类社会物质文化生产和社会分工的发展，精神文化产品以商品形式进入流通领域，从而形成了文化市场。本章着重阐述文化市场的概念、功能，文化市场细分，以及文化市场营销策略等基本问题。

第一节 文化市场概述

一、文化市场的概念及特点

文化市场是文化商品、文化服务、文化资源进行交易活动的场所和领域，以及上述交易过程中所反映的各种经济关系的总和。

文化市场既具备一般市场的特点，同时又具备自身的特殊性。

第一，文化市场是提供精神文化商品的交换场所。人类的基本消费需求可分为物质生活需求和精神文化需求。一般产品市场主要经营物质产品，用于满足人们日常生活的需要。文化商品是能够满足人们精神文化生活需求的具有特殊使用价值的商品。文化商品市场不同于一般商品市场，其交换的产品包括有形产品和无形产品两个部分。有形产品主要指图书、音像、出版和艺术品等实物型产品。

无形产品主要指演出、博物馆、旅游、现场比赛等非实物型产品。有形文化产品可以进行物质形态的保留，而无形文化产品如通过演出、参观等形式对消费者进行精神传播，大部分转化为消费者的精神效用，可以重复消费，附加值更高。例如一场音乐会，指挥和演奏者们在表演的过程中可能会产生新的创意，演奏出不一样的音乐，这样，消费者聆听同样的音乐会，却可能会有不同的享受和收获，精神效用得到不同程度的满足。

第二，文化市场产品与其他市场产品相结合。文化市场是文化商品交换过程中所反映的各种经济关系的总和。既包括一般市场拥有的以一定场地、设施为依托的有形的市场，又包括虚拟空间，涉及文化商品、服务、资源及其他任何商品、服务、资源之间的交换关系。其产生交易的原因可能是依托其他产品的市场营销。例如，一般商品生产者和经营者为了更好地实现商品的交易，大多采取广告的形式进行文化宣传，从而实现商品的交易。也可以说，文化市场是为一般商品市场的生产者和消费者提供相互了解、相互交易的中介。

二、文化市场的功能

文化市场的特殊性决定了其不但具有市场的一般功能，还具有文化市场的特殊功能。文化市场的一般功能主要包括经济领域的功能，如资源配置功能、供给功能和产品流通功能。文化市场的特殊功能包括服务功能、文化功能和政治功能。

（一）资源配置功能

市场的资源配置功能是指市场对产品的生产、分配、交换、消费的整个过程中各个资源的调节，使其在不同地区、不同行业、不同产品的使用方向上得到合理的分配。文化市场的资源配置功能主要体现在市场对文化资源的调节和分配上。所谓文化资源，就是人们从事文化产品生产、文化经营活动、文化交换所必需的要素，包括精神文化资源、物质文化资源和文化人才资源，即生产文化产品的资金、技术以及劳动力等。文化市场通过市场机制配置文化资源，把资本、技术和劳动等相对于人民群众日益增长的需求而言有限的文化资源进行合理调配，将最好的资本投入到最有效率、收入最高的产品生产中去，提高文化资源的配置效率，从而提高文化产品的社会生产力。资源配置功能是文化市场最基本、最重要的功能。

（二）供给功能

市场的供给功能包括对于商品的运输和存储功能，是实现商品交换功能的必要条件。文化商品的交易过程涉及的中间环节比一般商品市场要少得多，但是文化商品市场同样涉及产品的运输和存储问题，主要体现在实物文化产品上。文化生产商生产出的实物文化产品（图书、音像等）销售给消费者，要经过存储和运输，才能最终实现交易。文化市场的特殊性体现在它生产无形的文化产品，虽然无形的文化产品不涉及存储和运输的问题，但同样涉及转销的问题。例如，演艺中介、节目制作等，都需要通过转销实现文化商品的最终交易。

（三）产品流通功能

文化产品的流通是指文化产品、娱乐服务以货币为媒介被消费者购买或与其他产品进行交换的过程，是实现文化产品价值的根本途径，也是联结文化产品的生产、消费的中心环节，更是确保文化产品再生产的基础。文化市场是营销文化商品和文化服务的场所，其最基本的功能就是实现文化商品（包括服务、知识产权等无形商品）流通。在文化市场领域内，通过有形或无形的文化商品的购买和销售，实现文化产品的价值，实现文化商品到货币的转移，实现文化商品生产者、经营者和消费者之间的经济联系。文化市场内在机制如果能够正常地发挥作用，必然会实现文化商品的流通，促进文化产品再生产过程的顺利进行。文化市场是实现文化产品流通的重要条件和载体。

（四）服务功能

市场的服务功能指为了实现产品的交易而出现的中介机构，包括银行、咨询和保险等。文化市场不仅拥有文化产品的生产机构、经营机构，同样还有为实现文化产品生产和交易提供资金保证的金融机构、保险机构以及中介机构。文化市场是一个高投入、高产出的市场，企业生产文化产品所需要的资金是巨大的，所以需要向银行、金融机构及其他资本集团进行融资，才能更好地完成文化产品的生产任务。如美国有专门的投资公司投资电影，已经形成了较为完善的市场规则。目前，中国的文化市场也出现了国有资本、私人资本和国外资本对电影的拍摄、宣传和上映进行投资，并且规模在不断扩大。

（五）文化功能

文化市场除了对社会产生影响以外，同时也会对文化传承、文化建设及文化传播产生影响。文化产品本身具有一定的文化性，对于社会文化有一定的影响。当生产者在生产新的文化产品的同时，对于传统的文化进行继承和发扬，使传统文化被新一代所接受。如图书出版、音像制品及旅游等文化市场的生产者，将历史故事及文化遗产记载、编撰、改写成图书、画册，或拍摄成电影、电视。同时，对历史事件的遗址给予保留和保护或开发成景点等，对传统文化的发扬光大具有十分重要的作用。再如，动画片生产者将传统的故事制成了动漫，包括三国演义、西游记等，使儿童们了解传统的故事和文化，促进了历史文化的传承。

（六）政治功能

文化市场不同于其他商品市场的原因之一，还体现在其具有一定的政治功能。历代统治者都具有不同的治国方略，其中一个共同点就是统治意识形态。统治意识形态就是统治者通过强化对自己有利的意识形态，排挤对自己不利的意识形态，从而引导人们的意识向自己统治有利的方向发展。文化市场的意识形态性和社会时代性决定了文化市场能够起到传播主流思想和现代化观念、增强价值观念和审美意识、促进道德和伦理观念提升以及普及现代化科学知识的重要作用。现代文化市场各种文化充溢并共同发展，但仍然避免不了政治因素的介入。政府将那些符合政治发展的、有利于提高人民综合素质的文化产品纳入公共品范围，这样更有利于营造良好的社会氛围，更好地实现政府治理、维护社会稳定。

三、文化市场的主体

市场主体是指在市场上从事经济活动、享有权利和承担义务的个人和组织。文化市场是整体市场的一部分，其主体同样包括文化产品的生产者、经营者、劳动者和消费者，既包括组织，也包括个人。文化市场上存在着各种以营利为目的、生产、经营和为文化产品提供服务的文化企业，参与生产的文化劳动者，以及追求精神消费、享受文化效用的文化消费者。

（一）文化企业

文化企业是指在文化市场上以营利为目的，进行文化商品生产和经营的企业。在西方发达国家，文化企业发展已比较成熟，已经出现了很多跨国的文化经营集团。这些集团通过兼并、收购等经济活动不断发展壮大自己的实力，占有了全球文化市场的大部分份额，形成了寡头市场地位。中国的文化企业相对于西方发达国家数量较少，主要集中在新兴文化产品，以及为文化产品提供服务的行业，包括动漫、网络、新媒体、广告和咨询等。这主要由于政府对于传统广播、电视、报刊、书籍和杂志等的市场准入等经济性规制在逐步地、有计划地开放的原因。所以，以事业单位这种组织形态存在的文化生产者占主导。随着政府对于传统文化行业逐渐放松经济性管制，必将促进文化市场上文化企业的增加和市场的活跃。

（二）文化劳动者

文化市场上的劳动者是直接参与文化产品策划、生产、营销和管理等环节的文化从业人员，包括导演、演员、制片、发行和主持人等职业。与其他劳动市场的劳动者相比，文化市场对于劳动者的要求更高，不仅要求其从业人员具有对于文化市场的综合性理解，还要求其是具有技术、管理和文化素质的复合型人才。同时，由于文化产品的创意性特征，要求从业人员必须具有一定的创新能力。随着社会经济的快速发展，越来越多的人才参与到文化产品的生产、经营过程中，必将促进文化市场的进一步繁荣发展。

（三）文化消费者

文化消费者是指对文化产品进行消费的组织和个人。文化消费者不仅是直接消费文化产品的人，还包括那些以文化产品作为中间产品的组织。例如，很多企业都以广告的形式来宣传自己的产品，这就需要支付、购买广告。广告只是用来实现自身产品宣传的手段，并得到精神效用，而不是对其直接消费。随着经济的发展，人们的文化素质不断提升，将会不断促进文化产品的消费。

文化市场上不仅存在一般市场上的主体，同样存在政府主导的市场主体。市场虽然能优化资源的配置，但不能调节文化资源的平等性，尤其是对于公益设施和公益文化，市场更是无法调节。公益文化如图书馆、博物馆和文化馆等公益设施经济效益差，以营利为目的文化企业不愿意经营，但是公益文化是政府宣传文化、提高国民素质、巩固自己统治地位的重要组成部分，所以，只能由政府参与投资，文化市场便存在着政府扶持的非营利性文化组织。在西方发达国家，政府支持公益文化主要体现在各种协会上，每年政府会对其从事的文化经济活动进行财政补贴，实行税收减免政策，实现公众的文化需求。在我国，这种政府支持的非营利组织主要以"事业单位"形式存在。文化事业单位与西方的非营利机构性质大致相同，同时担负着政治宣传和文化教育的责任。目前，原有的事业单位经营模式已经不再适应中国现有的文化市场，文化部门的"事转企"工作正在有序展开。

四、文化市场的分类

文化市场体系庞大复杂，从不同的角度可以划分不同的类别。

按照文化商品存在的形态划分，文化市场可以划分为文化产品市场，如工艺艺术品、报刊书籍、影音制品、文艺演出等；文化服务市场，如文化创意、文化构思、文化设计、文化宣传、文艺演出和娱乐服务等；文化资源市场，如文化资本、材料技术、生产设备、文化人才等。需要注意的是，这种分类中三类文化市场并无明显的界限，有些文化资源本身也可作为一种文化产品出现在文化产品市场，而有些文化产品也是一种变相的文化服务。

按文化市场存在的形态划分，文化市场可以划分为有形文化市场和无形文化市场。有形的文化市场是指传统的文化市场，有特定的实物交易场所、办公设施和交易辅助设备；无形文化市场可称为虚拟文化市场或网络文化市场，借助现代信息技术和通信条件，在虚拟空间实现文化商品、文化服务和文化资源的交易。

按照文化产品的流通区域划分，文化市场可以划分为国际文化市场和国内文化市场。国际文化市场是指文化商品在国际范围内的流通，是国际文化交流的必然结果。国内文化市场可以进一步细分为全国性文化市场和地方性文化市场。是指在一国范围内文化商品、文化服务和文化资源进行流通交易的总和。

按照文化市场管理的内容划分，文化市场可以划分为新闻出版市场，包括图书市场、报纸市场、期刊市场等；影视音像市场，包括影视音像制品的生产、销售、出租和放映；文艺演出市场，如话剧团、歌舞团、杂技团、戏曲团和曲艺团的演出等；艺术品市场，如绘画、书法、碑帖、篆刻、雕塑、剪纸和摄影等艺术品的买卖交易；旅游文化市场，如旅游景点及文化纪念品；文化娱乐市场，如游戏厅、歌舞厅等；文物市场，如各种历史文物、纪念物、不同时代的工艺美术品的买卖交易；艺术培训市场，如文学、戏剧、音乐、舞蹈、美术和书法等领域的各种收费性讲座、教学、培训班、辅导班和研习班等。

第二节　文化市场细分

文化市场具有巨大、广阔、多样化等特点。文化市场消费者数量巨大，购买需求各不相同。文化市场营销战略的核心内容就是根据市场细分选择目标市场，从竞争角度确定市场定位，制定市场营销战略，实现营销目标。

一、文化市场细分的概念

文化市场细分是在市场调查的基础上，文化企业根据构成总市场的不同消费者的需求特点、购买行为、爱好和习惯的差异性，分割若干具有相似需求和欲望的消费者群体，形成一个个具有相似需求的分市场的过程。

在消费者和竞争者的双重压力下，要求文化企业从最大限度地满足顾客和消费者的需求出发，实现文化产品的特色化、分众化营销。越来越多的企业将以往的大众化营销转化为细分营销、补缺营销、本地化营销和定制营销。

（一）细分营销

细分市场由在一个市场上具有相似需求的顾客组成。细分营销是介于大众化营销和个别化营销之间的一种营销方式。如美国电视行业根据市场和受众的需要，将电视市场细分为多个分众市场，常见的频道有新闻频道、财经频道、电影频道、体育频道、儿童频道、发现频道、历史频道和知识频道等。细分营销中文化企业能生产出适合顾客需求的产品或服务，选择分销渠道和传播渠道更方便。

（二）补缺营销

补缺是更小范围地确定某些群体。例如，《青年文摘》的市场地位得益于市场补缺；央视栏目《每周质量报告》和《对话》等栏目都是以补缺营销的方式赢得了市场。补缺市场相对较小并且只吸引较少的竞争者。我国有大量的文化企业在狭小的补缺市场中生存，并且在文化市场中占有重要的份额。

（三）本地化营销

本地化营销更加注重顾客的个性化需求。默多克的新闻集团在进入中国市场后，根据中国受众的社会文化特点，将音乐、电视剧等电视节目裁剪成符合中国受众文化理念和习惯的文化产品，并借用中央电视台播放，收到了非常好的传播效果。我国的媒体、文化传播公司等企业也会根据外国观众的需求特点将输出的文化产品国际化，以适应国际化目标市场需求。

（四）定制营销

市场细分的最后一个层次是细分到个人，称为定制营销或一对一营销。越来越多的企业正在与顾客实现互动交流，对顾客采取定制化服务，供应商会根据顾客的需要为其提供定制产品、配送、开具账单及其他服务。定制化需要以工厂定制化、运营电子化、沟通网络化为前提条件，并非适合所有企业。

二、文化市场细分的条件

文化企业进行市场细分旨在通过顾客需求差异定位，取得较大的经济效益。文化产品的差异化导致生产成本和促销费用的相应增长，所以，文化企业必须在文化市场细分所得收益与所增成本之间进行比较选择。

可衡量性是指用来细分文化市场的标准是可以识别和衡量的，即各个细分市场的购买力和规模是可以估算的，有明显的区别，有合理的范围。如果某些购买者的需求和特点很难衡量，那么市场细分就失去了意义，就不能界定市场，不能作为制定市场营销方案的依据。一般来说，一些客观性的因素，如年龄、性别、职业、民族等，相关的信息和统计数据，都比较容易获得和确定；而一些相对主观性的因素，如心理和性格等，相对比较难以确定。

可进入性即可达性，是指文化企业有能力进入所选定的细分市场，进行有效的促销和分销，实现营销目标，实际上就是考虑营销活动的可行性。一方面是文化企业能够通过适当的广告媒体把产品的信息传递给消费者；另一方面是文化产品能通过一定的销售渠道进入目标市场。

可盈利性又称价值性，是指细分市场的规模要足够大，能够使文化企业充分盈利，使企业有动力设计一套营销规划方案，以保证能获得理想的经济效益和社会服务效益。

差异性又称可区分性，指细分市场在概念上能被区分，并对不同的营销组合因素和方案有不同的反应。

相对稳定性指细分后的市场在一段时间内保持稳定，直接关系到文化企业生产和销售的稳定性。特别是大中型文化企业及投资周期长、转产慢的企业，更容易造成经营困难，影响企业的经营效益。

此外，文化市场细分的基础是顾客需求的差异性，所以使顾客需求产生差异的因素都可以作为市场细分的标准。

三、文化市场细分的种类

顾客对于产品产生需求的影响和制约因素是多种多样的。文化市场细分时，企业可根据需要从多种因素中选择一个或多个作为市场细分的标准，主要因素包括地理因素、心理因素、人文因素和行为因素。

（一）地理细分

地理细分的主要依据是处在不同地理位置的文化消费者有不同的需求和偏好，对文化企业的市场营销战略，对文化产品的价格、发行和传播渠道、广告宣传等有不同的反应。另外，不同地域具有不同的文化氛围，对文化市场成长也有很大的影响。美国的《读者文摘》面对世界各地推出美国版和亚洲版等多种版本；我国的《读者》在 2000 年进行市场细分后，推出了城市版和乡村版等，都是地理细分的结果。

（二）人文细分

文化产品消费者需求的差异往往和人口特征具有密切的关系，其中最突出的标准有年龄、性别、受教育程度、性格、收入水平、职业和代沟等。人文因素的差异性相比其他因素更容易测量。第一，年龄。消费者的需求和能力随着年龄而变化。无论是做现代音乐的索尼音像公司，还是倡导"外语改变人生"的新东方教育集团，都将目标市场指向了青少年消费群体。第二，性别。男性和女性有着不同的态度和行为倾向。如女性有更强的公共倾向，男性则具有更强的自我实现和目标导向。财经类报刊《中国经营报》和《21世纪经济报道》等将知性男士作为核心读者，时尚杂志《瑞丽》和《时尚》等则更多地偏向白领女性。第三，收入。按收入水平进行市场细分是文化市场的习惯做法，广泛应用于图书报刊、教育培训、电影、表演艺术、音像制品、工艺美术和文化旅游等各种文化市场。第四，代沟。代沟是文化市场细分的重要因素，主要对音乐、体育、电视、网络、电影和图书等市场的影响最为巨大。"70后""80后""90后"的叫法典型地反映了由于社会环境差别而造成的不同时代群体消费需求的差别。

（三）心理细分

心理细分是按照社会阶层、价值观念、生活方式或个性特征等将顾客分成不同的群体。社会阶层是指在某一社会中具有相对同质性和持久性的群体。按照社会阶层可以把文化市场划分为高端、中端和低端市场。生活方式是指一个人怎样生活。有的人追求新潮、时尚；有的追求恬静、简朴；有的追求刺激、冒险；有的追求安逸、舒适。个性特征是指一个人比较稳定的心理倾向和心理特征，会导致一个人对其所处环境作出相对一致和持续不断的反应。美国 SRI 咨询公司按照价值观念和生活方式把人群分为八种心理类型：成就者、实现者、信奉者、体验者、完成者、制造者、奋斗者和挣扎者。

（四）行为细分

行为细分是根据顾客对产品的了解程度、态度、使用情况及反应将其分成不同的群体。如根据购买时机、追求利益、使用者情况、使用率和品牌忠诚度等进行市场细分，报纸分类的早报和晚报市场，电视台的晚间黄金时段，对音乐剧、贝多芬交响曲或某种特定民族演出的作品的顾客忠诚度影响顾客的观看意愿等。

第三节　文化市场营销策略

市场营销是在创造、沟通、传播和交换产品中，为顾客、客户、合作伙伴及整个社会带来经济价值的活动、过程和体系，主要是指营销人员针对市场开展经营活动、销售行为的过程。文化市场营销策略是文化企业以顾客需要为出发点，根据经验获得顾客需求量及购买力的信息、商业界的期望值，有计划地组织各项经营活动，通过相互协调一致的产品策略、价格策略、渠道策略和促销策略，为顾客提供满意的商品和服务而实现企业目标的过程。

一、文化市场营销的产品策略

（一）文化产品的周期策略

产品生命周期是指产品从初创到退出市场的整个生命过程，包括导入期、成长期、成熟期和衰退期四个阶段。第一，文化产品的导入期策略。文化产品导入期的主要任务是运用广告和公关等营销传播工具将新产品告知目标消费者，建立产品的知名度；同时，与渠道商合作，使消费者更为便捷地接触新产品并进行试用。如新书出版中，出版商不仅可以通过新书发布会与媒体、渠道商和读者进行沟通、建立联系，而且媒体宣传报道、作者签名售书、读者读后感和学术研讨会等形式的合理采用，都可以大大提高新书的知名度。第二，文化产品的成长期策略。这个阶段需要根据市场情况，结合文化产品的营销组合策略，从产品、价格、渠道和促销方面进行及时调整。产品调整包括质量、性能、用途、外观和服务等方面的改进和完善。选择适当时机进行价格下调，可以吸引价格敏感型消费者。新的分销渠道可以使更多的消费者增加和产品接触的机会。广告促销重点放在通过传播高的顾客价值来树立品牌形象。第三，文化产品的成熟期策略。这个时期，新产品应积极采取措施进行市场改进和产品改进。市场改进包括努力发现产品的新用途和争取进入新的细分市场。产品改进需要注意对产品的质量、特点和样式进行改进，提升企业形象和提高顾客忠诚度。第四，文化产品衰退期策略。对于市场需求与周期性波动市场因素相关度较大的文化产品，在衰退期一般采用继续保留的策略。如电视台的财经栏目，投资者对于证券市场的关心程度受到市场运行态势的周期性影响，对于类似原因引起的市场萎缩，应继续保留栏目并适当调整栏目内容。对于因目标市场变化而导致原有定位模糊的文化产品则可以考虑进行重新定位。

（二）文化产品创新策略

文化产品创新策略包括文化核心产品创新、文化形式产品创新和文化延伸产品创新。文化核心产品创新是文化产品提供的，满足人们需求的基本效用和利益的创新。例如，古典文学名著《西游记》永恒的魅力来自作品的诉求与人类对正义、乐观、善良和勇敢等的情感需求相吻合。根据相关人物改编的《大话西游》则具有明显的时代特征，满足了激烈竞争的市场环境中人们放松心情、抒发情感的需求；文化形式创新是文化产品基本效用和利益得以实现的具体形式的创新。《喜羊羊与灰太狼》在系列电视动画片取得很好的市场反响的基础上进行了形式创新，将其搬上电影屏幕，再次取得成功；文化延伸产品创新是潜在文化产品赖以实现的主要形式。电影《指环王》票房的成功，为其延伸产品开发创造了条件，包括指环王系列玩具、电脑游戏和漫画等延伸产品陆续进入市场。

（三）文化产品的品牌策略

品牌指能为拥有者带来溢价、产生增值的一种无形资产，其载体是用以和其他竞争者的产品、劳务相区分的名称、术语、象征、记号、设计及其组合。品牌经营包括品牌资产管理和品牌战略管理。品牌资产是一种无形资产，由附着于品牌之上的顾客关系和专门资产形成的可以给企业带来额外持续收益的经济资源；品牌战略规划的主要内容是品牌组合战略、品牌延伸战略和品牌国际化战略。由于单一品牌战略、多品牌战略、主副品牌战略和联合品牌战略各有优劣势，文化产品品牌实施品牌组合战略时应综合考虑自身特点和市场实际情况。瑞丽传媒集团系列期刊采用了主副品牌和多品牌战略结合的方式，面向女性读者群的四种期刊均冠以"瑞丽"商标；《男人风尚》则采用了单独的品牌，避免了面向女性读者群的主品牌"瑞丽"出现定位模糊问题。品牌延伸战略包括在线延伸和类别延伸，应综合考虑品牌定位和品牌强度。品牌定位通过品牌价值主张体现出来。品牌强度包括品牌在同行业中的地位、品牌忠诚度和品牌的影响范围等因素。对于已经拥有国内市场影响力和高附加值品牌的企业，应进一步开拓海外市场，自创国际化品牌，提高品牌的国际影响力和竞争力。

二、文化市场营销的价格策略

文化产品价格即文化产品价值的货币表现，又是文化市场供求关系及其运行机制的调节杠杆，因而是文化市场营销组合中的重要因素之一。对于文化企业，应根据产品特点、消费心理、市场环境和变化趋势等因素，运用各种定价策略对基本价格进行调整，以利于实现企业的经营目标。

（一）新产品定价策略

常见的新产品定价策略主要有取脂定价策略、渗透定价策略和满意定价策略。取脂定价策略又称撇脂定价策略，指新产品上市之初，将新产品价格定得较高，在短期内获得厚利，尽快收回投资。优点在于利用消费者的求新和好奇心理，以及对产品成本尚无理性认识时，提高产品形象，创造高价、优质、名牌的印象，减少投资风险。渗透定价策略与取脂定价策略相反，将新产品价格定得较低，吸引购买者，扩大市场占有率。优点是可以借助大批量销售来降低成本，同时微利阻止了竞争者进入，增强了企业自身的市场竞争力。满意定价策略尽量降低价格在营销手段中的地位，重视其他在产品市场上更有力或更有效率的手段。

（二）心理定价策略

心理定价策略是指针对消费者的不同消费心理制定相应的产品价格。常用的心理定价策略有数字定价、声望定价、招徕定价和习惯定价。数字定价策略包括尾数定价策略、整数定价策略和愿望数字定价策略。尾数定价策略又称"零头定价""非整数定价"，是企业利用消费者的求廉心理，制定非整数价格。整数定价策略针对消费者的求名和虚荣心理，将产品价格定为整数。由于民族习惯、社会风俗、文化传统和价值观念影响，某些数字常会被赋予一些特定含义，定价时可以巧妙利用。如企业会有意识避开西方国家的"13"、日本的"4"等，以免引起消费者反感。声望定价策略是根据产品或品牌声誉和社会威望对产品制定高价的策略。习惯定价策略是根据消费市场长期形成的习惯性价格定价的策略。对于日常文化用品，如报纸、音像产品，在消费者心里已成为习惯性价格。

（三）折扣定价策略

折扣定价是对基本价格作出一定的让步，直接或间接降低价格，以扩大销量。直接折扣的形式有数量折扣、现金折扣、季节折扣和功能折扣。间接折扣的形式有回扣和津贴。数量折扣策略是按照购买数量的多少，给予不同的折扣，购买数量越多，折扣越大。现金折扣策略对在规定时间内提前付款或对用现金付款者给予的一种价格折扣，目的是鼓励顾客尽早付款，加速资金周转，降低销售费用，减少财务风险。季节折扣策略是企业对在淡季购买商品的顾客给予一定的优惠，使企业的生产和销售在一年四季保持相对稳定。功能折扣的比例主要考虑中间商在分销渠道中的地位、对产品销售的重要性、购买批量、承担的风险和提供服务的水平。例如，图书、音像和软件制品的发行，其批发折扣比零售折扣要低。

三、文化市场营销的渠道策略

在生产者和最终用户之间有大量具有不同名称和执行不同功能的营销中介机构存在，包括批发商、零售商、代理商、经纪人、分包商和各种工业分配者，构成了分销渠道。确定合理的渠道策略需要理清文化产品分销渠道的影响因素，然后从产品及消费者需求出发，设计出较为理想的分销渠道。

影响文化产品分销渠道最重要的因素有产品因素、顾客因素、渠道因素、企业因素、环境因素和竞争者因素。一般而言，高价值、笨重的商品往往采用较短的渠道结构；低单位价值的产品往往会通过中间商进行销售；高技术产品往往会采用公司销售员向目标顾客直接销售的方法。以报刊为例，日报和周报、月刊、双月刊及季刊等时效性要求不同，新闻类报刊和娱乐、阅读类报刊的时效性要求也不同，对报刊的印刷、运输和发行渠道的地域性要求很高。顾客是选择分销渠道的首要因素。顾客对分销渠道成员企业的态度、顾客的地理分布、顾客的数量、顾客对产品的平均购买量、购买频率，以及对不同促销方式的敏感性等因素影响着分销渠道的性质和特点。如果潜在顾客分布面广，就要利用长渠道，广为推销。顾客数量越多，渠道的长度和宽度通常相对更大一些。文化产品生产商的经营规模、财务状况、信誉、经营能力和服务能力影响着在分销渠道的投资能力以及选择中间商的能力。中间商的能力很大程度上影响着渠道策略。企业采用渠道的目的是降低自己的成本与不便，希望能用最为合理的价格获得最多来自中间商的服务。竞争者因素是指竞争企业对分销渠道及其成员施加的经济压力。竞争会影响渠道行为。分销渠道结构的选择受到竞争者所使用渠道的影响，分销渠道的设计和选择必须考虑产品或服务的竞争者。

分销渠道设计过程包括四大步骤：分析消费者服务需求；分析影响因素并确定分销渠道目标；找出可选择的渠道方案和对方案进行评估、选择。分析消费者服务需求目的在于了解企业所选择的目标市场中消费者购买商品的种类、地域、原因、时间和方式，文化企业能否满足消费者的服务需求，受到上述各种因素的影响。只有对这些因素进行辨识和分析之后，才能确定具体的分销渠道目标。渠道方案选择包括的要素有渠道的长度、宽度和广度。中介机构类型大体分为经销商、代理商和服务者三种类型。经销商包括批发商和零售商。代理商包括代销商、经纪人和拍卖人。服务者包括生产商、流通商、生产服务者和一般服务者。渠道选择应列出这些中介机构的优劣势，进行比较选择。最后，评估与选择方案。渠道方案的评估与选择一般参考经济性标准、控制性标准和适应性标准。经济性标准强调以较少的成本实现最大利润。控制性标准主要考察设计者掌握管理与控制渠道的能力。适应性标准主要评估渠道的稳定性和灵活性。

四、文化市场营销的促销策略

文化产品促销是指文化企业把提供文化产品或服务的信息及时通过各种有效途径传递给目标市场，旨在激发、促进或创造市场对企业文化产品和服务的需求，并引起消费者的购买欲望和购买行为的综合性策略活动。一般包括广告、人员推销、销售促进和公共关系等具体活动。

（一）广告

广告即"广而告之"，指文化企业为扩大销售、获得盈利，以付酬的方式利用各种传播手段向目标市场的广大公众传播文化商品或服务信息的经济活动。广告是文化企业促销组合中十分重要的组成部分，是运用最为广泛和有效的促销手段。例如，旅游市场的广告类型主要有电视、广播、报纸、杂志、户外广告牌、广告宣传单和纪念品等。广告促销方案包括任务、资金、信息、媒体和测评五方面内容。广告目标是文化企业通过广告活动要达到的目的，实质是在特定的时间对特定的目标受众完成特定内容的信息传播，并获得目标受众的预期反应。广告必须投入大量的费用，因而要进行资金预算。制定广告费用预算一般要考虑文化产品的生命周期、市场份额和顾客忠诚度、竞争与干扰、广告频率和产品的替代性。进行广告宣传前，必须对所要传播的信息进行选择，挑选出对顾客最具吸引力、对竞争对手最具竞争力的要素。然后营销人员根据文化企业要传递的商品、服务信息，结合企业营销的内、外部环境，运用广告艺术手段进行形象塑造、传递信息。广告设计的主要内容包括主题设计、文稿设计、图画设计和技术设计四部分，广告作品只有通过恰当的广告媒体投放才能实现广告传播的目标。目前常用媒体主要有广播、电视、报纸、杂志和因特网五大大众媒体，招牌、墙体等户外媒体，车身、车站等交通媒体，信函、传单等直接媒体等。广告活动是一种经济活动，文化企业会根据其投入和产出评价广告效果。对广告效果的最直接评价是广告对文化企业经营活动的促进作用，主要包括广告传播效果的评价、广告促销效果的评价和广告形象效果的评价。

（二）人员推销

人员推销是文化企业派销售人员直接同目标市场的顾客建立联系、传递信息、促进文化商品和文化服务销售的活动。人员推销具有亲切感强、说服力强、灵活性强、反馈及时和竞争性强等优势。在人员推销过程中，销售人员必须掌握一定的销售技术。销售人员首先要寻找自己的销售对象。寻找目标顾客的主要方法有利用公司内部信息、人员和手段、利用公司外部资源，以及销售人员的个人资源等。判断能否成为目标顾客的条件有需求、购买力、购买决策权、使用能力和接近的可能性等。对于已确定的目标顾客，销售人员应搜集其有关资料，针对不同的对象制定相应的销售方案。在接近陌生顾客时，要学会运用一些技巧引起客户的注意。如微笑、发展与客户之间的兴趣、谈论客户感兴趣的话题、合适地称谓对方、给予赞美、倾听等。销售人员在确认客户的需求后再推销公司，介绍文化产品或服务，应主动进行一些文化产品的使用示范，增强目标顾客对文化产品的兴趣和信心。成交信号是顾客通过语言、行动、表情等显示出来的购买意图，如顾客询问使用方法、售后服务、细看说明书等。最后，在完成各种履约工作后，还要经常拜访客户，让客户感受到企业对销售的产品负责。邮件、电话都是联络感情的常用工具。老客户可以成为文化企业及销售人员的信息传播者。

（三）销售促进

销售促进是文化企业在某一时期内采用特殊的手段对消费者实行强刺激，以促进文化企业销售迅速增长的一种策略。销售促进的常用手段包括赠送样品、发放优惠券、有奖销售、以旧换新、组织竞赛和现场示范等。对消费者的销售促进如国家大剧院免费赠送参观券和音乐、剧目欣赏讲座票等，一些省市发放旅游门票等优惠券，用电影票根免费获取相关商品，用抽签或摇奖的方式奖励一部分购买者，文化博览会、书市、电影电视节等展销活动。对中间商的销售促进如批发回扣中的折价或附赠产品，支付给中间商一定的推广津贴，发起由中间商参加的销售竞赛活动并奖励其如现金奖、实物奖和批发回扣等，通过商品交易会或博览会向中间商推销产品。

（四）公共关系

公共关系是文化企业促销的又一重要策略，是文化企业利用各种传播手段，同包括顾客、中间商、社区民众、政府机构及新闻媒体在内的各方面公众沟通思想情感，建立良好的社会形象和营销环境的活动。文化企业公共关系的主要决策包括确定开展公共关系的目标、选择公共关系宣传信息和工具、实施公共关系方案。公共关系的策略可分为公共关系宣传、公共关系活动和公共关系意识，达到扩大企业影响、树立企业形象、获得公众好感和维护企业形象的目的。文化企业营销活动中的公共关系通常采用新闻宣传、广告宣传、自我宣传和社会交往等手段。新闻宣传通过新闻报道、人物专访、纪实特写等形式，用各种新闻媒介对企业进行宣传。广告宣传通过公共关系广告方式进行宣传。同一般广告的区别在于不仅是宣传产品和服务，不仅是为了扩大销售，还为了宣传企业的整体形象，提高企业的知名度。文化企业还可以利用各种能自我控制的方式进行企业的形象宣传，如公开演讲、印刷和散发宣传资料、创办企业刊物等。文化企业的社会交往活动不仅带有业务性，还应突出情感性，如通过礼仪电函、节日贺卡、资料交换、联谊酒会等联络感情、维护长期和稳定的合作关系。

关键术语

文化市场　文化消费结构　文化消费水平

问题与思考

1. 文化市场的含义和功能是什么？
2. 文化市场的主体有哪些？
3. 文化市场细分的条件有哪些？
4. 文化产品生命周期各个阶段的营销策略是什么？

第三篇
文化经济学中观分析

第九章 文 化 产 业

　　随着经济全球化步伐的加快，科学技术的突飞猛进，国家间综合国力竞争的日趋激烈，一些发达国家的文化产业已经成为其国民经济的支柱产业。文化产业作为一种新兴产业，在人们的日常生活中越来越显现着重要的作用。而且，文化产业已成为一些国家主要的经济增长点和支柱性产业；尤其在环境保护、发展低碳经济的全球背景下，被很多国家称为"21世纪的主导产业"的文化产业将更加大有作为。

第一节　文化产业的概念及特征

一、文化产业的概念

　　产业是具有某种同类属性的、具有相互作用的经济活动的集合或系统。和产业有关的几个重要概念是产业结构、产业布局、产业组织、产业发展、产业关联等。"文化产业"这一术语产生于20世纪初，最初出现在霍克海默和阿多诺合著的《启蒙辩证法》一书之中。

　　阿多诺（Theodor Wiesengrund Adorno，1903—1969年），德国哲学家、社会

学家、音乐理论家，法兰克福学派第一代的主要代表人物。阿多诺极为强调艺术的批判性中所蕴含的救赎功能。他认为现代工业社会的人性分裂、人格丧失、世界裂成碎片的现实只有通过艺术这种精神补偿才能得以拯救，艺术能把人们在现实中所丧失的理想和梦幻、所异化了的人性，重新展现在人们面前，"艺术就是对被挤掉了的幸福的展示"。

至今，国际社会乃至学术界，对文化产业还没有一个统一的界定，甚至没有形成一个统一的称谓。在不同的国家、不同的历史背景下，文化产业被赋予了不同的含义，如"大众文化""通俗文化""媒体文化""内容产业（Content Industries）""版权产业（Copyright Industries）""创意产业"等。在美国被称作版权业，英国称为创意产业，西班牙称为文化休闲产业，中国、日本、韩国等国家则称为文化产业。根据国家统计局 2012 年的最新修订，我国把文化及相关产业的定义确定为"指为社会公众提供文化产品和文化相关产品的生产活动的集合"。①这一概念的界定为文化产业相关单位进行文化产业发展状况的统计提供了文化产业范围及指标的统一标准。按照国家标准产业分类，文化产业可包括：文化内容发源（书籍、音乐、报刊和其他相关资料的出版，广告业、摄影活动、广播电视、戏剧艺术等）；文化产品的制造（电子元件制造、电视广播发射器和电话机装置的制造、电视广播接收器、磁带、录像机设备和附件制造、乐器制造等）；文化内容的翻印和传播（印刷业、录制媒体的再生产、电影和录像的制作与发行、电影放映）；文化交流（其他娱乐业、图书馆和档案馆活动、博物馆活动、历史遗迹的保护等）。联合国教科文组织认为文化产业是"按照工业标准，生产、再生产、存储以及分配文化产品和服务的一系列活动"，它涉及的范围包括出版印刷业和著作文献、音乐、表演艺术、视觉艺术、音频媒体、视听媒体、社会文化活动、体育和游戏、环境和自然。

Throsby 在《经济学与文化》中提出了文化产业同心圆模型（见图 9 - 1）。该模型以产生创意思想艺术为核心，随着创意产业的传播，不断与其他投入要素进行结合，同心圆不断向外扩展，涵盖更为广泛的生产领域。同时，必须看到，圆弧一层层向外展开，产品和服务的文化内涵降低，商业价值升高。如图 9 - 1所示，核心创意艺术是指文学、音乐、表演艺术、视觉艺术（绘画艺术、雕塑艺术、服装艺术、摄影艺术、影视艺术、动漫艺术、环境艺术等），居于中心，其他产业位于环绕中心的一些圈层上。其他核心文化产业包括电影、博物馆、美术馆、图书馆、摄影；更广泛的文化产业包括传统服务、出版和印刷媒体、录音、

① 中华人民共和国国家统计局. 文化及相关产业分类 [EB/OL]. http：//www.ce.cn/culture/gd/201208/02/t20120802_23549016.shtml.

电视和电台、视频和电脑游戏等；相关行业包括广告策划、建筑、设计、时尚等。

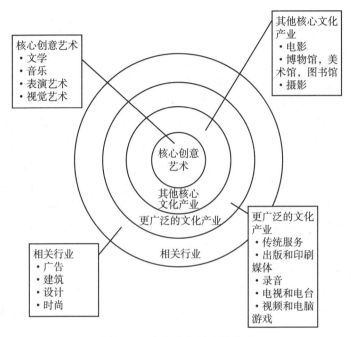

图 9 – 1　文化产业同心圆模式

资料来源：［英］大卫·赫斯蒙德夫. 文化产业［M］. 张菲娜，译. 北京：中国人民大学出版社，2007.

二、文化产业的特征

文化产业具有以下独特的产业特征。

文化产业的创意性。与物质生产领域的产业相比，文化产业是以人的创意为核心来生产文化产品或提供文化服务的，而文化创意的核心就在于其原创性。任何一个伟大的文化艺术作品都是独一无二的，每一件创意产品和服务都是创造者灵感、智慧和思想的结晶。英国许多学者把文化产业界定为"创意产业"，并指出文化创意的"原创性"是"新经济"企业最主要的动态特征，正是源于他们认为创意是文化产业的源泉。只有不断进行创新和突破，才能为消费者提供独一无二并且与众不同的产品和服务，文化产业相关企业才能焕发出旺盛的生命力，从而实现企业自身的价值和整个产业的蓬勃发展，也就是说如果缺乏了创意，文化产业就失去了立足之本。

文化产业的经济与文化二重性。文化产业的特殊性就在于它具有产业和意识形态的双重属性，使其产品和服务具有明显的经济性和文化性。对于文化产业，其产业化要求产业内的相关企业应以盈利为首要目标，又因为文化产业与人的意识形态密切相关，故产品不可避免地反映社会价值。在产业内部，文化企业的经济效益可得到发挥；而在产业外部，政治、经济和文化三位一体、协调互动的社会结构也将使文化产业的社会效益得到发挥。因此，只有将文化的经济性与产业的文化性有机结合起来，文化产业才能取得更高效的发展。

文化产业的高风险性。文化产业是通过创造产品和服务来培育消费需求的。在创造文化产品时，创作者也许是靠涌动的创作激情，或者是靠对市场需求的理性预期，总之，都没有明确的消费对象，也没有明确的消费质量要求。也就是说，在文化产品还未被生产出来之前，市场对此的需求是难以准确判断的，因而文化产业的生产便承担着市场的高风险。加之消费者对文化产品的评价也具有较强的主观性，因而对文化产品的需求也就具有较强的随机性和选择性，使得文化生产的供给和需求之间存在严重的信息不对称，从而也增加了文化产品的投入风险。受众对文化产品的使用方式具有高度的不稳定性与不可预测性。纽曼提出了出版业的拇指法则：80% 的收益来源于 20% 的产品。美国每年约制作 350 部电影，但只有 10 部左右卖座。英国杂志中只有 1/3 ~ 1/2 收支平衡，仅有 1/4 可以盈利。20 世纪 80 年代，美国平均每年出版的五万多种图书中，80% 都遭遇财务危机。

文化产业的高收益性。文化产品在其开发阶段需要很高的固定成本，文化企业就需要投入大量的成本对其进行市场开发，当然高投资的同时也带来了高收益。由于文化产品的低边际成本，使得同一产品在第一次生产时成本最高，之后再次生产则仅需要投入少量成本。如软件开发行业，一个软件研发的固定成本包括人工成本、技术成本、销售成本、管理成本等，有时可能需要投入高达上万甚至数亿的巨额资金，但是软件研发成功后批量生产的边际成本却几乎接近于零。这种低边际成本的特性意味着当某一文化产品获得消费者的喜爱和认可后，企业便可以通过其非常低的复制成本，加大后续的规模生产并不断获取高额的利润。唱片制作耗资惊人，因为要制作出创作者和听众都满意的最佳音质唱片，就必须在作曲、录音、混音、编辑等程序上耗费大量时间和精力；一旦"母带"制作成功，复制起来价格奇低。

三、文化产业的分类

下面我们具体讨论表演艺术、视觉艺术和传媒业三个重要的文化产业类型。

（一）表演艺术

表演艺术是指必须经过表演而完成的艺术，如戏剧、电影、音乐、舞蹈、杂技等。国外将表演艺术划分为传统表演艺术和现代表演艺术。霍金斯指出，表演艺术涵盖各种形式的舞台和特定场景表演，同时也包括对建筑物的管理以及许多地方性场所。因此，可以把表演艺术定义为主要包括戏剧、舞蹈、音乐及表演艺术的主要演出场所——剧院。

表演艺术具有以下主要特征：（1）真实性，表演艺术的真实性是对客观生活的历史性融合和对人的心理审美性的融合，是对生活现象的内在的、动态的近似；（2）新颖性，表演艺术的新颖性主要体现在形象的个性化、情节的变化性、情感的跌宕性和氛围的神秘性四个方面；（3）情感性，情感的表现手法往往是曲折性发展、层层深入，进而对受众产生心灵的冲击；（4）持久性，表演艺术不像自然科学那样会随着时间的流逝而掩去科学成就的光辉，优秀的表演艺术作品对人类发展的精神影响所产生的历史影响是深远而不朽的，会因为时间的久远更受到人们的希冀和珍视，产生超越时空的影响。

表演艺术的价值由经济价值和文化价值构成，并且表演艺术的价值主要取决于文化价值。表演艺术的经济价值由物质资源消耗的转移价值、作品创造过程中劳动者的劳动价值以及剩余价值构成。表演艺术的文化价值主要包括审美价值、精神价值、社会价值、历史价值等，其中审美价值是表演艺术的核心价值。

经济学家能够直接计量农业或制造业的产出，然而却很难计量表演艺术的产出，特别是对于艺术质量的标准更难衡量。Throsby 和 Withers 认为表演艺术的产出可以用表演场次、单个产品的数量、可出售的门票数量和已售出的门票数量四种方法加以测量。而表演艺术公司的生产目标则取决于它们属于营利性部门还是非营利性部门，因为这两种性质部门生产目标关注的焦点完全不一样。

对于表演艺术的定价问题，主要涉及内在因素和外在因素两方面。影响表演艺术定价的内在因素主要是表演艺术的总成本，表演艺术具有固定成本高昂和边际成本较低的特点。从长远看，表演艺术的价格必须高于其成本，从而才能以收入抵偿其成本，因此，表演艺术的价格会随着其成本的增加而提高。影响表演艺术定价的外在因素主要包括消费者认同、需求价格弹性、市场结构、表演衍生产品收入以及外界补贴等。表演艺术机构通常面临较高的固定成本、需求偏小这一问题，但其固定成本比可变成本或收入增长要快，单一价格不足以抵消成本，因而必须采用价格歧视策略进行定价。在表演艺术机构，特别是歌剧和交响乐团中，价格歧视普遍存在。而且，非营利性表演机构的价格浮动区间一般大于营利性表演艺术机构。

（二）视觉艺术

视觉艺术是人类认知及表达世界与自我所形成的一种重要文化形式，通过形象、图像、动作、虚拟情景等方式，视觉艺术依次经历了相似性模式、表征模型再到自我指涉模式的演变过程。传统视觉艺术主要包括艺术品、工艺品、影视产品。

艺术品，一般指造型艺术的作品，包括绘画、图像、雕塑、工艺设计等平台或立体的艺术作品。艺术品包括艺术产品和艺术服务，其显著特征就是包含着创意或艺术元素。按其消费特点，可以是可持续性消费的商品，也可以仅存在一定的时空之中。按其外在形态，可以是有形的产品，也可以是无形的服务。按其用途，可以是提供给消费者的最终产品或服务，也可以是提供给生产者的中间产品或服务，被投入到其他文化产品甚至是非文化产品的生产中去。艺术品的价格受很多因素的影响，主要包括艺术品的物理属性、时代变化、销售的空间因素、社会声誉以及盈利水平等。同时，艺术品作为一种具有鲜明特色的投资品，是一种特殊的需求，其与投资该艺术品所获得的预期收益、风险、流动性等因素密切相关。

工艺品是一种利用一定的生产工艺，将经过艺术构思的内容创意借助不同的材料载体而生产出来的，内嵌特定文化意义的、具有文化价值的文化产品。对工艺品的需求主要由两类构成：装饰的需要和交往的需要。其开发成功的关键在于有满足消费者市场的内容创意。工艺品的定价主要与材料载体、独特性、生产工艺、创作者身份、体现的文化价值、数量及弹性因素有关。

影视产品主要包括电影和电视剧，其消费经常受到时尚潮流、偏好转变、社会环境、文化差异和地域特色等多种市场因素的影响。影视产品的生产过程可以分为开发、制作和营销三个阶段。影视的成功需要投入一大笔资金，面临巨大的风险，明星在影视融资中所起到的作用和制片公司体系对风险都起到了一定的分担。同时，影视业高度依赖人的创造力和区域发展环境，呈现地方聚集的特征。随着信息技术和其他高新技术的迅速发展和广泛应用，影视开始建立以嵌入式广告为主导的双边市场商业模式。

（三）传媒业

传媒业是生产和传播各类以文字、图形、艺术、影像、声音等形式存在的信息产品以及增值服务的产业。传媒业是内容产业，以信息服务为主体，通过市场方式完成资源配置以实现传媒的普及化。

传媒内容消费具有非竞争性和非排他性，因此，传媒内容产品属于准公共产品。传媒内容消费的外部性，使传媒产品具有了社会、政治和文化的意义。Davies 指出，以任何方式限制对零附加成本的公共产品的访问，都将导致社会福利的损失，因而是不必要的和无效率的。但面对传媒业的市场化发展，面对市场性与公共性的兼具，如何处理传媒业自身特征中的冲突与平衡，是当下传媒业发展必须面对的问题。

一般来说，大多数传媒企业的产品存在一定的差异，并且它们也一直在试图细分消费者市场。因此，传媒企业并非在完全竞争市场的环境中运营。例如，电视节目制作和杂志完全接近完全竞争市场；图书、新媒体等属于垄断竞争市场；报纸、无线电视以及广播等属于寡头垄断；有线电视则属于完全垄断，因为有线电视企业通常垄断了所在经营地区的基础设施，在传送有线电视各项服务时被授予了排他性权利。

传媒业生产着双重产品：一是内容，如节目、新闻故事等；二是传媒的受众，不同受众群体的媒介接触习惯存在一定差异，从而在一定程度上降低了传媒平台之间的替代性。就平台功能而言，传媒业属于受众创造型双边市场，这种双边市场平日的主要职能是吸引观众、读者和网民等参与者加入平台，这样企业才会愿意到平台上发布广告和产品信息。

一般来讲，传媒受众（观众、听众、读者）对于传媒平台上的广告持比较厌恶的态度，但是广告商更愿意在拥有更多受众的媒体上做广告，因为其网络外部收益性更大。在收费方面，平台对于受众收费难度较大，因为很难观察到受众和平台之间交易的次数，所以企业是平台收费的主要对象。

传媒业主要包括出版业、电视业和广播业。出版业是庞大的全球大众传播产业的一部分，图书出版业圈子往往包括作者、经纪人、编辑、出版社、发行商等。电视业是一个大型创意产业，自 20 世纪 80 年代至今，在传媒产业各门类中，电视业是影响最广、广告收入最多的产业，因而可以说电视业是主要的传媒产业。电视业的技术变革主要经历了有线电视、三网融合、数字电视、新媒体电视四个阶段。广播产生于 20 世纪 20 年代，是通过无线电波或导线传送声音从而为人们提供信息服务的工具，常见的节目类型主要包括新闻类节目、音乐类节目、宗教类节目和综合类节目。

第二节　文化产业的兴起与发展

现代以来，随着现代科技的迅速发展，技术理性几乎延伸至所有领域，文化这个领域也不例外。在现代文化产业的发展过程中，每一次技术进步，每一种媒介的发明，都将文化产业大大推进一步。在谈论文化产业兴起及发展的原因时，究竟是技术因素，还是经济因素、文化本身的因素？

一、文化产业的兴起

文化产业兴起的诱因有以下三种说法。

（一）技术决定论

20世纪初，广播业、电影业等开始萌芽并迅速成长。1920年11月2日，美国第一家广播电台 KDKA 开始运营，并且在两年时间里，美国有了500家电台和约150万台收音机，美国每一个大都市都有了自己的电台。最后形成了颇具影响的四大广播电视网：ABC（American Broad-casting Company），美国广播公司；NBC（National Broad-casting Company），美国国家广播公司；FOX（Fox Broad-casting Corporation），福斯电视网；CBS（Columbia Broad-casting System），哥伦比亚广播公司。

从电视的视角来看，技术发明与技术创新直接推动了文化产业的发展。1946年美国人罗斯和威玛制作出高敏度直线性光电摄像管，使电视节目的生产效能有了质的飞跃；1953年又研制成功彩色电视，致使电视用户数量不断增加。随后，卫星转播站的建立，冲破了借助于电视从事娱乐、接受教育的时空限制，加强了不同国家、不同地域的文化贸易与交流，"美国18岁的青年中，人均每天花在电视上的时间为4个小时"。美国凭借发达的高新技术控制了全球75%的电视节目的生产。尤其是文化设备和电信技术的许多重要发明，使个体的文化生产走向了社会化、规模化、专业化的发展道路。数字技术和网络技术日新月异的变化，把人类由文本文化时代推进到了视觉的读图文化时代。"这些新媒体通过互联网、无线通信网、数字广播电视网和卫星等渠道，以电脑、电视、手机、PDA、MP4等设备为终端的媒体，能够实现个性化、互动化、细分化的传播方式，部分新媒体能够实现精准投放、点对点的传播，如新媒体博客、电子杂志等"。

数字文化产业和网络文化产业成为当今世界占主导地位的文化产业。

（二）经济决定论

20世纪二三十年代，席卷全球的经济危机爆发，美国金融体系崩溃，大量人口失业。在大萧条的背景下，杂志却保持稳定，发行量还略微有所增长，周刊比月刊更有优势，纪实故事和爱情杂志是逃避现实的精神鸦片，1935年的总发行量比1921年几乎多出了1/3。

20 世纪 20 年代，美国全国约有 2 万家电影院开张。1927 年，有声电影的出现将更多的人吸引进来。到 1930 年，电影观看人数每周达 9000 万名。20 世纪 30 年代初，度过经济危机的美国迎来了好莱坞长达 20 年的黄金时代。

电视业也逐步萌芽并发展。1938 年，美国电视机已经可以在百货公司买到。随后，联邦通信委员会批准 18 家电视台自 1941 年 7 月 1 日起投入商业运营。

20 世纪 70 年代，制造业利润下滑。摒弃政府对经济的干预，产生了新经济自由主义。人类需求只有通过自由市场才能获得最大程度的满足，投资转向了服务业。

资料链接:

从纽约到洛杉矶：好莱坞电影产业的浮现

在 19 世纪末 20 世纪初，美国的电影生产主要集中在纽约 - 新泽西都市区，这里也是当时顶尖的公司（爱迪生制作公司、美国电影放映机公司）所在地。20 世纪前 10 年，除纽约—西都市区外，美国电影的制作辅助中心则在芝加哥和费城早期电影的摄制主要是在户外，电影公司通常利用城市和自然物体取景。东北寒冷的冬早期的电影制作带来了一定的困难，因此每年大量的摄制活动必须跑遍南部和西部各州。东北部吸引电影制作者的区位便是南加利福尼亚，毫无疑问，这里的气候和区域的自然环境使之成为一个优势。

在 1907—1915 年期间，电影产业内的有学之士便开始声称南加利福尼亚是电影产业的区位。一种观点认为，这里不仅存在着温暖的阳光和温和的冬天，也能提供的多样的景观。对于这个观点，斯科特（Allen J. Sott）并不完全认同，他认为同时期的圣弗兰斯有比洛杉矶成为电影制造业中心的更好的区位优势，而南加利福尼亚在 20 世纪早期严肃的氛围，使得它对于早期的电影产业和与之相关的人并不友好。

对于好莱坞电影持续发展的原因，斯科特运用路径依赖（path-dependent）予以解释。他认为，当一个新的产业进入之后，实际上是任意布局的。其他的单元一个一个进入这体系，但是如果集聚经济起到作用，它们对于区位的选择便不再是随意的了。这导致小概率事件可能对整个系统的空间构造存在关键的作用。斯科特甚至认为，如果把这看作是一可重复运作的试验，则很可能会发生一些不同的结果。换言之，好莱坞也许不会成为今天令世界瞩目的电影制作基地了。

> 不管怎样，这些电影公司选择了好莱坞。到 1912 年，已经有 17 家公司在洛杉矶运作。下过大多数公司的总部还在美国东北地区，最大的电影制作公司仍位于纽约，这一时期纽约仍然是美国最主要的电影制作中心。
>
> 资料来源：钱紫华，闫小培. 好莱坞电影产业集聚体的演进 [J]. 世界地理研究，2009，18（1）：118－128.

（三）文化决定论

"媒介给予人们所想要的东西。"闲暇时间的增加和户外实践的变化极大地影响了文化产业公司的行为。文化是"社会秩序得以传播、复制、体验和探索的表征系统"。随着技术的不断进步和工业化的完成，西方社会开始进入消费社会时代。在物质生活相对丰裕之后，精神享受成为人们追求的主要目标之一。消费社会使人们自由支配的闲暇时间越来越充足，这必然引起社会的生活方式、经济结构以及个人的娱乐行为发生巨大变化。

"闲暇时间是社会结构中某种变化、某种新的规范、新的社会关系的源泉，它所带来的新的价值观有助于个人和社会集体在时间分配上的意愿和选择。作为一种社会时间，它有着改变生活方式的巨大潜在力量。"这种潜在力量使文化消费获得了可贵的时间支持，从而换取了文化生产的诸多空间。

大众文化以其快速化、商业化、盈利化、规模化的形式发展，已成为全球文化的一大景观。

二、文化产业的发展现状

在许多国家和地区，文化产业已经逐渐成为经济活动的核心。一些大的文化产业公司也已经跻身于世界上最具价值的公司之列，成为众口常谈的话题。

（一）文化产业产值

2013 年，全球文化产业增加值占 GDP 的比重平均为 5.26%，约 3/4 的经济体为 4.0%~6.5%。其中，美国最高，达 11.3%；韩国、巴西、澳大利亚、中国、新加坡和俄罗斯均超过 6%；加拿大、英国、中国香港、南非和中国台湾则分别为 5.4%、5.2%、4.9%、4.1% 和 2.9%。据普华永道（PWC）测算，2011 年美国、日本、中国、德国、英国、法国、意大利、加拿大、巴西和韩国娱乐和传媒业市场规模居世界前 10 位。其中，美国遥遥领先，营业额达 3630 亿美元，是排名第 2 位日本（1730 亿美元）的 2.1 倍；中国、德国、英国、法国、意大利和加拿大的营业额分别为 890 亿、720 亿、690 亿、610 亿、590 亿和 370 亿美元，位居世界第 3 至第 8 位；巴西和韩国均为 350 亿美元，分列第 9 位和第 10 位。到 2016 年，美国、日本、中国、德国和英国娱乐和传媒业营业额将继续排名世界前 5 位，分别为 4900 亿、2030 亿、1680 亿、840 亿和 830 亿美元，是 2011 年的 1.3 倍、1.2 倍、1.9 倍、1.2 倍和 1.2 倍。

2013 年，全球文化产业的从业人员占全社会从业人员总数的比重为 5.49%，约 3/4 的经济体在 4.0% ~7.0% 之间。其中，菲律宾、墨西哥、美国、澳大利亚、马来西亚和俄罗斯等均超过 7%，2011 年韩国和新加坡均达 6.2%，英国和加拿大为 5.6%，中国香港为 5.5%。

《中国文化产业年度发展报告》显示，2016 年，我国文化产业的增加值占国内生产总值的比重将达 5%，文化产业在一些地区已经成为国民经济支柱性产业。

（二）文化产业从业人员

1987—1994 年西班牙文化产业从业人员数量上升了 24%。1982—1990 年法国文化产业从业人员数量上升了 36.9%，是同时期全部劳动者数量增长率的十倍。1980—1994 年德国文化产业从业人员上升了 23%。随着居民消费结构升级，发达国家文化消费支出不断增加。这是发达国家发展进程中的共同规律。

（三）文化消费

美国在收入增加和恩格尔系数大幅下降的过程中，其食品、住房、交通消费支出所占比重逐步下降，而娱乐消费支出占比则持续较快上升。1970—1993 年，美国居民人均消费支出由 3100 美元增加到 16429 美元，增长 4.3 倍，而同期娱乐人均消费支出由 115 美元增加到 887 美元，增长 6.7 倍，娱乐消费支出占比也从 3.7% 提升到 5.4%。日本在 1965 年居民平均每户娱乐消费支出为 1742 日元，占居民家庭消费支出的 3.5%；1993 年，日本居民家庭平均每户娱乐支出为 17275 日元，比 1965 年扩大近 9 倍，在消费支出中的占比为 4.9%，比 1965 年提高 1.4 个百分点。

（四）政府政策

政府推动是文化产业的重要驱动力。2011 年，欧盟各国公益性文化产业单位实收资本的 70% ~80% 来源于政府支出。其中，瑞典、奥地利、丹麦和波兰政府的支出额分别达 26.3 亿、23.0 亿、22.4 亿和 19.6 亿欧元，分别占各国公益性文化产业单位实收资本的 83.1%、79.5%、79.0% 和 72.6%。地方政府的支出额大于中央政府。2011 年，波兰、奥地利、瑞典和乌克兰地方政府支出额分别为 16.1 亿、15.2 亿、14.6 亿和 4.8 亿欧元，占政府支出总额的 82.4%、66.0%、55.5% 和 62.7%，分别比中央政府支出额占比高出 64.8、31.9、10.9 和 25.3 个百分点。加拿大统计局最新数据显示，2009 年，加拿大政府对公益性文化产业的支出额为 101.4 亿加元。其中，联邦政府支出 41.6 亿加元，占 41.1%；地方政府（包括省、地区和市政府）支出 59.7 亿加元，占 58.9%。

第三节　文化产业的 SCP 分析

张伯伦、罗宾逊夫人提出垄断竞争理论，根据不同产业的市场垄断程度和竞争程度划分为四种不同类型的市场结构。完全竞争和完全垄断是两种极端的市场结构，现实中，大多数市场是介于二者之间的垄断竞争和寡头垄断。产业组织理论研究的重点就是垄断竞争和寡头垄断市场的市场结构、市场行为和市场绩效，及其相关关系和政府干预的政策建议。现代产业组织理论认为，市场结构、市场行为及市场绩效之间的相互关联，构成了较为系统的产业组织分析框架。SCP（structure-conduct-performance，结构 – 行为 – 绩效）模型是由美国哈佛大学产业经济学权威贝恩（Bain）、谢勒（Scherer）等人于 20 世纪 30 年代建立的。该模型提供了一个产业分析框架，既能深入具体环节，又有系统逻辑体系：市场结构（structure）—市场行为（conduct）—市场绩效（performance）。SCP 框架的基本含义是市场结构决定企业在市场中的行为，而企业行为又决定市场运行在各个方面的经济绩效。

一、市场结构

市场结构是指市场主体的构成、市场主体之间的相互作用及相互联系企业之间的关系。行业集中度（concentration ratio）是最常用、最简单易行的反映市场结构的指标，它指行业内规模最大的前几位企业的有关数值 X（可以是产值、产量、销售额、销售量、职工人数、资产总额等）占整个市场或行业的份额，公式如下：

$$CR_n = \frac{\sum_{i=1}^{n} X_i}{\sum_{i=1}^{N} X_i} \tag{9-1}$$

其中，CR_n 表示四家集中率，$\sum_{i=1}^{n} X_i$ 表示四家最大企业的销售额，$\sum_{i=1}^{N} X_i$ 表示企业的销售额。

在产业经济学中，贝恩根据产业内前 4 位和前 8 位的产业集中度指标，对不同垄断、竞合程度的产业进行了分类。

贝恩产业结构类型划分如表 9－1 所示。

表 9－1　　　　　　　　　　　贝恩的产业结构与类型划分

市场结构	CR_4 指数	CR_8 指数
寡占 I 型	$85\% \leqslant CR_4$	$95\% \leqslant CR_8$
寡占 II 型	$75\% \leqslant CR_4 < 85\%$	$85\% \leqslant CR_8 < 95\%$
寡占 III 型	$50\% \leqslant CR_4 < 85\%$	$75\% \leqslant CR_8 < 85\%$
寡占 IV 型	$35\% \leqslant CR_4 < 85\%$	$45\% \leqslant CR_8 < 75\%$
寡占 V 型	$30\% \leqslant CR_4 < 85\%$	$40\% \leqslant CR_8 < 45\%$
竞争型	$CR_4 < 30\%$	$CR_8 < 40\%$

另外一个衡量市场集中度的重要指标是赫芬达尔－赫希曼指数（HHI），它是指该行业中前 50 家厂商市场占有率的平方和，公式如下：

$$HHI = \sum S_i^2 \qquad (9-2)$$

HHI 这一指数包含了所有企业规模信息，能够较准确地反映出集中度的差别；由于平方和计算的放大性，HHI 对规模最大的前几个企业的市场份额变化反映特别敏感，因此，HHI 指数能够真实地反映市场中企业之间规模上的差异大小。然而为计算某个指定市场的 HHI，必须收集到该市场上所有企业的市场份额信息，这个较为困难。按照美国的标准，如果一个行业四家集中率在 0.6 以下，赫芬达尔－赫希曼指数在 1800 以下，市场为垄断竞争。

影响集中度的因素包括规模经济水平、市场容量、进入壁垒、法规政策。

二、市场行为

市场行为是指企业在市场上为实现其目标（如利润最大化、更高的市场占有率等）而采取的行为。产业组织理论主要研究的是寡头垄断型市场结构中企业的市场行为，主要包括厂商的定价行为、广告行为和兼并行为。

对于大多数文化产品而言，尽管生产更多产品的边际成本很低，甚至在数字化情形下其边际成本实际为零，但是生产首份拷贝或"母本"的固定成本通常很高。即便在互联网时代之前，将电视信号传输给另外一位顾客的成本都少得可怜。高平均成本（全部成本除以其产量的均值）与低边际成本相结合，导致文化产业中的大规模生产与企业高度集中的倾向。这种成本特征解释了为什么一些文化产业的国际企业（如录音、电影等）占据行业的统治地位，与此同时，少数企业的垄断也解释了为什么诸如创意者和表演者等从业者缺乏谈判的话语权。而有关专利、商标，特别是版权的知识产权法强化了这种集中趋势，因为知识产权法阻碍了竞争。

文化产业中企业的市场行为最主要的就是兼并行为。兼并行为是指两个以上的企业在自愿基础上依据法律通过订立契约而结合成一个企业的组织的行为。兼并是生产要素在企业间的流动，是全部产权或部分产权在企业间有偿转移，是生产或技术上的专业化改组。兼并双方重新组成一个企业，多个法人合为一个法人。从兼并的过程看，包括融合兼并和吸收兼并。融合兼并是指参加合并的各企业协商同意解散原企业，共同组建一个新企业。吸收兼并是指参加合并的企业中有一个吸收企业，其余企业宣布解散并被吸收企业吸收。从合并的形式来看，包括横向兼并、纵向兼并和混合兼并。横向兼并是指同一个产业中，生产同类或相似的产品，并在同一个地理市场上销售的企业之间的兼并。纵向兼并是指上下游企业或具有潜在的买卖关系的企业之间的兼并。混合兼并是指产品或市场缺乏相关性的企业之间的兼并。主兼企业的动机是获得规模经济的效益、提高市场竞争力和市场支配力量、提高经理人员的声望，被兼企业的动机是减少资产经营风险、避免破产、回收资本。1990—2000 年美国文化企业兼并事件如表 9-2 所示。

表 9-2　　　　　　　　　　1990—2000 年美国文化企业兼并事件

时间	收购者	被收购者	价格（10 亿元）	战略动机
1994	维亚康姆	派拉蒙电影公司	8.0	形成覆盖出版、电影广播、有线电视和主题公园的跨产业集团
1995	迪士尼	大都会	19	纵向一体化，控制内容创作
1995	时代华纳	特纳广播公司	7.4	纵向一体化、集团化、协同效应
1995	希格纳姆	MCA	5.7	综合集团进军广播业
1998	AT&T	TCL	48	电信与媒介整合
1998	希格纳姆	宝丽金	10.6	唱片市场的份额以及欧洲电影收益

续表

时间	收购者	被收购者	价格（10亿元）	战略动机
1999	Carlton 通信	英国联合新闻	8.0	欧洲主要媒体集团的合并
2000	维旺达	西格拉姆	35	业务更加多元化
2000	美国在线	时代华纳	128	网络服务提供商与媒介巨擘的合并

实践中，文化市场结构更多表现为寡头垄断，即少数大型企业主导市场竞争的经济组织形式。寡头市场中，寡头们对竞争对手的所作所为十分敏感，并经常会采取收购和兼并手段以维持其市场地位。大量小型企业与这些巨头共存，它们常常是市场中的创新者，它们通过创新，不断发展，直至能够从市场上清除传统企业，或者通过兼并方式侵吞它们。

资料链接：

默多克新闻集团扩张的启示

传媒业发展离不开新技术支持。默多克在 1986 年就采用了计算机印刷报纸的技术，即英国韦平印刷革命。他在韦平建立配备先进计算机印刷系统的新型印刷厂，采用新的电子技术手段印刷出版报纸。

20 世纪 90 年代，默多克又抓住时机买下英国天空电视，不惜血本为用户免费安装电视机顶盒和卫星天线，将新发展起来的互联网和数字技术与电视相结合，率先开发出了数字电视平台。1999 年，天空广播公司又在互联网和数字技术的基础上，推出了互动体育频道，实现了体育节目的私人订制。默多克曾不止一次地说，"许多人问我们在互联网方面有什么样的发展战略，我曾对他们说我们没有什么互联网战略，我们有的是技术发展战略。如果能够利用好这些全新的技术，拓展自己的业务，我们就一定能够取得成功"。可见，默多克充分认识到了 21 世纪传媒业的发展进步离不开互联网新技术的支持与保障。因此，深化传媒产业的互联网思维，坚持以新技术手段为支撑，是我国传媒业发展的关键所在。

资料来源：任莉. 默多克新闻集团扩张的启示 [J]. 青年记者，2016（8）：99–99.

三、市场绩效

市场绩效是指在特定的市场结构下，由企业行为所形成的产品质量水平、技术进步水平、产品种类、成本价格及经济利润等方面的经济效果,它是度量一个市场为消费者提供利益所取得成效的指标。评价市场绩效的好坏,主要涉及资源配置效率、市场供求平衡、企业规模效益、科技水平的提高等。市场绩效反映了在特定的市场结构和市场行为条件下市场运行的效果。微观经济学理论认为,在完全竞争的市场结构中,资源配置实现最优,该市场上所有企业都只能获得正常利润,且不同产业的利润水平趋于一致。也就是说,产业间是否形成了平均利润率是衡量社会资源配置效率是否达到最优的一个最基本的定量指标。

利润率(收益率)指标:

$$R = \frac{\pi - T}{E} \tag{9-3}$$

其中,R 为税后资本收益率,π 为税前利润,T 为税收总额,E 为自有资本。导致企业利润率高的因素很多,一般是由于市场偏离完全竞争状态形成的,但却绝不仅是由于垄断势力形成的,也包括风险利润、创新利润等。

福利经济学第一定理:完全竞争市场经济的一般均衡是帕累托最优的。垄断企业通过以较高价格和较低的产量提供商品,攫取了一部分消费者剩余;同时,还导致了一部分剩余的永久性损失——效率损失。垄断所导致的社会福利的损失还表现在诸如广告和特殊的产品差异化、设置进入壁垒等上。

"X-效率"一词最早由哈维·莱宾斯坦(Harvey Leeibenstein)于1966年提出,用来反映企业的内部效率。"X-效率"是指在现有技术和资源状态下生产潜能得到全部发挥时的效率;低于这个效率,就被认为存在"X-非效率"。"X-效率"中的"X"代表造成非资源配置效率的一切因素,由于当时人们对这些因素尚不明了,是个未知数,故称为"X-效率"。"X-效率"意味着企业在各种产量水平上均能达到成本最低,否则为"X-非效率"。"X-非效率"表现为以下两种情况:其一是在既定的投入下,产量小于最大的产出;其二是在既定技术水平下使用超过所必需的最低投入生产既定的产出。大企业内部普遍存在"X-非效率"的主要原因:企业内不同集团的利益目标不一致;企业规模扩大导致组织层次增加、信息沟通的速度和质量下降,从而使企业的管理成本上升、效率下降;垄断企业在没有竞争压力的条件下,缺乏成本最小化的动机,很难避免产生低效率的选择和行为。

企业规模经济是指企业自身通过横向一体化或纵向一体化所实现的规模效益。形成企业规模经济的主要原因是,企业规模的扩大可以大大增强企业的竞争能力及承担亏损和抗风险的能力,同时还可以大量减少采购成本和销售费用。

产业规模结构效率的衡量:用达到或接近经济规模的企业的产量占整个产业产量的比例来反映产业内经济规模的实现程度;用实现垂直一体化的企业的产量

占流程各阶段产量的比例来反映经济规模的纵向实现程度；通过考察产业内是否存在企业生产能力的剩余来反映产业内规模能力的利用程度。

企业的规模大小与利润率在某种程度上存在着正相关关系，但并不是说企业的规模越大越好。理论研究和实践经验都表明，规模经济中的"规模"是有"限度"的规模，只有在此限度内，企业的效益才随规模的增大而提高；超过此"限度"，企业的效益反而会随规模的增大而降低。企业规模不是越大越好，但更不是越小就越经济。一国经济的平稳发展必须要有一个适当的规模结构，即保持适当的大、中、小型企业的比例。

规模经济是指由于生产专业化水平的提高等原因，使企业的单位成本下降，从而形成企业的长期平均成本随着产量的增加而递减的经济。规模经济产生的原因在于：专业化；学习效应，随着产量的增加，工人可以使熟练程度增加，提高效率；可以有效地承担研发费用等；运输、订购原材料等方面存在的经济性；价格谈判上的强势地位。

范围经济是指由厂商的范围而非规模带来的经济，即当同时生产两种产品的费用低于分别生产每种产品时，所存在的状况就被称为范围经济。只要把两种或更多的产品合并在一起生产比分开来生产的成本要低，就会存在范围经济。如果企业生产 X 和 Y 两种产品，范围经济可用以下公式来说明：

$$SC = \frac{C(q_1) + C(q_2) - C(q_1,\ q_2)}{C(q_1,\ q_2)} \qquad (9-4)$$

其中，SC 是指生产总成本。该公式说明，企业同时生产 X、Y 两种产品的成本低于分别生产 X 和 Y 两种产品。范围经济产生的主要原因在于：第一是会产生合成效应，同一个厂商进行多品种生产，在研发、生产、销售等方面的成本比分别生产要低；第二是因为多产品企业可以在更大程度上利用企业内部市场合理配置、整合资金和人力资源，以代替市场机制。

第四节　文化产业数字化和集群化

在讨论文化产业发展的趋势中，数字化和集群化一定是两个值得关注的方面。

一、文化产业的数字化

数字化技术通过融入传统文化产业领域，进而催生出新的文化产品，对文化经济实践领域影响深远。这里主要对数字音乐、数字出版、数字娱乐和虚拟博物馆四个方面进行探讨。

数字音乐是指在音乐的制作、存储、传播与使用过程中，利用了数字化技术的音乐生产和消费形式。由于在整个过程中是以数字格式存储的，因此，无论下载、复制、播放多少遍，其品质都不会发生变化。数字音乐的发展主要得益于数字技术的迅猛发展，包括数字音乐文件压缩技术、音乐播放器、P2P 对等网络技术和互联网。根据数字音乐传播与使用方式的不同，数字音乐一般分为在线音乐和移动音乐两大类。数字音乐改变了音乐产品的生产、分销流通乃至消费形式，使得音乐产品摆脱了以往用胶片、磁带或光碟作为载体，并主要通过有形物理渠道进行分销流通的传统商业模式，取而代之的是数字化、无形化的纯数字音乐并通过互联网向消费者传递。与传统音乐相比，数字音乐呈现出单曲销售、低边际成本、低进入壁垒、低市场集中度以及激烈的市场竞争等特点。

数字出版源于 Digital Publishing 一词，可译为数字资源出版或出版的数字化。作为一个概念，"数字出版"是近十年才流行起来的。从数字出版产品形态视角看，数字出版是指依靠互联网并以之为传播渠道的出版形式。从数字出版技术视角看，数字出版是指数字化技术从事的出版活动，广义上是二进制技术手段在出版环节的运用，主要包括原创出版物内容、编辑加工处理、现代印刷生产、营销发行和阅读使用五项数字化。从数字出版经济活动视角看，数字出版是传统出版的数字化改造和数字技术的出版化，强调内容作品的数字化加工和传播，以满足读者多媒体形式的知识行为需求。数字出版不只是把纸质出版物进行数字化的过程，主要具有以下几方面特征：一是内容生产的数字化；二是管理过程的数字化；三是产品形态的数字化；四是传播渠道网络化；五是用超文本链接从而方便读者获取信息。在技术方面，数字出版主要涉及元数据、结构化信息、知识点标注技术以及数字版权保护体系等。根据双边市场中各终端用户彼此之间的相关性与影响，可以把数字出版的盈利模式分为消费者的完全收费模式、广告商补贴消费者模式和服务盈利模式。随着互联网技术的发展，在线销售使大规模的图书市场转化为无数的利基市场，一套崭新的商业模式正在崛起。

数字娱乐业从字面上理解，是以数字技术为基础、以娱乐为目的产业。从本质来看，数字娱乐是以文化创意为内容、以数字技术为生产手段、以经济利益为目标的娱乐产品。从市场占有率而言，动漫和游戏占据数字娱乐业的绝大部分。在国外许多国家，动漫产品已由漫画延伸至影视、录像带等音像制品，并发展到以动漫人物、形象为背景的玩具、服饰、工艺品等其他衍生产品，甚至扩大到与此相关的公园、游乐园。动漫产品具有制播周期较长、以版权为核心的盈利模式、辐射效应较强的经济特征。游戏可分为游戏机游戏和网络游戏两类。目前，网络游戏的盈利模式主要有时间模式、广告植入、虚拟物品与增值服务等。

现代技术与博物馆越来越紧密地联系在一起，虚拟博物馆的不断涌现就是一个生动的例子。虚拟博物馆是应用可形成仿真、虚拟人造景物的虚拟现实技术所营造而形成的博物馆。虚拟博物馆的建设主要涉及虚拟现实技术、J2EE 开发技术、虚拟现实建模语言、多媒体技术、网络技术、无线数字通信技术等诸多技术。虚拟博物馆除了原始博物馆实物加文化的收藏形式外，还包含了大量的与之相关的多媒体收藏，通过三维模型、视频、图像、声音、文献记录等数字信息为藏品提供更全面的信息。从形式上看，虚拟博物馆有三种类型：一是不包含虚拟场景，整合了文字、图像等多媒体信息的以数据为中心的系统，不使用三维展示技术；二是提供了三维场景和三维展品的展示功能，但参观者没有自己的主动观察路线和角度；三是建立在虚拟环境下的形式，参观者可以随意走动观看，还具有交互和协同功能。

虚拟博物馆与实体博物馆是互为依存、相互补充的关系。与传统博物馆相比，虚拟博物馆具有以下特征：参观者可以在家里不限次数、在任何时间都可以参观某个数字博物馆，从而潜在地增加了博物馆的可接触性；有利于传统博物馆的持续发展。未来的博物馆可以将空间用于收藏物品然后再利用虚拟形式进行展览，或者，博物馆完全用数字化的方式建立起来，该博物馆在现实中并不存在；数字化可以通过提供更多背景材料来提高阐释能力；具有很强的互动功能，这一功能将吸引更多的观众参观实物博物馆；数字化博物馆的出现意味着，无须修建昂贵的展览空间也可以展示特定的文化，从而更加有利于文化的传播。事实上，一些虚拟博物馆是实体博物馆的延伸。未来，虚拟博物馆在和实体博物馆共存的基础上其比例将逐渐增大。

二、文化产业的集群化

按照美国哈佛大学教授迈克尔·波特（Porter，1998）的看法，产业集群（cluster industries）是在某一特定领域中（通常以一个主导产业为核心），大量产业联系密切的企业及相关支撑机构（包括研究机构）在空间上集聚，通过协同作用，形成强劲、持续竞争优势的现象。产业集群包括了一批对竞争起重要作用的、相互联系的产业和其他实体。文化产业集群就是在文化产业领域中（通常以传媒产业为核心），大量产业联系密切的文化产业企业及相关支撑机构（包括研究机构）在空间上集聚，通过协同作用，形成强劲、持续竞争优势的现象。因此，一般意义上的文化产业集群既包括了下游产业的文化产业企业，互补产品的供应商，专业化基础结构的供应者和提供培训、教育、信息、研究、技术支持的其他机构，如大学、智囊团和技术标准机构等。

产业集群具备着天然的横向扩张和纵向扩展的内在动力机制，因此，产业集群的形成和发展将伴随着产业规模的不断扩张，不断扩张的产业规模又反过来促进产业集群的发展和壮大，从而对文化产业竞争力的提升发挥着重要的作用。文化产业领域的好莱坞、迪斯尼等产业集群是其中的典型代表。

我国幅员辽阔，历史悠久，各地都有着深厚的历史和文化底蕴。在新的历史条件下将这些静态的文化资源转化为文化产业优势，完全可以通过充分挖掘自身的比较优势，制定出科学而完善的发展规划，然后在此基础上启动并完善本区域的文化产业集群战略。当然，文化产业集群的启动和完善还有别于传统的制造加工业和高新技术产业，只有在寻找出自己的区域比较优势和行业比较优势的基础上才能制定出完善的文化产业集群发展战略。目前全国已初步形成六大文化创意产业聚集区：首都文化创意产业区；以上海为龙头，包括杭州、苏州、南京的长三角文化创意产业区；以广州、深圳为代表的珠三角文化创意产业区；以昆明、丽江和三亚为代表的滇海文化创意产业区；以重庆、成都、西安为代表的川陕文化创意产业区；以武汉、长沙为代表的中部文化创意产业区。截至 2014 年底，北京市以"金融创新＋科技创新"发展模式，文化及相关产业企业已达 17.1 万户，同比增长 15.8%；注册资本 4338.50 亿元，同比增长 39.4%。规模以上法人单位实现收入 11029 亿元，同比增长 9.5%；文创从业人员 109.7 万人，同比增长 2.2%。上海市以"工厂改型＋园区聚集"发展模式，建有文化创意产业园区 87 个，集聚了 130 万文化创意产业从业人员，形成"一轴（延安路城市发展轴）、两河（黄浦江和苏州河文化创意产业集聚带）、多圈（区域文化创意产业集聚地）"的空间布局。

关键术语

文化产业　文化产业同心圆　表演艺术　视觉艺术　传媒业　文化数字化

问题与思考

1. 文化产业是怎样发展起来的？
2. 简述文化产业同心圆模型。
3. 试述我国文化产业发展现状。
4. 文化产业有哪些分类？

第十章　文化产业融合

学习目标

通过本章学习，应了解和掌握以下内容：

1. 文化产业融合的概念。
2. 文化产业融合的途径。
3. 文化产业数字化。
4. 文化产业集群化。

从游牧文明到农耕文明，再到工业文明，文化不仅是一个民族的图腾、国家的标识，更是一个民族和国家生生不息的核心支撑。20 世纪 90 年代以来，信息技术的突飞猛进使得数字通信网快速发展，个人电脑及互联网得到广泛应用，催生了出版与电影、音乐、广告、教育等产业的融合浪潮。哈佛大学 A·奥廷格说，"电子通信、信息处理、广播、出版、教育、图书馆等，与信息情报相关的所有与行业将进入融合发展时代。"①

第一节　文化产业融合概述

产业融合（industry convergence）是指不同产业或同一产业不同行业相互渗透、相互交叉，最终融合为一体，逐步形成新产业的动态发展过程。

一、文化产业融合的内涵

文化产业融合即指文化产业与其他产业之间的渗透、交叉和重组。产业间的关联性和对企业利润最大化的追求是文化产业融合发展的内在动力。

---

① 包鹏程．产业融合，出版业面临的挑战与机遇［J］．出版发行研究，2009（7）：8－11．

传统市场结构理论认为，有限的市场容量和各企业追求规模经济的动向结合在一起，会造成生产的集中和企业数目的减少。而在产业融合以后，市场结构会发生更深刻的变化。各产业间市场边界的消失及政府管制的放松会导致市场结构产生两种互逆效应：一方面，某一产业与其他产业的融合使该产业内企业数量迅速增加，并不断有新进入者参与到竞争中来，从而大大降低融合产业的市场集中度；另一方面，消费者需求的个性化与综合化趋势促使企业生产由大规模、标准化逐步向小批量、多品种过渡，规模经济在企业战略中的地位被范围经济所取代，在技术融合与业务融合的基础上，推动企业间的横向并购或混合并购，导致竞争性企业数量减少，从而提高产业的市场集中度。总之，产业融合使市场从垄断竞争向完全竞争转变，经济效率大幅度提高。

20世纪90年代以来，以数字技术、互联网技术、信息通信技术为主要特征的科技浪潮，对文化产业产生了深刻的影响：一方面体现在文化产业的发展越来越多地运用科技手段，促使传统文化产业如广播、报业、出版、音乐制作、图书、广告等不断向纵深发展，如互联网作为新的商业平台和文化娱乐平台，不断衍生出新的媒体，将文化产业推进到了前所未有的高度。

从我国文化产业发展的实践来看，文化与经济、政治日益交融，经济社会发展越来越需要文化的引领和支持。推动文化产业与旅游、体育、信息、物流、建筑等产业融合发展，增加相关产业文化的含量，延伸文化产业链，提高附加值。这既是加快文化产业发展的需要，也是经济社会发展对文化建设提出的迫切要求。

文化产业融合是文化产业更加自觉、主动地向各产业渗透，其核心是赋予其他产业文化属性，使其呈现文化形态，具有更大的经济价值和文化价值。

二、文化产业融合的作用

文化产业融合的作用体现在：

第一，强化精神动力，引领产业发展。文化通过塑造国民价值观，作用于经济社会发展。文化价值观往往影响人们的经济行为，吃苦耐劳、艰苦奋斗、勤俭节约等精神品质，被视为持久推动经济发展的精神动因。另外，根植人们心中的生活习惯、行为方式、伦理道德，以及社会层面形成的文化环境和道德观念，为经济活动实行合理制度安排、节省交易成本等提供了支撑，是经济发展的强大精神动力。

第二，增加文化含量，优化产业结构。文化具有别样的品质，世界上的知名品牌，约有半数来自技术研发，另外半数是靠文化内涵而形成的。文化的跨界融合，使文化符号价值、文化经营理念等向相关产业渗透，实现两个"有助于"，即有助于促进"美学增值"，商品的审美功能和精神价值得到增强；有助于促进"品牌塑造"，提升产业文化的内涵和边际效应。我国的不少老字号，如"王麻子"剪刀，就是因为注入了"王麻子"的手艺文化而名利双收。

第三，激发创新创意，增强产业活力。文化产业天然具有创新驱动的特点，影响着社会自主创新的氛围营造和能力提升。文化的价值不仅局限于满足人们的文化需求，如果传统产业发展过程中，渗透文化艺术元素，附加价值无疑会大大提高。就着眼未来而言，文化产业将是全球化的强势产业，几乎看得见看不见的所有角落、领域，都可能激发创意。

第四，激活消费潜能，拓展产业空间。文化消费需求具有很大的弹性，往往不受客观条件承载量的限制，发展文化产业前景可期。文化产业也具有诱导效应，商品生产和消费本质是一种文化现象，先是制造一种生活方式，然后销售这种生活方式。文化变迁与国民消费理念改变是一脉相承的，消费理念往往决定产业的发展空间。

第五，维护本国文化特色。服务于一国经济发展；传播本国文化价值观。在维护本民族文化利益、抵制外来文化"入侵"方面，欧洲最为成功。面对美国的文化霸权，法国等欧盟国家公开提出"文化例外"，反对全面开放国内市场，主张将文化贸易与非文化贸易区别开来，掀起了抵御美国文化入侵、捍卫民族文化的保卫战。为保护本民族文化，一些国家规定本土制作的节目必须在文化节目中达到一定的比例。如美国播放的音乐绝大部分是美国本土制作的音乐，加拿大规定本国音乐要年增长12%，法国、德国、意大利、西班牙和英国强力推行本地音乐，日本75%的音乐是本土的，拉美本土音乐占70%，中东和土耳其有60%左右为本国或阿拉伯国家的音乐，非洲本土音乐占65%。自2004年起，中国大量出口视频游戏，在互动媒体产品贸易方面占有领军地位。虽然中国经济增长开始放缓，但是文化出口贸易仍然势头强劲，并于2010年和2013年超过美国成为世界第一大文化产品出口国。

2014年被称为"媒体融合元年"，出版企业由内容提供商向内容服务提供商转型成为潮流。美国新闻学会媒介研究中心主任Andrew Nachison将"媒体融合"定义为"印刷的、音频的、视频的、互动性数字媒体组织之间的战略的、操作的、文化的联盟"，他强调的"媒体融合"更多是指各个媒介之间的合作和联盟。以文化为例，这一时期，国家新闻出版广电总局《关于推动新闻出版业数字化转型升级的指导意见》《关于推动传统媒体和新兴媒体融合发展的指导意见》等文件推动传统出版在数字化的大环境下转型升级、传统出版与新兴出版融合发展。立足传统出版，发挥内容优势，运用先进技术，走向网络空间，切实推动传统出版和新兴出版在内容、渠道、平台、经营、管理等方面深度融合，实现出版内容、技术应用、平台终端、人才队伍的共享融通，形成一体化的组织结构、传播体系和管理机制。2015 年出版业融合发展态势初显。在专业出版领域，在专业知识服务模式探索方面卓有成效，已形成了特色资源数据库、专业数字化工具书等多个产品形态。管理部门通过部署专业数字内容资源知识服务模式试点工作，以推进专业出版的转型升级、融合发展。教育出版单位和大众出版单位在转型升级、融合发展方面的成果也日益显著，发展模式和产品形态日趋丰富多元。

第二节　文化产业融合模式

一、文化产业内部融合

跨要素融合是文化产业的"对内融合"，就是以文化、科技、信息、创意、资本、市场、人才、品牌等为代表的产业要素，通过集聚创新形成的融合发展模式。以"文化＋科技""文化＋金融""文化＋创意"等为代表的融合模式，已经在产业层面得到广泛应用。"文化＋科技"主要是促使高新技术成果向文化领域转化应用，加强传统文化产业技术改造，培育新兴文化业态，强化文化对信息产业的内容支撑和创意提升。"文化＋金融"重在打造文化投融资平台，引导各类社会资本投资文化领域；利用互联网金融模式开辟新型融资渠道，创新文化消费金融产品，发挥金融创新对文化消费的刺激作用。"文化＋创意"更多的是以文化为资源，以创意为手段，以产业为目的，发展文化创意产业，同时实现与其他产业的深度融合。

（一）文化与科技融合

如果说 20 世纪上半叶传统文化产业发展（以美国好莱坞为代表）的高峰是以模拟技术为基础的话，那么 20 世纪 80 年代后兴起的新兴文化产业发展浪潮则是以数字技术为基础的。我国文化产业是在以数字技术为基础的"国民经济信息化"这个国家战略大背景下提出来的，是与国际文化产业发展的技术背景高度契合的。文化科技融合在"数字化"这一共性基础技术研究方面已经进入"素材化""大数据化"及"应用创新"的阶段，必须投入国家财政力量，绘制"文化基因图谱"，构建素材化和海量数据的公共服务平台，才能奠定国家下一代文化基础设施。

文化科技创新是国家科技创新的重要组成部分，是社会主义文化强国建设的关键支撑力量。随着新一轮科技革命和产业变革孕育兴起，信息网络、大数据、智能制造等高新技术广泛渗透到创作、生产、传播、消费的各个层面和环节，加速了文化生产方式变革，成为文化发展的重要引擎和不竭动力。目前我国文化建设的科技基础仍然薄弱，自主创新能力还不够强，文化科技体制机制与文化发展的要求不相适应，必须加快文化科技创新体系建设。为贯彻《国家创新驱动发展战略纲要》《国家"十三五"时期文化发展改革规划纲要》及《文化部"十三五"时期文化发展改革规划》，2018年，文化部制定了《"十三五"时期文化科技创新规划》。全面推进科技融入文化领域。信息网络、智能制造、虚拟现实、大数据、云计算、物联网、3D打印等高新技术的应用更加广泛，文化领域科技创新水平显著提高。全面提升文化企业的科技创新能力。文化企业作为市场主体和技术创新主体的地位得到加强，创意创新活动更加活跃，在自主知识产权和核心竞争力等方面有明显进步。全面支持文化创意融入实体经济。发挥文化科技引擎作用，促进文化创意与消费品工业、装备制造业、建筑业、信息业、旅游业、体育业和特色农业等行业融合发展，赋予实体经济更丰富的文化内涵，有效提升经济发展质量。

整合文化与科技领域的优势资源，为传统文化的数字化保护、研究与展示提供具有国际性和前瞻性的理论支撑和应用途径，推动传统文化的传承与发展。故宫博物院院长单霁翔致辞说："观众进入博物馆时就能感受到科技的存在，它存在于博物馆的每一个角落，包括文物建筑的修缮、文物藏品的修复、陈列展览的提升以及研究水平的提高，以至于观众在欣赏每一个展览的时候都离不开科技。今天我们看到的科技发展在博物馆里的每一项呈现，都是深入挖掘博物馆文化资源，提升出来，再与科技对接的。更重要的是和人们生活的对接，要细致地关注人们的生活，关注人们在生活中对于文化的渴望，和对于科技的掌握水平，不断地把博物馆的文化和科技的发展对接起来，这样就会有 1 + 1 > 2 的呈现效果。"

（二）文化与金融融合

金融是经济发展运行的"血液"，是现代经济的核心，推动文化产业与金融业强强联合、深度对接，对于激发文化产业活力、推动文化大发展具有十分重要的意义。在文化与金融融合发展的过程中，文化创意产业中小微企业占绝大多数，企业在成长初期组织形式比较松散，没有形成必要的市场规模和成熟的经营模式，尤其是文化产品市场需求变化快、企业生存风险高，增加了金融机构介入的难度。而金融机构大多要求企业以房地产、大宗原材料、存货固定资产或实物资产等进行抵押，可文化企业主要投入以智力支出为主，企业拥有的普遍是著作权、商标权、专利权等无形资产，在价值评估、权利归属、流动处置等方面具有很大的不确定性。另外，我国文化产业知识产权评估体系和市场交易体系尚未完善，知识产权、文化人才等文化要素无法在市场经济大潮中实现更大程度的配置与交流，特别是质押担保等文化要素市场的缺失，导致金融机构与文化企业间的沟通衔接困难重重，优秀的文化人才无法在更加宽广的领域中施展才华，优秀的精品力作无法进行广泛的推广，阻滞了文化发展的创造力和生命力。因此，推动文化与金融融合，应该打造文化投融资平台，通过投入政府引导资金，发挥财政资金的"杠杆"效应，为文化产业发展提供资金支持；打造文化项目孵化平台，汇聚文化信息流、金融信息流，在提供集约式空间服务的基础上，整合现有政府扶持、产业联盟、公共技术平台及专家顾问等公共资源，提供包括发展空间、投融资、公关、财务、法律服务在内的一系列专业服务；充分发挥中介机构的作用，研究建立科学合理的文化企业信用评价体系，鼓励文化企业增强公信力、提升服务质量、推广信用产品；打造文化要素配置平台，成立文化产权交易所，为文化企业提供资产股权转让服务。

资料链接：

"文化"与"资本"：深度融合难在哪

按照"原样封存、原地保护、原物展示"的方针，西安大唐西市投资3.2亿元，建设了我国首个具有遗址保护与展示功能的民办遗址类博物馆——大唐西市博物馆，占地3.5万平方米。但2010年在建"九宫格"的大唐西市文化产业集聚区时，遭遇了资金不足的难题。全国政协委员、西安大唐西市文化产业投资公司董事长吕建中介绍说，当时中国进出口银行8.8亿元的贷款作为第一笔"源头资金"撬动了45亿元的社会资金投入园区建设中，盘活了资源。经过几年建设，园区呈现出欣欣向荣的发展态势，实现了历史与时尚的完美融合，为西安增加了一道风景。

同样得到金融支持的还有深圳华强文化科技集团。自2006年起，华强集团依托自主知识产权，通过"文化产业园+主题公园"的模式，在全国进行文化科技产业园区布局，其芜湖园区包括动漫产品生产基地、数码电影拍摄制作基地、游戏软件生产基地、文化衍生品基地、生产研发基地等五个文化产业基地和一个展示乐园"芜湖方特梦幻王国"，总投资16亿元。国家开发银行以华强集团提供连带责任保证担保、项目土地使用权抵押及"方特梦幻王国主题公园"门票收费权质押三个"信用保险锁",为项目贷款 7.1 亿元,期限 12 年。

"可以说,金融是推动产业发展的血脉。金融要促进资金融通,哪个地方需要资金,国家政策支持、引导哪个产业,融资就要流向哪个产业。"文化部文化产业司副巡视员施俊玲指出,文化产业要实现跨越式发展、成长为国民经济支柱性产业,没有金融的支持是万万不能的。

资料来源:光明日报 [N]. 2014 - 3 - 20.

二、文化产业与其他产业融合

文化产业不同于劳动密集型或资本密集型产业,它主要是以文化、技术、创意等非物质的要素投入来促进产业的发展。以创意为核心,和不同行业、不同领域进行重组与合作,形成理念和产品的多次开发来获得利润,充分发挥其价值,而文化创意本身的价值则主要依靠打造产业链来实现。因此,创意价值的充分实现不是单一要素就能够完成的,需要不同产业进行合作、多种技能相互结合才能完成。文化产业的这种强融合性不仅表现在产业分类上,也是多学科、多知识、多文化背景和多地域的交叉。文化产业的融合趋势,决定了产业融合结果的丰富多样。跨行业融合是文化产业的"对外跨界",通过行业间的功能互补和链条延伸,文化内容和创意设计向三次产业渗透,行业之间相辅共生。

(一) 文化与旅游业融合

以文化内涵提升旅游项目、旅游产品、旅游节庆的吸引力,增加体验、休闲、养生、欣赏等旅游内容。第一,文化旅游不依赖于旅游资源。传统旅游搞旅游规划,把资源盘活。但文化旅游没有资源,如迪士尼,在上海一个最没有旅游资源的地方搞了迪士尼主题公园。文化本身就是旅游资源,不需要已有的旅游资源,不依赖于旅游资源。第二,文化旅游可以创造新的旅游资源,立项以后可以创意、编故事,也可以做成影视基地、主题公园。第三,文化旅游可以延长产业链。景区延长不了产业链,替景区设计文创产品也只是文创的简单产品,也没有产业链,产业链必须先讲完故事才能做产业链。第四,文化旅游可以挖掘传统文化资源。第五,文化旅游不受季节和天气的影响。第六,文化旅游是策划,传统旅游是规划,所以文化旅游要有创意。第七,传统旅游以观光为主,文化旅游以体验为主。只有文化旅游才能够老少皆宜,观光以大人为主,小孩、青少年以体验为主。

资料链接：

以产业共融为依托，让农民从不同产业链条分享更多利润

走进陕西省礼泉县袁家村，映入眼帘的是一幅幅近似于原生态的农家生活画面：古朴典雅的小巷，周边店铺林立，作坊鳞次栉比。从20世纪70年代以前"耕地无牛，点灯没油，干活选不出头"的"烂杆子村"到如今火遍国内乡村旅游界的"关中民俗第一村"，袁家村为我们上演了一个村庄华丽变身的奇迹，真正践行了十九大报告中提出的乡村振兴战略。集"中国十大美丽乡村""全国乡村旅游示范村""中国十佳小康村"等荣誉于一身的袁家村，2016年全村286人人均纯收入7.5万元，是全国农民人均可支配收入的近7倍；村集体经济积累从2007年的1700万元，增长到2016年的20亿元，增长了近12倍。这些年来，袁家村飞速发展的背后究竟有怎样的动因？又有什么密码？

近年来，袁家村在农村改革和发展的过程中不断解放思想，打破旧有思维桎梏，努力践行产业共融、产权共有、村民共治、发展共享，有效解决了农村集体经济发展的资源投入不足、活力下降、联系松散、监管困难等问题，蹚出了一条新时代中国特色社会主义农村新集体经济发展之路。

纵观历史发展规律，经济的发展壮大必须突破单一农业发展限制，农村集体经济亦是如此。只有将一二三产业融合发展，形成闭环产业链和品牌带动，农村集体经济可持续发展才有充分的产业依托，农民才能从农产品生产、加工、销售、物流等链条中收获更多的利润。近年来，袁家村从发展乡村旅游起步，经营规模逐步扩大，经济效益不断提升，品牌价值更加凸显，第三产业越做越大、越做越强，直接带动第二产业的发展；从手工作坊到加工工厂再到连锁加工企业，第二产业跟随第三产业走；第二产业的发展不断增加对优质农副产品原材料的需求。遍布各地的种植养殖基地和订单农业，使第一产业规模不断扩大。袁家村坚持一产为二产提供优质原料，二产为三产提供名特产品，三产为一产二产开拓广阔市场，使农产品生产、加工制造和销售联为一体，改变了三个产业相互脱节，农产品生产者、加工制作者和销售者苦乐不均的状况，实现了由三产带二产促一产，三产融合发展的良好格局。袁家村通过打造以关中民俗文化为核心的关中印象体验景区，从品牌、主题、创意、风格到业态、招商、运营、管理、制度等反复试验，不断探索，形成一个相容共生、互补兼顾、层次递进、环环相扣的村集体经济可持续发展闭环和成熟商业模式。

资料来源：袁家村的新集体经济发展之路. 农民日报 [N]. 2017 – 11 – 17.

（二）文化与农业融合

文化产业与农业融合，就是要做到树立创新、协调、绿色、开放、共享的发展理念，适应经济发展新常态，以市场需求为导向，以完善利益联结机制为核心，以制度、技术和商业模式创新为动力，以新型城镇化为依托，推进农业供给侧结构性改革，着力构建农业与文化产业交叉融合的现代产业体系，形成城乡一体化的农村发展新格局，促进农业增效、农民增收和农村繁荣，为国民经济持续健康发展和全面建成小康社会提供重要支撑。

将传统的农业和文化创意产业有机结合，借助文化创意思维逻辑，将文化、科技与农业要素相融合，这就是文化创意农业。文化创意农业可以以这几种形式展开：第一，文化创意农产品农场，指的是单纯以文化创意农产品的开发与种植的农场，它以文化创意农产品的种植为主要功能，通过批发文化创意农产品作为盈利手段。它的规模可大可小，主要目的是提高传统农产品的附加值，增加农民收入，为文化创意农产品消费者提供丰富的消费产品。第二，文化创意农艺工坊，是以文化创意农产品包装、农业工艺品、农业装饰品等设计、创作与生产为主，以销售此类商品为主要盈利途径的一种农业项目开发模式。第三，农品专营店，是主要结合城市或旅游服务区，为消费者提供文化创意农产品、农业工艺品、农业装饰品等销售服务，以此来获得盈利的一种农业项目开发模式。以上项目规模较小，项目主题较强，因而盈利模式相对单一。第四，主题农庄模式，是以一个特色鲜明的主题贯穿，以农业要素为主体和题材，辅以花园、果园、田园、菜园、树园、牧园等农业生态环境，主要以为游客提供农事活动体验、农业文化欣赏、居住、游乐、养生等功能服务为主要目的的一种休闲农业开发模式。于其中，可以增加文化创意农业景观，品尝、购买文化创意农产品、工艺品，体验文化创意农业节事活动等农业项目。第五，亲子农园模式，是以生态农业景观、农作物、畜禽动物、农事活动等为主要元素，供亲子家庭游乐、体验的一种农业乐园。可以将文化创意农业景观、农产品、工艺品、农业技术展示、文化创意农业节事活动体验融入其中，从而提升亲子农园的品位与价值。第六，休闲农牧场，其实是休闲农场与休闲牧场的统称，也有两种结合的情况。此类开发模式主要是以农场或牧场为经营主体，以农业种植、牧场养殖为主要目的，并辅以休闲、游乐体验服务功能的一种开发模式。同样，文化创意农业的融入，能为其增添更多乐趣与价值。

资料链接：

法国格拉斯小镇

　　现代香水发端于16世纪法国南部的小镇格拉斯，俗话说，"世界的浪漫在法国，法国的香氛在格拉斯小镇"。格拉斯小镇位于法国东南部，地中海和南阿尔卑斯山之间，是一座环境优美清幽、气候温和湿润、街道交错狭窄的中世纪小城。它地处山区，较为温暖，距离海边20公里路程，特殊的气候非常适合花卉种植，再加上地区人文和产业偏好，小镇重点产业逐渐偏向花卉种植业及香水工业。花卉种植业包括茉莉、月下香、玫瑰、水仙、风信子、紫罗兰、康乃馨及薰衣草等众多品种，其香精成为众多香水师趋之若鹜的理由。法国是世界第一香水出口大国，占全世界香水出口量的38%。而位居蔚蓝海岸的美丽小镇——格拉斯，则是法国香水的第一产地，这个不到4万人的地方，有超过30家的香水工厂。自18世纪末以来，格拉斯的香水制造业一直相当繁荣，风靡世界的品牌香奈儿5号香水就诞生于此，它也为法国赢得了"香水之国"的美誉。格拉斯小镇生产法国2/3的天然芳香，用于制造香水和食品调味料，每年香水业为小镇创造超过6亿欧元的财富。小镇因为香水也设有国际香水博物馆、弗拉戈纳尔美术馆、弗拉戈纳尔香水工厂、普罗旺斯艺术历史博物馆等著名景点，吸引全世界的爱香及旅游人士到来。格拉斯每年举行国际玫瑰博览会和"茉莉花节"，"茉莉花节"会举行盛大的活动，装饰华丽的花车穿过市镇，并设置焰火、免费派对、民间音乐团体和街头表演者等活动。格拉斯小镇已成为探访香水之路的旅行者们争相拜访的圣地之一。其实，法国小镇格拉斯最初成名于皮革业，后来因环境污染发展了养花，再后来格拉斯便借了花的精髓成了世界的香水之都，如今旅游业又成了小镇的主导产业。由此可见，格拉斯小镇历经了多次的产业转型，并最终走上了以绿色农业（鲜花）为基础、新型工业（香水）为主导、现代服务业（旅游）为支撑的经济发展模式。第一次转型从16世纪初开始一直持续到17世纪中叶，这次转型使格拉斯人抛弃了污染严重的手工皮手套生产，转而生产更环保、附加值也更高的香精和香水。这次转型有两个方面的成功之处，第一是实现了香味皮手套对异味皮手套的淘汰，实现了产业的升级换代，提高了人们的生活质量；第二是善于发现商机的手工匠们主动放弃了皮手套产业，转而进入附加值更高、具有更大社会需求的新兴产业——香精和香水产业，以获取更高的收益。小镇第二次转型历时近半个世纪，它成功融入了全球产业链。今天，小镇里一般使用蒸馏法来提炼精油，为了保证精油的质量，尽管成本很高但是作为原料的鲜花一直是手工采摘，特别是当地一种素馨花只能在凌晨 4 点到上午 10 点间采摘，这种近乎苛刻的传统被一代代沿袭了下来。由于格拉斯本地采摘的鲜花成本过高，使得香水制造厂商进而转向进口原材料，如高质量的玫瑰花从保加利亚、土耳其和摩洛哥等国进口；茉莉花来自埃及、意大利；依兰来自热带的科摩罗和印度尼西亚；苦橙和柠檬也主要来自意大利；珍贵原料霍广香则多从印度尼西亚进口。格拉斯小镇始终保持着活力，如今也仍在转型与发展中。

资料来源：国外特色小镇都是如何打造的 [J]. 党政论坛，2016（12）：29 – 31.

三、文化产业跨平台融合

跨平台融合是文化产业的"空间重塑"。随着行业信息化水平越来越高，文化产业发展不再限定偏狭的空间，而是展开多领域、跨平台的融合创新，"文化＋互联网"就是典型代表。互联网拥有平台聚众优势，使文化内容、创意表达更加丰富多样，从传播消费到运营投资更加方便、快捷，许多产业由此削弱了市场边界和壁垒，无论是在地域分布还是产品类别上都得到极大拓展。现在，只要"一机在手""人在线上"，就可以通过"创客""众筹""众包""电商"等方式，获取大量信息、对接众多投资、分解生产制造过程、实现线上线下营销，变创意为现实。

2015 年以来，以 BAT 为首的互联网公司大举进军文化产业，阿里影业、百度影业、腾讯文学相继成立；已经上市的影视、游戏等文化企业也凭借各自优势资源及创新技术多元布局文化产业链。互联网将进一步促进文化创意产业蓬勃发展，众多创新模式随之脱颖而出，整个文化产业变革一触即发。在互联网模式下，万物互联的本质得到进一步强化，打破传统 PC 端的网络结构，用户流量、资源平台、文化产品、入口渠道越来越多元，呈现出"去中心化"的趋势，这直接促使整个文化产业更加聚焦"用户行为"，以用户行为大数据指导资源配置、产业运作，毕竟用户是文化产业链条的消费及需求终端。对互联网用户而言，过去分裂的影视、戏剧、文学、动漫、游戏等领域，都具有同样的"娱乐"概念。正是在互联网用户娱乐消费的驱动下，文化产业单一运作模式被打破，跨界衍生成为常态，较活跃的游戏、电影、文学、动漫等细分领域率先融合，游族网络林奇成立游族影业；腾讯互娱成立影视与版权业务部，开展跨平台的业务合作。文化产业运作模式正在创新融合中竭力实现产业价值的最大化。

第三节　新媒体的发展

媒体（media）一词来源于拉丁语"Medius"，音译为媒介，意为两者之间。媒体是指传播信息的媒介，它是指人借助用来传递信息与获取信息的工具、渠道、载体、中介物或技术手段，也可以把媒体看作实现信息从信息源传递到受信者的一切技术手段。媒体具有监测社会环境、协调社会关系、传承文化、提供娱乐、教育市民大众、传递信息、引导群众价值观等功能。传统媒体即传统的大众传播方式，通过某种机械装置定期向社会公众发布信息或提供教育娱乐平台的媒体，主要包括报刊、户外、通信、广播、电视及自媒体以外的网络、户外媒体，如路牌、灯箱的广告位等传统意义上的媒体。随着信息技术的发展和互联网的普及，以个人为中心的新媒体（自媒体）从边缘走向主流。

一、新媒体的概念

随着科学技术的发展，逐渐衍生出新的媒体，如 IPTV、电子杂志、微博、微信等，他们在传统媒体的基础上发展起来，但与传统媒体又有着质的区别。新媒体是一个不断变化的概念，从媒体发生和发展的过程中，可以看到新媒体是伴随着媒体发生和发展在不断变化的。广播相对报纸是新媒体，电视相对广播是新媒体，网络相对电视是新媒体。现阶段对新媒体的定义也是众说纷纭，至今没有定论。美国《连线》杂志对新媒体下的定义："所有人对所有人的传播。"联合国教科文组织对新媒体下的定义："以数字技术为基础，以网络为载体进行信息传播的媒介。"综合各种观点，可以认为，新媒体是相对于传统媒体而言的，是报刊、广播、电视等传统媒体以后发展起来的新的媒体形态，是利用数字技术、网络技术、移动技术，通过互联网、无线通信网、卫星等渠道，以及电脑、手机、数字电视机等终端，向用户提供信息和娱乐服务的传播形态和媒体形态。严格来说，新媒体应该称为数字化媒体。总之，对于新媒体的理解，依然存在着内涵与外延的混乱不清，边界与范畴的模糊不明，这既反映出新媒体发展之快、变化之多，也说明了关于新媒体的研究目前尚不成熟、不系统。

新媒体主要有以下特征：海量信息承载特征；碎片化信息传播特征；虚拟化信息传播环境特征。从最早的 BBS 论坛到博客贴吧群体的风潮，再到现在的微信、微博、视频网站等一系列新媒体的兴起，我们不难看出，当前社会背景下新媒体的发展是依赖于互联网产业发展的，由于互联网产业的发展特别是移动服务业的发展对如今的新媒体影响尤为重要。

资料链接：

新媒体发展与网红经济

网红，是网络红人的简称。网红经济是以时尚达人为形象代表，以网红的品位和眼光为主导，进行宣传和视觉推广，在新媒体上聚集人气，依托庞大的粉丝群体进行定向营销，从而将粉丝转化为购买力。新媒体的普及、移动互联网技术的发展各类直播平台快速崛起使得个人品牌更快更深得传播，网络视频社交媒介为网红经济的发展提供了依托平台，也因此孕育了更多网红。同时大众传媒时代已经进入到分众传媒时代，社会中的群体被各类社群垂直的切割，个人颜值和智力的价值在垂直人群中渗透更深，被分众社群得到认可，也吸引了过剩资金的关注，网红经济因此得以产生。微博-这种互联网和手机应用最好交集的新媒体，以数字化和互动性为根本特征，微博内容主题突出、聚焦性好，是很多用户直接表达情感和意见的新媒介。同时，微博也是很多网络红人资本化运作的第一平台，她们将微博作为个人的自媒体，吸引粉丝，积聚人气。利用新媒体，能够通过多种方式迅速变现，使"网红经济"蓬勃发展。

现在的网络红人主要分为两类：一是颜值型网络红人，二是智力资产型网络红人。颜值型的网红主要通过公司幕后运作，使一个个网红诞生。他们运作的网红，主要打造年轻、颜值高、身材好、有品位的女性，并借助微博、淘宝、直播等平台推广产品，在这些新媒体平台上，网红发布照片，凭借高颜值吸引受众、积累人气和关注。她们经营的商业模式主要以服装、化妆品为主。以服装为例，一般1个月推广1到2次，每次提前1个月预热，由模特穿衣搭配；然后博主讲解、推广，通过点赞和评论选款、主推。一般一次大的网红推广活动可达1000万元左右销售额，所以这块市场蛋糕目前还很大，也吸引了更多颜值高的女生涌入网红大军的洪流。但是，单靠颜值资产卖服装化妆品的网红太多，竞争激烈，人们容易审美疲劳。仅靠一张"网红脸"想在激烈的电商大战中获得生存空间是不现实的，用户关注的热情往往持续时间短，所以如何寻找到可持续性的关注度以及变现模式仍然是需要探索的道路。

智力资产是除了颜值外的另一种网红经济形势，可以在颜值的基础上形成更强大的动力，使得两者促成更深一步的资本化。其中，最值得一提的就是

papi 酱，她颠覆了传统意义上网红的走红套路，打响了网红经济的升级战。2015 年 10 月，她开始利用变音器发布原创短视频内容，papi 酱在各大新媒体平台的人气都一路高涨，她以一个大龄女青年形象出现在公众面前，凭借张扬的个性、毒舌吐槽时弊调侃，内容的创意性以及拍摄剪辑技巧使她的短视频迅速引爆微博平台。从 21.7 万元起拍，到 2200 万元落槌，papi 酱广告处女秀的拍卖只用了 6 分钟就有了结果。papi 酱被誉为 2016 第一网红，4 个月吸粉 1000 万，融资 1200 万元，估值 3 个亿。她的出现，可谓是运用新媒体技术以充分展示其个人智力资产的成功案例。作为一个网红，papi 酱的颜值显然不算引人注目，但其之所以能够有这样强大的将自身优势资本化的实力，就在于其除了颜值外，以简单的语言和犀利的洞察力将自己的智力优势开发放大出来。papi 酱快速走红靠的是充分利用自有资源的整合式创新，以此可以看出智力在网红经济中起到的一种资本化的强化作用，这也在无形当中推动了新媒体形势下商业模式的另一种创新。

资料来源：余露莹．新媒体形态下商业模式的创新——以"网红经济"的兴起为例 [J]．新媒体研究，2016，2（15）：81－82.

二、新媒体的前景

新的媒介形式，如移动通信、影视广播、互联网等在建构我们日常生活体验的同时，也极大地影响了当代城市经济、生活及文艺等各个方面的基础。这种社会大变革孕育着兴奋与希冀，有着焦虑与困惑，饱含着热情与渴望。

在这一背景下，世界各地的艺术家们在新媒体领域进行了广泛的探索和尝试，他们运用全新的表现形式和艺术策略不断挖掘新媒体的特质与潜能，倾力投入并不断反省，评判并质疑新技术下的信息设计，对新媒体浸染下的当代社会形态提出异议、激荡出多重诠释，并对"创造性"及时代体验予以重估。

数字化经济将成为未来全球经济的主要模式之一，其中文化产业已经成为拉动全球互联网经济的引擎。2013 年，文化产业为全球数字化销售贡献了 2000 亿美元，数字化设备销售额也凭借文化产品的带动提升至 5300 亿美元，文化产业俨然成为数字化经济的最高收入来源。究其原因，文化产品依赖物质形态的贸易方式正在弱化、"去物质化"的电子贸易方式是重要因素之一。在此背景下，借助文化产业的引擎作用带动数字化经济的发展也应当成为中国未来经济转型的首要手段，中国在支持战略性新兴产业发展的同时，应当推动虚拟现实与互动影视等新兴前沿领域的创新和产业化，促成未来经济发展的新增长点，通过"以文化为引领的价值链的无限延伸和以创意为驱动的产业链的无限增值"，实现国民经济的转型升级。

关键术语

文化产业融合　新媒体

问题与思考

1. 文化产业融合是什么？
2. 文化产业融合有哪些途径？
3. 如何理解新媒体？

第四篇
文化经济学宏观分析

第十一章　文化与区域经济发展

通过本章学习，应了解和掌握以下内容：

1. 文化对区域经济的影响。
2. 创意产业发展。
3. 新经济变革。

　　谈到文化与区域经济发展之间的关系，首先需要明确的是，文化是通过对这一区域中的人们在精神和心智上产生影响，进而影响他们的行为，从而导致其经济的改变。对于文化这样一个大的概念来说，它包含了很多的内容，如传统的行为、宗教信仰、神话传说等各种规范与不规范的制度，但这些内容的存在，都有其自身独特的功能。文化究竟如何推动一个区域经济的发展？创意经济又是指什么？新经济变革是怎么发生的？本章主要讨论这些问题。

第一节　文化对区域经济发展的作用

一、文化影响个体经济意识与行为

　　人作为区域发展的主体，总是受到地域文化观念潜移默化的影响。地域文化观念通过判断前提和价值预设作用，影响区域发展主体对新事物的态度、对新技术的采用等，从而影响区域经济的发展。总体来看，地域文化观念首先是通过塑造个体经济意识来影响区域经济发展，包括对个体的工商意识、市场意识、开放意识、机遇意识的影响和制约。每个地区的地域文化都具有冒险意识、工商意识、创业意识和创新意识等因子，各种文化因子通过对区域经济发展主体，即个人的意识塑造，会影响个体发展经济的能动意识和抢抓机遇的能力，并直接影响到区域企业的发展和整体创业文化的形成。地域文化观念中对待外来文化的态度是决定区域个体开放意识和发展意识的重要因素。如果对待外来文化所持的更多的是一种"开放"的态度，那么反映了该地域文化的生命力特征，可以说，一种文化能吸收并融合外来文化是其能较快发展的重要条件。在经济全球化背景下，这种地域文化观念尤为重要。需通过文化的融合与创新，提高文化现代性，缩短"文化距离"，降低交易成本，通过非贸易相互依存促进贸易相互依存，促进对外开放和经济发展。

文化观念对个体经济行为的影响。地域文化观念通过影响个体经济行为进而影响区域经济的发展。个人作为经济发展的主体总是生活在一定的地域文化环境中，其中每个成员的价值观念、思维方式、精神风貌等都会受到地域文化环境的影响和作用。同时，个体成员之间也会呈现出一定的模仿效应、示范效应及共同的地域文化价值观的约束效应，使同一地域文化环境中的个体行为在诱力、驱力和压力的影响下具有一定的相似性。其中，示范效应主要体现在部分个体在地域文化影响下在经济行为上的成功所形成的示范效应，而其他个体又会继续模仿他们的这种经济行为，从而产生模范效应，经过一段时期的示范效应和模范效应，个体经济行为就演变成了群体经济行为。同时，群体中的个体之间还存在一定的攀比效应，攀比效应的产生又会对所有个体形成压力，使个体不断提出新的目标并为之努力，从而形成共同价值观下的共同的行为方式。具有生产者、消费者和投资创业者等角色的个体的经济行为方式及其相互之间的一些效应将影响地区经济发展。

二、文化影响技术创新与技术进步

地域文化可以通过影响技术进步实现的途径，来促进或阻碍技术进步的步伐，进而影响到区域经济的发展。一般来讲，技术进步的实现途径有两种，一种是本地的自主技术创新，另一种是对外来技术的引进。

一个地区的自主技术创新受制于该地区社会群体的自主创新意识和能力，如果地域文化群体有较强的冒险精神和创新意识，个人、企业、政府等技术创新的主体也会具有创新的能动性。如果地域文化中充斥着强烈的个人主义倾向，会导致人们之间的关系比较松散，每个人更多关注的是个人的得失，并希望能保持自己的独立性，个人的创新能力将会得到较大程度的开发，创新的思想也会较为活跃，这有助于技术创新和技术进步的实现。

地域文化不仅影响本地技术的自主创新，同时还对技术引进产生一定的影响。一方面，地域文化通过其物质文化内容影响外来技术引进。物质文化是地域文化的物化形式，往往体现在生产工具、产品等方面，一个地区的物质文化内容会对外来技术的引进产生一定的抵触。地域文化群体对外来技术的承认和接受与本地物质文化发展水平紧密相关，如果本地物质文化发展水平同引进的技术文化水平相差过大，则会导致引进的技术难以被消化吸收，因而无法成功实现技术的引进。相反，如果本地物质文化发展水平同引进的技术文化水平相差不大，彼此相适应，那么引进的技术能够得以被快速吸收并产生一定的效应，实现技术创新和技术进步对区域经济增长的贡献。另一方面，地域文化主体的心理文化也会对技术的引进和吸收产生一定的影响。心理文化植根于每个地域文化主体的内心深处，是各个主体共有的一种精神特征，属于深层次的文化结构和文化内容，其态度情感、价值观念及思维方式等都会直接影响到人们对引进技术的态度。这三种社会文化心理的共同作用决定了人们对外来技术的接受和吸纳程度。只有当这三者都对外来技术持肯定性态度时，才能够实现技术引进预期目标的最大化。因此，任何引进的具有异质性心理文化特征的技术都必须经过与当地地域文化的融合才能进入当地的社会结构体系，才能参与社会的日常运行并转化为生产力。

三、文化影响区域发展的制度环境

从新制度经济学理论来看，影响区域经济发展的正式制度可以被归纳为三个主要方面：一是明晰的产权制度，可以为市场经济的扩展和区域经济的增长提供充分的激励；二是内在于市场机制中的法律框架，主要是为市场正常有序运行提供保障；三是民主宪政的政治体制，可以为市场经济的运作和政府的宏观调控提供相应的政治架构。

地域文化对区域发展规则的影响主要是通过意识形态和习惯实现的。地域文化一方面可以通过意识形态来影响区域经济活动中的交往规则。意识形态作为一种人的世界观或信念，其对制度的作用主要倾向于从道德上判定人们的社会交往活动和交往规则。包括对现行制度结构是否合乎情理进行确认，如果社会群体或团体成员中大多数人对系统的公正规则不具有认同感，那么该社会或团体就不可能长久地存在下去。因此，统治者们都倾向于通过意识形态的教育来对个人意识形态进行控制，以维护自己的统治。另外，意识形态还可以弱化人们在制度变迁和执行过程中的各种机会主义行为，如"搭便车"行为、逆向选择、道德风险、偷懒行为等，由此可以促进制度变迁，并增加制度变迁所产生的绩效。

另一方面，地域文化可以通过人们的"习惯"规范去约束人们的经济活动行为，甚至在有些时候，习惯可以代替正式规则起到协调的作用，从而降低交易成本，促进区域经济的有效运行和发展。习惯之所以能够在某些时候取代正式规则，主要是因为习惯比规则更易于操作，而且其交易成本要小得多。地域文化上一旦形成具有实效的伦理道德秩序，意味着社会经济在从旧的较低的秩序向新的更高的秩序结构演进过程中，人的经济活动和经济行为会受到规范有序的道德习惯、意识形态等的约束，人们在经济活动中能够尊重法律、遵守市场交易规则，促进形成良好的市场秩序，从而保障区域经济的良好、有序、健康运行。相反，道德无序的地域文化将导致人们不受法律和习惯的约束，市场处于无序的发展状态，这也将意味着交易费用趋于无穷大，市场效率低下，区域经济的持续增长能力衰落。因此，只有生长在一定的地域文化氛围中并建立在一定道德伦理基础之上的制度规则，才会具有现实的约束力，才会成为区域经济持续稳定增长的动力和保障。

四、文化影响劳动供给与人力资本

人口是区域经济发展的要素之一，而具有劳动技能和劳动手段的就业人口与人力资本更是促进区域经济增长的重要因子。地域文化对区域经济发展的影响作用一方面通过影响区域人口数量与劳动力供给产生作用；另一方面，又通过教育、文化观念等对人力资本产生影响，进而从劳动力要素的角度对区域经济发展产生作用。

一个区域有效的劳动投入可以分解为人口数量、劳动参与率即该地区人口中参与劳动的人口比例、劳动时间、劳动效率包括客观的劳动能力和主观的参与劳动的努力程度，而这些因素都会受到区域内地域文化的影响。

地域文化对人口数量的影响非常明显，主要是来自长期形成的地域文化观念的影响。地域文化观念中的生育观念是影响一个地区人口数量的主要因素。受"养儿防老""多子多福""传宗接代"等地域文化传统思想的影响，导致部分地区形成强烈的生育欲望，从而形成了生育率长期居高不下的状态。许多发展中国家也存在类似的偏好生育的文化观念，导致了高生育率和人口膨胀的出现。而在一些西方发达国家，盛行的则是个人主义和淡泊的家庭观念等地域文化观念，这导致很多人缺乏生育愿望，从而出现人口增长缓慢，乃至人口负增长的状态。在区域经济发展过程中，人口要素占据重要地位，但只有与其他要素的数量和增长相匹配才有利于经济的增长；而一旦人口数量超过这个限度，就会反过来抑制区域经济增长。

地域文化对劳动时间和劳动效率的影响主要体现在地域文化对工作的态度，以及对劳动的评价等方面。刘易斯曾经从社会文化角度解释了不同地区成员在利用经济机会的程度上存在的差异，主要有三个方面的原因：一是人们对物质产品和为取得这些产品所需付出的努力的关系的评价有不同的看法；二是对现有的机会有不同的看法；三是对制度在鼓励努力的程度上有不同的看法。"那些渴望促进经济增长的社会改革者主要关心的是使制度进行适当的改变，不过在作出努力的意愿方面确实存在心理上的差别。"由此可见，如果没有使社会变得更勤劳的文化工作态度的改变，而仅依靠改革制度来增强工作激励有时是不足以促进经济增长的。

地域文化对人力资本的影响有两个方面：一种是通过教育影响人力资本；另一种是通过精神层面的价值观念来影响人力资本。前者主要是通过正规教育来形成具有某种专业知识和专业技能的人力资本，进而促进技术进步和技术创新来影响区域经济的发展。地域文化中崇尚教育的文化观念会促进教育的发展和人力资本的形成。中国的传统儒家文化对教育极为重视，自古便有"万般皆下品，唯有读书高"的文化观念。但是封建社会的科举制度将人力资本全部投向了非生产性领域，因而并不能通过教育带动当时封建时代的经济增长。然而，近代以来，随着中国及东亚社会逐渐将教育内容转向现代科学技术，人力资本由非生产性领域转移到生产性领域之后，崇尚教育的风气导致的高人力资本积累，对经济增长起到了很大的促进作用。这引发了很多经济学家用儒家文化思想来解释战后东亚各国经济的相继发展，将崇尚教育、重视知识看作成功文化的特征，同时也是区域经济发展的重要因素。另一种方式主要是通过精神层面的价值观念来影响人力资本。具体而言，就是通过地域文化观念、思维方式、信仰和习惯等要素来影响人力资本和区域经济的发展。通过教育途径对人力资本的影响主要是为经济增长提供正确和创新的手段、方法与途径，也就是从生产力上解决"怎么做"的问题，而通过从思想、观念等角度对人力资本的影响则主要是"做什么"，以及从经济组织上"如何做"的问题。可以说，地域文化通过文化观念、思维方式等作用下的人力资本比教育途径的人力资本更为重要，且处于基础性的地位，因为只有先解决"做什么"的问题，然后才能涉及解决"怎么做"的问题。

第二节　创意经济的崛起

创意自古有之，只是长期以来产业化程度不高，未能形成一种经济形态。二战之后，关于创意经济和创意产业的讨论开始初见端倪。美国学者佛罗里达将经济社会发展划分为农业经济时代、工业经济时代、服务经济时代和创意经济时代四个阶段，并指出自20世纪80年代以来，尽管服务经济仍然占据主导地位，但创意经济发展态势良好，呈现赶超服务经济的趋势。1994年，澳大利亚政府发布了首个国家文化发展战略，首次出现了"创意国度"（creative nation）的概念，积极推动创意产业发展。1997 年，英国成立了创意产业特别工作小组，并于1998 年出台的《英国创意产业路径文件》中明确提出了"创意产业"（creative industries）的概念。此后，创意经济作为国家发展战略和全新的经济形态在全球范围内兴起。

一、创意经济的缘起

创意经济的产生和发展并非偶然，而是具有深刻的历史背景和深层原因，可以归结为以下几个方面。

（一）技术进步是创意经济产生的关键因素

从现代经济发展趋势来看，任何一种产业或经济形态的形成、发展和壮大都与技术的发展密切相关，创意产业和创意经济也不例外。创意产业脱胎于文化产业，早期的创意产业被称为文化创意产业，这就表明了创意产业与文化产业之间的渊源关系。从技术进步与文化产业发展的历史来看，每一次文化产业的升级都与技术进步存在密切关系。第一次科技革命以前，造纸术和印刷术的发明使文化内容可以批量复制，突破了人类文化交流的时空限制；18 世纪 60 年代，以蒸汽机的发明和应用为标志的第一次科技革命兴起，使得造纸术和印刷术不断改进，极大地提高了生产力，催生了专业分工明确、技术先进、规模宏大的现代化出版企业，促进了近代报刊业、图书出版业的快速发展；19 世纪 70 年代开始，在第二次科技革命的推动下，产生了电影、电视、广播、音像等全新的电子媒介及电子传媒产业，文化传播的内容从语言符号、文字符号拓展到声音和影像符号，并逐渐形成集中的文化产业形态，极大地丰富了人们的精神文化需求；20 世纪 40 年代开始、70 年代初期达到高潮的第三次科技革命使人类经济社会发展进入了"创新驱动阶段"，出现了所谓的知识经济，技术创新、知识创新成为经济社会发展的主要驱动力，技术进步日益成为经济社会发展的决定因素，以技术群形态出现的高新技术让文化产业成为融合多种技术群因子的产业形态，为文化产业的信息化提供了发展与壮大的技术基础，也为新兴文化产品和新兴文化产业类型的出现创造了条件，由此催生了"创意产业""创意经济"的概念。因此，在技术进步的推动下，文化生产、知识创意与技术创新高度融合的创意产业越来越成为知识经济时代的标志性产业形态，创意经济则成为知识经济的核心内容和主要动力。

（二）产业结构调整是创意经济产生的直接原因

第二次世界大战以后，特别是 20 世纪 60 年代，世界主要经济中心城市基本完成产业结构的优化升级，由"二三一"向"三二一"的产业结构转变。虽然制造业逐渐退出世界经济中心城市，但掌控包括制造业在内的各种产业的跨国公司总部进驻经济中心城市，由此形成的总部经济，对促进城市发展起到了关键作用。然而，由于中心城区的商务成本居高不下，在信息技术日益普及、交通运输日益便捷的条件下，20 世纪 70 年代开始，跨国公司总部逐渐向成本较低的城郊转移，这就导致了城市产业空心化，引发了城市衰退。为了解决城市衰退的问题，势必要进行产业结构调整。由于产业结构演变的不可逆性，在已经建立以第三产业为主的产业结构的发达国家中心城市，实现产业结构调整的重点必须是推动第三产业内部结构的优化升级。创意产业以创新应用为核心、以创意资源为关键要素、以现代科技为支撑、体现高文化附加值和高技术含量特征，渗透于从第一产业到第三产业的各个生产环节，使全球经济的竞争方式和资源概念发生深刻转变，从而成为第三产业内部结构优化升级和推进城市复兴的全新动力，这就是创意产业和创意经济兴起的直接历史原因。英国也正是在经历 60 年代产业结构调整以后的短暂复苏、之后又陷入服务业疲软和城市衰退的背景下，率先正式提出发展创意产业。随着经济全球化进程的不断推进，发达国家和地区的跨国企业越来越重视利用创意产业在国际市场分工中占据高端地位，并通过创意产业的扩散和渗透效应，控制产业链上不同环节的利润分配。发展中国家为了获取在国际市场上的竞争优势，也开始强调创意产业在经济领域中的重要地位和作用。因此，创意产业得以在全球范围内广泛兴起，创意经济发展理念得到普遍认同。

（三）需求升级是创意经济产生的重要条件

消费需求是推动商品生产和价值形成的动力。人类的消费需求按其内容和水平可分为三类：生存性消费、发展性消费、享乐性消费。其中，发展性消费和享乐性消费属于较高档次的消费，也是精神文化消费的主要内容。随着社会的进步和经济的发展，恩格尔系数总体上呈不断下降趋势，人们在购买文化产品和服务方面的支出不断增加，精神需求变得越来越重要，影视、音乐、动漫、图书、戏剧等艺术及艺术品的消费有了广泛的市场基础，并且对文化消费品的内容、质量等方面的创新要求越来越高，越来越追求个人心理上的满足，崇尚个性化、时尚化消费，在重视商品使用价值的基础上，更加注重商品的文化含量，如设计、包装、品牌及商品的品位、观念等其他创新要素。而创意经济时代的创意产业可以为人们提供满足这种精神需要的创意产品。创意经济形态中创意产业的发展、创意产品和服务的多样化满足了不同消费群体的文化需求；同时，创意产品的领先设计、包装及其他超越时代的文化因素又挖掘和提升了消费者的文化需求内容。创意产品和服务创造了消费者需要的精神价值、观念价值，满足了人们无形消费的需求，契合了消费结构的优化升级，为创意生产市场化奠定了坚实基础。因此，人类消费需求的升级是创意经济产生和发展的重要条件。

二、创意经济的内涵

创意经济是一种新型的经济形态，创意产业作为一种新兴的产业形态是创意经济的主要表现形式。因此，相对创意产业而言，创意经济是一个更偏向于宏观层面的概念。一般意义上可以将经济理解为商品和服务进行生产、分配、交换、消费的系统。在知识经济时代，创意经济是以人的创造力即创意为核心要素，以知识产权保护为核心内容，以现代科技为主要手段，将文化、知识和创意等无形资源物化，形成高文化附加值和高技术含量的创意产品和服务，实现在市场经济条件下的生产、分配、交换和消费，并通过有效的资源整合力和产业渗透扩张能力，达到推动财富创造、提高生活质量、提升经济综合竞争力目的的经济形态。

创意经济的独特内涵在于：首先，从发展层面来看，创意经济是继主要依靠物质资源消耗的粗放型增长之后的新型发展阶段，是可持续发展理念的延伸和深化；其次，从经济层面来看，创意经济是知识经济的核心内容和高级形态，是继农业经济、工业经济、商品经济之后的新型经济类型或经济发展模式；再次，从内容层面来看，创意经济是比创意产业具有更高范畴、更广含义的交叉性概念，创意产业是创意活动构成的独立的产业部门，是后工业社会的"黄金产业"，而创意经济不仅是一个单纯的产业问题或产业概念，更多体现的是对具有高文化附加值、高科技含量和丰富创新度的各类产业和各种经济行为的高度概括，涵盖了新经济的总体，传统的工业经济、服务经济甚至是农业经济通过注入文化或创意的含量提升其附加值，可以实现向创意经济的转化，城市规划建设、环境建设、精神文明建设等也与创意经济建立了直接的联系，因此，创意经济具有覆盖经济、社会和文化等多方面的关联效应。

季昆森教授把对创意经济的理解概括为四句话："发掘深厚文化底蕴，运用先进科技手段，融入新奇怪特创意，创造巨大财富价值。"创意是核心，文化是启发创意的重要依据，科技是实现创意的重要手段，而文化、科技、创意的有机结合，必将迅速形成社会生产力，创造巨大的财富价值。

三、创意经济的基本特征

创造性思维即创意或创新是创意经济的核心要素和根本动力。创意经济是"以人为本"的经济形态，人的创造力或者说创造性思维是其核心要素。熊彼特在 20 世纪初就指出，现代经济发展的动力不是资本和劳动，而是创新。罗默也曾指出，创意会衍生出大量的新产品、新市场，成为推动一国经济成长的原动力。

知识产权是创意经济的核心资产。知识产权是知识和创意等无形资源有形化和商品化的表现载体，是创意作品到创意产品、创意产品到创意商品的转换器，可以说，知识产权的占有和交易是创意经济的实质内容。创意一旦获得知识产权并能够进行交易，就意味着创意本身实现了向创意经济的转换。霍金斯将创意经济和知识产权的关系概括为：知识产权是创意经济的"货币"，知识产权保护就是创意经济的"中央银行"。由此可见，知识产权在创意经济中的核心地位。因此，知识产权的保护是推动创意企业加快创新、促进创意经济更好发展的重要保障。

创意产业是创意经济的表现形式。创意产业是创意经济的核心部分，因而也就成为创意经济的主要表现形式。创意经济作为一种经济形态，其对应的主导产业必然是创意产业。创意产业的发展壮大最终会促进创意经济的繁荣。经济全球化背景下产业结构调整的需要是催生创意产业的直接原因，而创意的产业化过程和产业的创意化过程则又反过来推动产业结构的优化升级，进而巩固创意产业的发展基础，创意经济也应运而生。

技术进步是创意经济的重要支撑。在创意经济的生产过程中，科学技术从经济发展的实践中被提炼出来并且得以运用，从而成为创意经济发展必不可少的支撑和推动力量。伴随创意产品需求的不断增加和升级，新兴的先进技术就会逐渐从物质产品生产领域转移到创意产品生产领域。例如，在创意生产阶段，一方面，高新技术能够实现以尽可能丰富、尽可能满足不同消费者需求的媒体形态来承载创意产品及服务的信息，如出现以网页、光盘、视频、软件包、物理设备等多种形态为载体的创意产品和服务；另一方面，高新技术也会改变创意产品和服务的生产过程以及基本方式，从而提高创意产业的生产效率。此外，技术进步所带来的新兴业态、新兴产品和服务对创意经济的结构调整和产业升级也具有重要的作用。

第三节　新经济变革

经济增长方式的战略性转型推动了新经济的产生，新经济的产生又必然带来人们价值观的深刻变化，由此推动整个文化的改革发展，这就是新文化变革。新经济和新文化变革主要体现在"文化的经济化"和"经济的文化化"两个方面。

一、文化的经济化

文化经济化是指文化逐渐具有经济特征甚至成为一种独立的经济形式，文化经济化表现为：

（一）动机转变和受众转变

在早期，文化生产的动机只是娱乐和艺术等精神追求，现代以后其动机转变为牟利，为赚钱而生产。在很长一段时间内，文化只是少数人创作、少数人欣赏并享受的一种存在，对文化的消费呈现出特权化消费的特点。随着社会生产力的不断发展、国民教育的普及，以及社会经济发展程度的提高，文化的特权化意识被彻底打破，人们拥有了更多的文化消费的权力和机会，有能力去实现各种文化消费。根据恩格尔定理，消费者的总收入越高，用于食品消费的支出比例就越小，用于其他消费包括文化消费的支出就越多。伴随着传媒技术的发展，原创性文化面向大众成为可能，从而在消费和供给之间架起了产业联系的桥梁，文化的发展开始纳入了经济轨道，文化资源成为经济资源，不断地创造着新消费点，引导着消费，以此来开拓新的消费市场。

动机转变带来了受众转变。在奴隶社会和封建社会时期，文化作为一种高层次精神产品，是供社会上层人物消遣的奢侈品。广大的从事物质生产活动的劳动者既没有能力也没有时间享受文化成果。这一时期的文化极少参与经济活动。现代以后其面向对象扩展到社会绝大多数阶层。

（二）规模转变

早在 17 世纪，西方经济学家威廉·配第就已经发现随着经济的不断发展，产业中心将逐渐由有形财物的生产转向无形的服务性生产。1691 年威廉·配第根据英国的实际情况明确指出，工业往往比农业产生的利润要多，而商业往往比工业的利润多。因此，劳动力必然由农业转为工业，而后再由工业转为商业。在早期，文化的经济产出很小，几乎可以忽略不计，现代以后其规模迅猛扩张，甚至成为重要的国民经济部门。随着人类进入"网络经济"时代，以计算机、软件、网络、通信等高新技术产业为代表的知识型、信息型产业在国民经济中占有越来越重要的地位，并有力地推动着传统产业模式的根本性改造，文化产业发展的规模越来越大。

二、经济的文化化

经济的文化化是指现代经济发展过程中，无论是在设计环节，还是生产与销售环节，知识、科技、信息乃至审美等因素越来越具有举足轻重的作用，或者说，文化因素作为一种联结纽带构成因素等直接或间接地影响着经济发展效率和效益，成为当代经济发展的关键性资本，即"文化资本"。具体来说，经济的文化化主要包括以下几个方面的内容。

（一）经济增长的科技知识含量、科技贡献率越来越大

科学技术及其创新精神是现代文化的核心和主要推动力，日益成为经济发展的决定性因素和战略资源，真正成为第一生产力。目前，发达国家科技进步对经济增长的贡献率已超过60%，有些产业领域如信息技术、生物工程等已超过80%。经济实力的增强不再取决于自然资源物质资本等有形资产，而是取决于技术创新、知识产权等无形资产，越来越多的企业正在成为知识型企业，人类社会开始进入一个依靠人力资本和技术创新，建立在知识和信息的生产、分配和使用基础上的知识经济新时代。

（二）经济发展中的决定性因素越来越取决于人力资本

当代经济的文化化、知识化的趋势归根到底决定于作为经济和文化主体的人的整体素质的提高和创新能力的增强，人力资本取代传统的物质资本、金融资本而成为经济发展的决定因素，智力优势取代传统的自然资源优势而成为经济增长的源泉。在工业发达国家，科技、高文化大量进入产业，使当代产业结构发生根本性变化。据世界银行的研究，劳动力受教育程度的平均时间增加一年，国内生产总值就可以增加9%。特别是具有开拓精神和创新能高科技人才更是知识经济发展中最稀缺的战略资源，也成为国内外市场竞争的焦点所在。

（三）企业经营管理中的文化纽带发挥着越来越重要的作用

在当今社会，企业的经营管理，不仅需要法律制度的调节和规范，更需要精

神纽带、道德纽带、情感纽带等无形的文化调节。企业管理从科学管理发展到人本管理、文化管理，使企业价值观和企业精神深入到企业经营和员工行为中去，把人自身的发展在企业经营管理中的地位和作用突出出来，成为增强企业的活力、塑造企业形象不可或缺的要素。企业文化是企业的形象，企业形象影响着企业的市场份额，是企业的重要市场竞争力。人类经济发展开始进入"伦理经营""文化经营"和"文化管理""文化制胜"新阶段，企业之间的竞争日益转化为企业文化竞争，企业的文化创造力越强、产品的文化含量越高、品牌的形象设计越好，企业的竞争力就越强，企业发展也就越快。

（四）消费者消费的文化倾向增强

从消费的意义来看，人们对物质的消费毕竟有一定的限度，而对精神文化的消费则是无限的。随着技术进步和人们生活水平的提高，在基本的物质层次满足的基础上，人们更多地关注文化上的精神上的、心理上的需要。一个产品只有在满足人们实用价值的同时，最大程度地满足人们文化的、审美的、心理的等多种需要的时候，才能真正赢得市场的青睐。我们环顾四周，就会发现几乎一切都打上了文化的烙印：烹饪技艺被称作"饮食文化"；喝茶被称作"茶文化"；喝酒要讲究"酒文化"。文化成为当今社会最流行的词语，文化含量的高低已成为评判经济活动价值的重要标准和尺度。

三、文化经济

随着文化经济化与经济文化化这两个趋势同时相向发生，文化与经济的界限越来越模糊，彼此间出现渗透融合，且渗透融合的范围与深度不断扩展，既无必要也难以再作准确区分。据此，我们将同时具有文化与经济两个属性的事物及发展形态称为文化经济，它既有准确的范畴和指向，同时又是一个相对开放的体系，将随着未来人类社会向更高阶段发展而动态扩展。

文化经济代表了国家的软实力。软实力是一种影响力和吸引力，由于这种影响力和吸引力在一个国家的全球国际事务中往往能产生和实现通过军事威胁和武装征服达不到的目的，从而成为一种相比较于国防军事力量的"硬实力"而言的一种力量形态。正因为软实力在现代国际事务中具有"硬实力"所起不到的作用，因而成为现代国际社会国家竞争的新模式。文化是构成一个国软实力的重要组成部分，通过大力发展文化产业，输出文化产品，并借助于文化产品输出而传播文化意识形态，通过影响他国的文化消费偏好，进而影响人们的生活方式价值观，从而实现"不战而胜"的目的，已经成为国际文化战略竞争的主要手段。在全球化背景下，一个国家在全球共同事务中的影响在一定程度上是和其向世界输出文化产品成正比例关系的：输出越大，则影响越大，软实力越强；输出越小，则影响越小，软实力相对较弱。与此同时，构成了另一个正相关关系：输出越大，则表明文化产品的生产能力越强，其所占有的世界文化市场份额越大，获得的利润也就越大。因此，文化经济的发达程度和成熟性程度就成为衡量一个国家国际竞争力的重要指标。

1998 年，英国布莱尔政府在全球率先发布《创意产业报告》，从而世界开始进入创意经济时代，一场全球性的新经济变革也开始了。资源消耗型和环境污染型是人类社会进入工业文明发展阶段后最主要的社会发展方式。然而，物质资源的稀缺性，以及一大部分物质资源的不可再生性，如石油、煤等，决定了以资源消耗为代价的经济增长方式和发展方式的不可持续性。与此同时，能源消耗造成的巨大环境污染，不仅使自然生态环境遭到极大破坏，而且由此而来的各种疾病的发生直接威胁到人类社会的健康发展。增长极限的警告，提出了人类社会可持续发展的共同目标。国际社会开始向文化寻求解决问题的道路。1998 年英国政府率先提出"创意产业"的国家发展战略，把大力发展文化艺术、提高文化艺术在经济发展中的比重，用以克服和解决工业文明遗留下来的后工业文明问题，文化经济、创意产业、文化产业纷纷进入国际社会寻求人类社会可持续发展的战略准备，文化引导社会，文化制约经济，实现从资源消耗型和环境污染型向资源积累型和环境友好型的战略转变，经济增长和发展方式由此进入文化经济时代。

新经济变革必然带来新文化变革。由于新经济变革包含着深刻的新文化变革的因素，"经济增长不过是手段而已，各种文化价值则是抑制和加速增长的动机的基础并且决定着增长作为一种目标的合理性。"①

关键术语

　　区域经济发展　　创意经济　　经济文化化　　文化经济化　　新经济变革

问题与思考

　　1. 文化对区域经济发展有哪些推动作用？

　　2. 文化如何经济化？

　　3. 经济如何文化化？

---

① ［法］佛朗索瓦·佩鲁. 新发展观［M］. 北京：华夏出版社，1987.

第十二章 文 化 政 策

学习目标

通过本章学习，应了解和掌握以下内容：

1. 文化政策的基本概念。
2. 文化政策的功能。
3. 文化政策的分类。
4. 文化政策系统。

纵观世界文化产业发展，可以看到每个国家都以立法形式或以相关管理部门的政策形式对文化产业的发展进行规制，这些法律和政策就构成了文化产业发展外部环境的一个重要方面。本章主要探讨文化政策的含义及功能、文化政策系统及文化政策的分类。

第一节 文化政策概述

政策科学又称政策分析、公共政策学和政策研究，是"二战"以后在西方的思想库和大学兴起的一个全新的跨学科、应用性的研究领域。它的出现被视为当代西方社会科学领域的一次"科学革命"。1951 年，美国学者拉斯韦尔与勒纳合作出版了《政策科学：范围与方法的新近进展》一书，主张将公共政策从政治学中分离出来，并对公共政策进行系统分析，因而被认为是政策科学的开山之作。拉斯韦尔认为，政策是政府动用大量资源，通过相关规定、措施实施其明确目标的活动过程。

一、文化政策的含义

政策是公共权力机关经由政治过程所选择和制定的为解决公共问题、达成公共目标以实现公共利益的方案，其作用是规范和指导有关机构、团体或个人的行动，其表达形式包括法律法规、行政规定或命令、国家领导人口头或书面的指示、政府规划等。文化政策是公共政策的重要组成部分，因而也称公共文化政策。戴维·索罗斯比在《文化政策经济学》一书中提出，文化政策可以理解为政府、法人及其他机构和个人对文化实践和价值的促进和限定。这些政策也许是明确的，其目的由文化来直接描述，也可以是隐含的，其目的隐藏于其他术语中。1967年，联合国教科文组织在墨西哥城召开了一次国际会议讨论文化政策，关注点是艺术创作——艺术家如何对社会文明作出贡献，如何让更多的人从艺术品消费中受益，如何提高教育和媒体的艺术内涵。

可以说，文化政策是一国对于文化艺术、新闻出版、广播影视、文物博物等领域进行行政管理所采取的一整套制度性规定、规范、原则和要求的总称，是有别于科技政策、教育政策等其他领域政策的一种政策形态。当文化政策只与创造性艺术相关时，其界定非常简单：艺术和文学创作、音乐创作、舞台表演等。文化政策的目的在于促进艺术部、文化部和艺术资助机构提升艺术产品或服务的价值。但当文化产业不仅限于创造性商品和服务，以及生产它们的行业时，文化政策的范围也随之扩大，文化政策所涉及的政府部门和机构也随之增加。

对于文化政策来说，出发点是价值。当文化政策向经济方向倾斜时，文化的经济价值被引出。价值提升是指通过某种刻意的行为或外部事件使某物被赋予价值的过程，如某一文化遗址的价值因被列入世界文化遗产目录而得到提升。

为正确把握文化产业政策的内涵，可以从以下几个方面来把握。

第一，政策主体。任何文化政策都有特定的主体，即国家权威机构、政党及其他政治集团、团体。政策体现了政策主体的意志，它与个人、企业等所做出的决定不同，具有法定的权威性。

第二，目标取向。一定的文化政策总是要实现一定的目标，具有明确的方向性。同时，政策又在特定的历史时期内起作用，具有时效性，政策不是无意识或偶然性的行为，目标指向明确。

第三，活动过程。文化政策是主体服务于特定目标而采取的一系列活动，是与战略、措施、办法、规定密切相关的一系列政治行为。

第四，行为规范。文化政策是一种行为准则或行为规范，政策总有具体的作用对象或客体，它规定对象应做什么和不应做什么；规定哪些行为受鼓励，哪些行为被禁止。政策规定常带有强制性，它必须为政策对象所遵守。行为规范和准则使政策具有可操作性，从而实现特定的社会目标。

二、文化政策的特点及目标

政策的制定、执行及其执行的结果都是为了解决一定的社会问题，调整社会利益关系。政策的本质体现在三个方面：集中反映和体现统治阶级的意志和愿望，是执政党、国家和政府进行政治控制或阶级统治的工具或手段；政策作为执政党、国家或政府的公共管理的工具或手段，服务于社会经济的发展和文化的进步；政策作为分配或调整各种利益关系的工具或手段，是各种利益关系的调节器。

第一，文化政策是阶级意志、利益的集中体现和表达。政策的本质首先表现为它是一定社会阶级意志和利益的集中体现。在阶级社会中，不同性质的国家政权和代表不同阶级、阶层利益的政党及其他政治组织，面对的是各种各样、错综复杂又千变万化的社会问题。为了解决这些社会问题，他们就必须制定自己的政策；而任何政策的制定和执行都是以维护本阶级的政治、经济利益为宗旨的。政策在一定程度上表示着阶级力量的变化。由于政策是阶级利益的集中体现，所以任何阶级、国家在制定自己的政策时，首先考虑的是如何维护自己的经济利益，如何巩固自己的政治地位，如何削弱敌对阶级的力量、剥夺敌对阶级的经济权益。政策体现了阶级的意志、利益，不同历史阶段的不同统治阶级，其政策的本质有明显区别，但都是为了巩固其统治、进行政治管理的基本工具。

第二，文化政策服务于社会经济的发展。政策服务于社会经济的发展，政策的这种本质是由国家职能的两重性所决定的。国家作为阶级统治的工具，除了维护其统治的政治职能外，还有维护其统治的社会经济职能。作为直接体现其意志与利益的政策及法律当然也带有这样的特性。国家负有管理社会事务方面的职能，作为阶级统治的工具，国家总是力图把阶级矛盾控制在秩序的范围内，努力造成相对稳定的政治局面。这样，国家往往根据统治阶级的需要，组织社会经济活动，发展科技文化事业，管理某些社会事务，从而使国家履行管理社会事务方面的职能。这种职能必然通过国家政策体现出来，使政策在执行过程中，通过对各种社会资源的利用，对各种社会潜能的挖掘，在总体上实现政策目标的同时，推动社会经济文化的发展。

第三，文化政策是各种利益关系的调节器。政策的核心就是要解决社会利益分配的问题，所有政策最终都表现为对社会利益关系的处理。在对社会利益分配的理解上，应该既全面又重点突出。首先，政策的本质表现为它是一定社会阶级意志和利益的集中体现，政策所要调控的各种社会利益关系实际上是阶级关系的表现形式。其次，政策对社会利益关系的分配又是一种反映全体社会成员利益

（从根本上说是服务于统治阶级的整体和长远的利益，服务于政府整体目标的需要）的全社会利益的综合性分配。最后，"公共政策对利益的分配，是一个动态的过程。这种过程大致经历四个环节：利益选择、利益综合、利益分配与利益落实。"

文化政策的基本目标与公共政策的基本目标是一致的，即公平、效率、自由和安全。文化政策的首要目标是确保艺术与遗产的存在，并使之能够接触到观众，以及提升或保持其品质。具体来说，文化政策的目标体现在以下几方面：第一，总体目标上，将文化政策作为实现国家或地区社会整体发展目标的组成部分；第二，国家利益上，维护国家文化安全和国家文化利益；第三，公民人权上，尊重、保护和促进公民的各项文化权利；第四，文化遗产上，保护和开发文化遗产和民间艺术；第五，艺术创新上，以国家直接干预或鼓励社会资金投入的方式，保障和促进艺术创新；第六，文化产业上，从推进国家和地区的综合实力、发挥创造财富的潜力、挖掘社会就业的资源等角度，保护和扶持本国的文化产业。

三、文化政策的功能

所谓政策功能，简单来说就是政策所能发挥的功效和作用，它通过政策作用表现出来，它总是在与某种社会目标的联系中得到判定，文化政策的功能包括导向功能、管制功能、分配功能和协调功能。

（一）导向功能

政策引导人们的行为或事物发展朝着政策制定者所期望的方向发展。文化政策的引导是行为的引导，也是观念的引导。从作用结果看，文化政策的引导功能有正向引导功能，也有负向引导功能。正导向是政策对事物发展方向的正确引导，体现了人们对事物发展规律所表现出的正确认识。不合理的公共政策，违背与损害大多数人的利益，具有负向引导功能；而对于一些基本合理的公共政策，如果具有不可克服的负效应，也会产生负向引导功能。

文化政策对公众行为和社会发展具有调节、调适功能。社会的运行不是一个自发、无序的过程，而是有规律、有秩序的。政策的作用就是有意识地去调节人与人、人与社会、人与事物、事物与事物之间的关系，以保证公众利益的均衡合理，保证社会发展的健康有序。

文化政策的导向功能主要表现在：一是确立目标，规范方向；二是教育指导，统一观念（价值、规范、行为）。文化产业是内容产业，具有一定的意识形态属性，因此，其发展不能单纯以市场为导向而追求利润的最大化，还必须肩负起传播先进文化、树立正确的价值观念和行为规范、抵御不良文化的侵害等社会责任，从而确保社会效益与经济效益相统一。另外，文化产业要实现又好又快的发展，不断满足人民群众健康有益的文化需求，防止外来文化的入侵，确保国家文化安全，这些都需要政策来引导和规范。

（二）管制功能

政策对社会中人们的行为或事物的发展起到制约或促进的作用。通常采取两种做法来设定政策的管制功能：条文规定使政策对象不能、不愿、不超出规范擅自行为，这是政策的积极性管制功能；条文规定使政策对象在发生违反规范的行为时，受到相应的惩罚，这是政策的消极性管制功能（有所不为）。

文化产业在发展的初期和市场体系不完善的情况下，难以完全依靠市场有效地配置资源；同时，在信息不对称、权力不对等的情况下，所进行的"优胜劣汰"也往往缺乏公正性与合理性。因此，需要由政府制定政策，来进行必要的修正、引导和调节，尤其是对新兴业态和中小企业给予必要的扶持，为其营造有利发展、公平竞争的环境。

（三）分配功能

从公共政策的界定中可以看出，公共政策具有价值或利益的分配功能。这种功能需要回答三个方面的问题：将那些满足社会需求的价值或利益向谁分配？如何分配？什么是好的乃至最佳的分配？

公共政策总是保护多数人的利益，下列三种利益群体和个体易从中获益：与政府主观偏好一致或基本一致者；最能代表生产力发展方向者；普遍获益的社会多数者。如由于市场在配置资源的过程中具有一定的自发性和盲目性，一些文化企业在追逐利益时往往会不守规则、不择手段，从而导致恶性竞争和无序发展。因此，政府就要通过制定相应的政策法规，来规范企业的行为和市场的秩序，防止出现为追逐短期的利益而放弃社会责任的假冒伪劣和侵权盗版等不法行为。

文化产业是内容产业，投入的主要是版权和知识产权，因此，有效保护知识产权对于文化产业而言具有更为重要的特殊意义。文化政策能够促进文化资源的有效保护与合理开发。对本国的历史文化资源加以有效保护，保证其不会在开放利用中受到损坏、歪曲和流失，是推动文化产业发展的重要前提和保障。这项工作单纯依靠企业运作和市场调节是难以实现的，必须依靠政府的政策来提出明确的要求和严格的规范，才能使文化资源得到有效的保护与合理的开发，同时也才能使公共文化资源不被垄断、实现共享。

（四）协调功能

公共政策的协调功能既可以在社会常态运行下表现出来，也可以在社会的非常态运行下表现出来。在社会常态运行下，由于社会经济、政治、文化发展的不平衡和不均衡，政策的作用就是对这些一定范围内的利益矛盾、冲突加以缓解、调和、协调，使之趋于和谐；在社会非常态运行时，即社会处于激烈变迁、调适和规范人们之间的行为和行为关系状态，以保证新的体制、制度和模式的建立。

资料链接：

国务院确定推动文化文物单位文化创意产品开发的措施

文化文物单位主要包括各级各类博物馆、美术馆、图书馆、文化馆、群众艺术馆、纪念馆、非物质文化遗产保护中心和其他文博单位等掌握各种形式文化资源的单位。

2016 年 4 月 27 日，国务院总理李克强主持召开国务院常务会议，确定推动文化文物单位文化创意产品开发的措施，提升社会文明水平和国家软实力。会议认为，深度发掘文化文物单位馆藏资源，推动文化创意产品开发，对弘扬优秀文化、传承中华文明、推进经济社会协调发展，具有重要意义。

5 月 16 日，国务院办公厅公布转发的文化部等部门《关于推动文化文物单位文化创意产品开发的若干意见》（以下简称《意见》），引起社会广泛关注。5 月 19 日，文化部在北京故宫召开新闻发布会对《意见》进行解读。《意见》既对如何开展文化创意产品开发作出具体部署，又在体制机制、支持政策等方面作出创新和突破，是一个务实、管用的指导性文件。

《意见》明确要求，推动各类博物馆、美术馆、图书馆等文化文物单位发掘馆藏文化资源，开发文化创意产品。推动文化文物单位文化创意产品开发，是要让博物馆、美术馆、图书馆等公益性文化文物单位的馆藏优秀文化资源活起来，通过各类文博创意产品增强文化文物单位的服务能力。为此，一要选择一批不同类型的国有博物馆、美术馆、图书馆开展试点示范，允许在确保公益目标、保护好国家文物、做强主业的前提下，依托馆藏资源，采取合作、授权、独立开发等方式开发文化创意产品。二要大力培养创意研发、营销推广等人才，完善引导扶持机制，畅通国有和民营、事业单位和企业之间的人才流动渠道。三要推动优秀文化资源与创意设计、旅游等跨界融合，与新型城镇化紧密结合，更多融入公共空间，丰富城乡文化内涵，加强品牌建设、知识产权保护和交易，推进文化资源数字化进程。四要强化政策支持，将文化创意产品开发纳入文化产业投融资服务体系支持范围。国有文化文物单位要积极探索合理的收益分配机制，吸引社会力量参与文化创意产品的研发、生产和经营。

资料来源：周玮等. 让博物馆图书馆美术馆的文化资源活起来——专家解读推动文化文物单位文化创意产品开发的措施 [C]. 中国博物馆通讯. 2016.

第二节　文化政策系统

从系统论的观点出发，我们可以把公共政策看作政策主体、政策客体与环境相互作用的产物。政策系统的运行实质上就是政策主体、政策客体与环境相互作用的过程。

一、文化政策主体

文化政策主体是指以一定的社会文化为对象，根据一定时期的国家文化利益，决策和制定文化政策以实现国家文化目标的人，以及由这类人群体组成的组织形态和机构形态系统。文化政策的主体主要包括四个方面。

第一，执政党。党对国家事务实行政治领导的主要方式，就是使党的主张通过法律程序变成国家意志，通过党组织的活动和党员的模范带头作用，带动广大人民群众，实现党的路线、方针和政策。从这个意义上说，党的文化政策也就是国家的文化政策。

第二，国家立法机关。在我国，人民代表大会是政策制定及立法的主要机关。全国人大及其常委会的主要职能是制定法律，其中包括制定或审查通过国家文化管理事务中许多重大和重要的文化法律。我国目前仅有《中华人民共和国文物保护法》《中华人民共和国著作权法》《中华人民共和国非物质文化遗产法》三部与文化领域直接相关的法律。其中，《中华人民共和国文物保护法》于1982年11月19日颁布，《中华人民共和国著作权法》于1991年6月1日颁布，《中华人民共和国非物质文化遗产法》于2011年2月25日颁布。

第三，国家行政机关。国家行政机关是执行立法机关制定的法律和决议、对社会公共事务和国家事务进行管理的国家机关。在我国最高的行政机关是国务院，与文化政策相关的国务院下设各部委、直属机构，其中就包括文化部、新闻出版广电总局、国家知识产权局、国家旅游局、国家文物局、教育部等。

第四，文化政策研究人员。文化政策研究人员是指以国家文化管理和文化发展战略设计为工作对象，专门从事文化政策研究和决策咨询，为党和政府制定文化政策提供理论模式和备选方案的人员。他们一般供职于党政机关的职能部门，如政策研究室、发展中心等，以及大中专院校或研究所。

二、文化政策客体

文化政策是文化的政治表现形式，体现了国家在文化领域的资源配置。文化政策的制定通过明确地赞成什么、反对什么、保护什么、抑制什么来倡导、推行一种文化行为和价值观念。文化政策客体是文化政策作用的对象，即文化政策实施的目标群体，包括文化政策问题和文化政策目标团体。

文化政策问题是指由文化问题的矛盾而引发、产生，并需要国家决策系统通过国家文化干预，即制定文化政策才能解决和处理的文化问题。问题一方面来自文化利益、文化价值和文化规范冲突的集中体现；另一方面，文化政策也可能由社会转型变革过程中的文化发展需求，文化结构内部的功能障碍、关系失调和文化整合错位、失范等催生。

文化政策所发生作用的对象是文化领域的社会成员，这些受文化政策规范、制约的社会成员称为文化政策目标团体。文化政策作用的机构包括文化工作者、营利性商业机构、非营利性机构、公共文化机构、教育和培训机构、跨国组织、消费者和消费者组织等。文化政策所要调整或规范的是文化领域内人们的行为以及人与人之间的关系，尤其是利益关系。文化政策鼓励人们去从事某些文化活动，而禁止人们去从事另一些文化活动，引导人们朝向政府所期望的文化发展目标。

三、政策环境

政策环境，是指影响政策制定、执行及其效果的一切因素的总和。在政策环境中，以经济社会状况、体制、文化和国际环境四个方面最为重要。

第一，经济社会状况。经济社会状况或发展水平是一个国家的基本国情。一切政策的提出，首要的和根本的要求就是要从本国和本地的实际情况尤其是经济社会状况出发。首先，经济社会状况是一国或地区政策制定的基本出发点。其次，经济实力是政策制定和实施的基本物质条件。最后，植根于经济社会关系中的或受其制约的诸多矛盾的存在与解决，是经济社会政策的启动之源。

第二，体制或制度。所谓体制，是指一个国家的政权机关、经济主体、社会组织的机构设置、权责划分、隶属关系等方面的制度及由此形成的系统结构。对于公共政策来说，政治体制和经济体制的制约作用最为突出。政治体制是以政治权力的运作为核心的政治制度和政治设置的总和。它决定和影响着政策运行的特点、政策的质量和执行的效果。经济体制首先是经济制度，同时包括由经济制度决定的资源配置的基本方式、经济管理制度与方法、组织结构与形式等。经济体制规定了经济政策的基本倾向和特点，是制定经济政策的基本依据。

第三，文化环境。文化在这里是指人类精神现象、精神生产及其成果。文化环境对人类活动的制约影响作用是长期的、潜移默化的。在文化环境诸因素中，政治文化对公共政策起着直接的影响作用。美国的克鲁克斯等主编的《公共政策词典》中对政治文化下了定义：政治文化是一个民族在政治制度方面，社会遗传下来的传统和行为特征的总和，包括人民对政治过程所持的态度、信念和价值观，以及由这些观点所产生的行为和制度。政治文化包括政治意识、政治价值观和政治理想等。政治意识是人们对社会生活在政治观念上的反映。它有两个层次：政治心理和政治理论。政治价值观是政治文化的核心。政治价值观对政策的具体影响主要表现在以下三个方面：一是影响政策目标的确定和方案的制定；二是影响对政策方案的评价；三是影响政策方案的选择。政治理想是政治主体对政治体系、政治活动和政治发展所寄予的希望和对未来的设计。政治理想是政策的定向因素和精神支柱，规定了政策动机、政策目标、政策原则。

第四，国际环境。当代全球化、市场化和信息化浪潮的出现，使得国际环境因素在一国或地区的政策制定与执行中的地位和作用日益加强。

第三节　文化政策过程

一般认为，公共政策过程主要包括政策制定、政策执行、政策评估、政策终结、政策监督五个方面。因此，可以将文化政策的运作过程分为五个阶段：第一，政策的生成阶段。也就是通过公众议程或组织议程，使文化政策在调研、咨询的过程中形成。第二，政策的合法化阶段。文化管理组织在法律的认可下，通过采取听证会等形式，商讨拟订文化政策的目标和具体方案，最终在备选方案中作出选择，并根据法律规定，以合法的方式公示文化政策方案，标志着文化政策正式确立。第三，政策的执行阶段。也就是文化政策的实践阶段。第四，政策的评估阶段。也就是对文化政策的执行效果的评估。第五，政策的调整和终结阶段。

一、文化政策的制定

文化政策制定是指从文化政策问题的界定到文化政策议程的建立再到文化政策文本的确定以及合法化的过程。美国学者 J. 利文斯顿认为："问题的挖掘和确认比问题的解决更为重要，对一个决策者来说，用一个完整而优雅的方案去解决一个错误的问题对其机构产生的不良影响比用较不完整的方案去解决一个正确的问题大得多。"

（一）文化政策问题的界定

文化政策问题的界定是文化政策主体根据一定社会历史阶段对于文化发展的需要，以一定的价值尺度为标准，为实现一定的文化发展目标，对文化政策问题进行分析、评估和判定的过程。

分析、界定问题是文化政策制定的起点。问题界定即问题诊断阶段。通过诊断，了解其症状，查明其病因。诊断的内容包括对文化政策问题的症结分析（社会现状与社会期望之间的差距），以及文化政策问题的原因分析。

我国文化政策问题的发现主要有以下几种情况：某些带有倾向性的文化问题因引起党和国家领导人的特别关注而被发现；文化政策研究人员在研究过程中对于文化政策问题的发现；某些重大的国内、国际文化事件，成为社会公众关注的焦点，从而引起政府决策部门的重视，成为必须解决的文化政策问题；国家文化行政部门在执行公务、管理文化事务过程中发现的文化政策问题；其他党派、社会团体根据观察提出的、应当解决的文化政策问题。

（二）文化政策目标的确立

文化政策目标就是政策制定者希望通过政策实施所达到的效果。为保证目标的正确性，确立目标时必须注意以下几个问题：（1）目标的针对性；（2）目标的可行性；（3）目标的系统性；（4）目标的具体性。文化政策的目标可以分为以下两大类：一是经济目标；二是文化和艺术目标。

文化政策的经济目标主要包括效率、公平、增长、就业、价格稳定、外部平衡几个方面。这里对效率和公平二者之间的关系作一个解释。公平是一个伦理学的概念，但有一定经济学的含义；而效率是一个经济学的概念，但它同一定的伦理判断结合在一起。效率的提高并不一定意味着公平的增进，公平的增进也不一定利于效率的提高。

（三）文化政策议程的建立

政策议程是指将政策问题提上政府议事日程、纳入决策领域的过程。文化政策问题只有纳入政府的政策议程，才能通过制定和执行政策等一系列程序使问题得以解决和处理。

能够进入政府政策议程的文化政策应当具备四个方面的条件：文化政策问题的变化和文化政策的不足；社会资源的分配重组；新文化的发展需要政策指南；国际文化关系的变化需要新的文化政策。

（四）文化政策方案的确定

文化政策方案的确定，是文化政策问题获得确认并进入政策议程后，由政府中枢决策系统为解决该问题而形成政策的行为。方案设计中有两方面的内容：一是针对文化政策问题，依据政策目标，设计实现目标的各种可能性方案的过程；二是轮廓勾画。文化政策方案确定的三个阶段：确立文化政策目标；方案设计和方案抉择。

（五）文化政策的合法化

文化政策的合法化指文化政策决策主体为使政策方案获得合法地位而依照法定权限和程序所实施的一系列审查、通过、批准、签署和颁布政策的行为过程。文化政策合法化的途径在我国通常有四种情况：由中共中央或中央全会决定或决议的文化政策；由全国人大及其常务委员会以决定或决议的形式所制定的政策；由国务院及其相关文化行政部门和地方人民政府及其文化行政部门，在宪法和有关行政组织机关法规定的职权范围内制定的文化政策；党和国家重要领导人所发表的关于文化问题的重要意见或所作的重要报告。

资料链接：

2016 年，文化部、财政部联合下发《关于开展引导城乡居民扩大文化消费试点工作的通知》（以下简称《通知》），决定在 2015 年"拉动城乡居民文化消费试点项目"取得成效的基础上，在全国范围内开展引导城乡居民扩大文化消费试点工作。《通知》介绍，本次试点时间为 2 年，文化部对纳入试点工作的城市确定为"国家文化消费试点城市"。同时，中央财政将通过中央补助地方公共文化服务体系建设专项资金，按照有关规定对扩大文化消费试点工作统筹予以资金支持。

文化部测算称，我国文化消费潜在规模为 4.7 万亿元，而实际消费仅约 1 万亿元左右，缺口逾 3 万亿元。数据显示，发达国家教育文化娱乐消费一般占居民总消费的 20% ～30%，而我国 2014 年这一数据仅为 10.6%，差距较大。进一步提高文化消费支出比重，扩大文化消费规模，建立扩大文化消费的长效机制，是文化产业发展面临的一项重要任务。

此次扩大文化消费试点工作是在去年基础上的进一步扩充。去年 6 月，文化部、财政部首次共同实施拉动城乡居民文化消费试点项目，采取有针对性的促进文化消费政策措施进行试点。其中，东部地区试点以 O2O 大数据平台拉动居民文化消费；中部地区激励居民文化消费进行试点；西部地区试点居民文化消费（税费）补贴政策。近一年，这些城市的试点工作收到了较好的效果，为试点工作在全国范围内铺开奠定了基础。

资料来源：文化部、财政部. 扩大文化消费试点工作扩展至全国 ［N］. 中国文化报，2016－5－4.

二、文化政策的执行

文化政策的执行就是通过建立相应的组织机构，运用各种政策资源，采取解释、宣传、实验、实施、协调与监控等各种行动，在实践中将文化政策由观念形态转变为现实形态的过程。

文化政策的执行包括三个阶段：准备阶段，包括思想和舆论准备、组织准备、实施计划准备等；实施阶段，运用法律手段、经济手段和行政手段等进行实施；调整改进阶段，文化政策调整的内容主要有政策目标调整、政策原则调整、政策方向调整、执行方案调整、具体措施和手段调整等。

三、文化政策的终止

文化政策的终止是政策决策者通过对政策进行慎重的评估而采取必要的措施，以终止那些过时的、不必要的和无效的文化政策的行为过程。文化政策的终止作用明显：能够完善文化政策运行机制，降低政策成本；节省政策资源，提高政策效益；防范政策风险，规范政策管理；推动文化发展和文化政策的科学化、民主化。

导致政策终结的原因大致有三种：一是政策使命的结束。一项政策实施一段时间以后，政策决策者发现政策目标已经实现，政策问题已经获得解决，政策已经没有存在下去的必要。二是失误政策的废止。通过评估，政策决策者发现所执行的政策为无效的或失效的政策，无法解决所面临的政策问题，因而必须终止原政策。三是稳定的长效政策转化为法律。政策经过一段时间的执行，证明在将来相当长的一段时期内都是有效的，决策者通过国家立法将政策转化为法律。

作为一项政策过程的一个环节，政策终结往往导致现状的急剧变迁，某项与政策有关的组织和个人的利益会因此而受影响，特别是那些政策受益者、政策决策者和原政策执行人员的利益。因此，在实施政策终结前，必须先分析政策终结所涉及的各方面的关系，界定终结的内容。

一般来说，政策终结的内容包括以下四类：

（1）功能的终结，即终止由执行所带来的某些服务。在政策终结的所有内容中，以功能的终结最难。因为一方面，功能的履行，是政府满足人民需要的结果，若予取消，势必会引起各方面的反对；另一方面，某项功能往往不是由某项政策单独承担的，而是由许多不同政策和机构共同承担的，要予以终止往往要做大量的组织和协调工作。

（2）机构的终结。有些机构是专门为某项政策而设立的，随着政策的终止，机构也随之撤销。有些机构，往往同时承担着多项政策和功能，某项政策的终止不足以导致机构的撤销。通常的做法是采用缩小规模、减少经费等办法对机构进行缩减。伴随着政策终结而进行的机构缩减或撤销，就是机构终结。机构终结的难度也是比较大的。

（3）政策本身的终结。与前两种终结相比，政策本身的终结所遇到的阻力较小。这是因为，就具体政策而言，其目标比较单纯，如教育政策、社会福利政策等，容易进行评估并决定取舍。另外，政策更改的成本比功能转变、组织调整要少得多，因而容易得到实际部门的认可。再加上政策的可选择性较大，也使得政策本身的终结在操作上比较容易实现。

（4）计划的终结，即执行政策的措施和手段的终结。在所有终结内容中，计划的终结是最容易达成的。因为执行政策的措施和手段与实际问题最为接近，结果好坏或影响怎样，大家有目共睹，容易达成共识。

政策终结由于涉及面广、影响大，而且直接关系到一部分人的切身利益，因此，为使政策终结得以顺利实施，减少终结时受到的阻力和影响，政策终结很少采取全面的、彻底的一次性终结方式，而多采取一些稳健的、局部性的渐进终结方式。

第四节　文化政策类型

文化政策类型可以有很多分类方法，本节主要阐述依据文化政策内容为标准进行分类，可以将其分为财政政策、监管政策、产业政策、劳动力市场政策和贸易政策等。

一、财政政策

一般来说，一个国家或一个区域的文化财政政策包括以下类型：

第一，文化商品和服务的直接提供。政府可以通过对各种文化设施如博物馆、艺术画廊、图书馆、演出场地、公共服务广播站等来提供文化服务。提供这些商品和服务的财政拨款涉及企业及其他机构的资本要求和经营支出状况。在许多情况下，公共拥有和经营的机构可以通过其他来源来提高收入以补充其政府拨款，其中包含通过销售其制作的商品和服务以赚取额外收入。文化公共机构的治理和管理结构有许多不同，有些是有效率的政府部门，有些被设定为法人公司，有些是公众拥有大多数股份的半私人性质的公司。

第二，对文化生产者的补贴和捐助。传统上，执行艺术政策的主要途径是对个体艺术家或组织进行捐助。如前所述，以这种方式执行财政政策的理由也许应该表述为对市场失效的整顿，也可以表述为追求纯粹的艺术或文化政策。无论是哪种方式，目标都是提高艺术商品和服务的产出水平与质量，而补贴被视为最适合的措施。一般来说，当一些公共机构通过公共支付的捐款获得协助时它需要以非营利机构来经管；对商业公司的公共赞助在有些情况下是必要的，但这种情况在艺术界并不常见。

第三，税收优惠。文化政策还可以通过税收制度来实施，如对个体艺术可以减免所得税；艺术机构如果以非营利企业营运也许可以减免企业所得税；有些机构可以通过减免物业税、工资税、增值税、出口税及其金融手段来部分或全部豁免间接税收。许多国家级艺术家和艺术团体受来自个人和公司的捐赠、各种慈善信托基金和文化基金的现金或收入，而政府的税收优惠是这些个人或机构捐赠的动力，因为这些捐助者以使用其文化礼品的扣减对其收入税退税。

第四，消费者援助。通过对规定的艺术活动提供免费或打折入场券，使消费者得到援助。另一种政府推广艺术消费的方法是通过提供信息和市场服务来提高消费者的文化产品消费意识及其对文化的参与意识。

二、监管政策

除了些一般性监管政策以外，文化行业还有一些发挥独特作用的特殊监管手段，包括：

第一，知识产权法。影响文化制作人的最为重要的管理形式可能是旨在对其创作性工作提供知识产权保护。由政府通过的版权立法提供了一个框架，其中的权力被界定盈利可以被分配，承诺被强迫遵守。知识产权法在不同国家存在一些国际惯例。有些国家的版权延伸为其他的保护形式，例如，所有者申请视觉艺术产品重复销售的转售专运权费。

第二，文化权利。文化权利的定义和主张涉及一个重要的领域。各种类型的版权是一种道德意义上的权利，它准许艺术家按照其所代表或工作的方式使用这种权利。这种权利与作品的归属性质相关联，具体来说，作品未经作者同意是不能修改、拆分、删除或篡改的。文化权利的另一种形式是让土著人在自己的土地和社区从事传统文化习俗活动。这种权利也许涉及语言、仪式，或者给予其狩猎、捕鱼等收集食物的权利，这些权利在其他地方也许被禁止。最后，文化权利还延伸到言论的自由表达。

第三，媒体政策。媒体监管是政府管理印刷品和广播媒体的重要手段。监管措施的执行是为了防止大媒体的所有权集中在少数人手中，大多数国家对特定类型的节目，如儿童节目或新闻广播实行最低限要求。一些政府还对国内制作的节目（如戏剧）的传输制定了配额，以阻止更多的进口产品。

第四，文化遗产政策。对文化遗产的监管是用来保护文化遗产的主要政策之一。例如，历史建筑清单是一个旨在保护这些建筑，防止它们被拆卸、破坏，并在最大程度上对其进行维护的管理措施。《保护世界文化和自然遗产公约》等条约是国际上管理措施的例证，它对各国政府以负责的态度对其管辖内的全球性重要文物遗址提供了保护机制。

三、产业政策

政府利用产业政策作为建立和扩大产业部门的鼓励措施，对就业和经济增长具有重要意义。政府可以用于针对文化政策的产业政策包括如下方面：

第一，商业开办阶段。由于大多数国家的文化产业以中小企业为主，通常通过小型项目就能提供最有效的产业援助。这些援助可能包括商业培养机制，提供资金、商业管理和企业精神的技能发展等。

第二，产业发展战略。政府有时将包含各种要素在内的产业发展计划放在一起，并将其确定为一个具体的国家战略。例如，国家旅游战略可能涉及对旅游行业的规划、安排和协调，对目标市场的经管，对经营者的援助等。

第三，创意集群。创意企业的集群是一种明显的现象。这种集群可能是自发产生的，也可能由产业政策引发的。

四、劳动力市场政策

在执行国家对艺术家及其他创造性工作者与福利事务相关的文化政策时，劳动力市场还存在一些特殊的政策措施。这些措施包括：

第一，对劳动力市场的干预。除了对个人艺术家提供资金和其他赞助外，政府还可以通过为文化工人的最低工资立法以帮助文化产业的从业人员，通过为艺术家安排救济金、退休金和养恤金等给艺术家提供财政支持。

第二，职业卫生和安全。在有些文化生产领域，艺术家和其他创意工作者有受到伤害的危险或在不安全的工作环境工作，这就需要制定适当的职业健康与安全保护措施，特别是在舞蹈、杂技、戏剧、音乐、雕塑等领域。

第三，职业培训和技能开发。政府需要对职业培训和技能开发提供财政支持。

五、贸易政策

文化贸易政策可以定义为政府综合处理与文化商品和服务的进出口直接相关的国际贸易政策，以降低贸易部长及其相关官僚机构的责任。国内贸易政策受到其所参与的世界贸易组织（WTO）主持下的多边贸易安排的影响，以及双边贸易协议所承担的义务之极大限制。

第一，促进出口。虽然直接的出口补贴可能不被允许，但政府可以通过其他方式促进其文化产品的国际销售，例如，通过国家演出公司推销海外旅游。这种努力可能由于文化动机胜于经济动机，国家文化形象的海外推广即为一例。然而，在对外贸易过程中有一句由来已久的格言："文化开路，贸易随后"，提升国家文化在国外的形象可能也是一个因素。因此，向潜在的贸易伙伴国派遣一个交响乐团、一个舞蹈团或艺术展，可以增进两国之间的相互了解，并促进商品贸易交流。

第二，进口管制。干预进口的典型措施是施加关税和诸如进口配额的数量限制。以自由贸易理论为基础的世界贸易体系中进口管制也许不被人支持，然而文化商品和服务是个例外，因为文化商品包含了文化价值。

关键术语

文化政策　文化政策系统　文化政策过程　文化政策执行

问题与思考

1. 文化政策是什么？
2. 试述文化政策系统。
3. 文化政策的制定和执行都分别应该注意哪些因素？
4. 文化政策包括哪些类型？

参 考 文 献

1. ［澳］戴维·思罗斯比. 经济学与文化 ［M］. 北京：中国人民大学出版社，2011.

2. ［澳］戴维·思罗斯比. 文化政策经济学 ［M］. 大连：东北财经大学出版社，2013.

3. ［英］大卫·赫斯蒙德夫. 文化产业 ［M］. 北京：中国人民大学出版社，2011.

4. ［英］露丝陶斯. 文化经济学 ［M］. 大连：东北财经大学出版社，2016.

5. 周正兵. 文化产业导论 ［M］. 北京：经济科学出版社，2014.

6. 昝胜锋. 文化经济学 ［M］. 北京：中国人民大学出版社，2016.

7. 佚名. 文化经济学 ［J］. 国外社会科学，1995 （8）.

8. 杨艾云. 文化经济学 ［J］. 经济问题，1986 （11）：36 – 36.

9. 杨永忠，林明华. 文化经济学 ［M］. 北京：经济管理出版社，2015.

10. 陈敬贵，曾兴. 文化经济学 ［M］. 成都：四川大学出版社，2014.

11. 颜士锋. 文化经济学 ［M］. 济南：山东大学出版社，2011.

12. 胡慧林，李康化. 文化经济学 ［M］. 太原：书海出版社，2006.

13. 安应民. 文化经济学 ［M］. 北京：中国经济出版社，1994.

14. 严行方. 文化经济学 ［M］. 北京：北京经济学院出版社，1992.

15. 程恩富. 文化经济学 ［M］. 北京：中国经济出版社，1993.

16. 王福祥. 文化经济学 ［M］. 沈阳：辽宁大学出版社，1989.

17. 张来春，许明. 文化经济学论纲 ［J］. 学术界，2007 （6）：18 – 23.

18. 沈全芳，范汉熙. 文化经济学研究新进展 ［J］. 经济学动态，2010 （6）：140 – 144.

19. 布鲁诺·弗雷，张斌. 文化经济学：个人的视角 ［J］. 国外理论动态，2007 （3）：50 – 52.

20. 陈庆德. 文化经济学的基点与内涵 ［J］. 湖南师范大学社会科学学报，2006 （2）：83 – 88.

21. 梁碧波. 文化经济学：两种不同的演进路径 ［J］. 学术交流，2010 （6）：

74 – 78.

22. 谢冰，戴盛，张秀. 文化经济学的研究进展 [J]. 经济学动态，2005 (5)：78 – 81.

23. 李永刚. 文化经济学的分析方法 [J]. 学术月刊，2013 (5)：81 – 89.

24. 张川川，李涛. 文化经济学研究的国际动态 [J]. 经济学动态，2015 (1)：96 – 108.

25. 张来春. 试论文化经济学的几个问题 [J]. 探索，2007 (6)：84 – 86.

26. 尹伯成. 评介程恩富教授主编的《文化经济学》[J]. 经济学动态，1994 (11)：75，71.

27. 陈柏福. 文化经济学理论研究与展望 [J]. 求索，2016 (5)：67 – 72.

28. 李永刚. 文化如何成为经济学研究的对象 [J]. 经济学家，2012，2 (2)：5 – 12.

29. 别传武，宋玉华. 文化的经济学阐释 [J]. 科学学与科学技术管理，2002，23 (4)：51 – 53.

30. 周锦，顾江. 文化遗产的经济学特性分析 [J]. 江西社会科学，2009 (10)：75 – 78.

31. 金相郁. 文化与经济的关系：第三种解释 [J]. 经济学动态，2004 (3)：13 – 18.

32. 潘黎，钟春平. 文化、经济行为与经济发展——基于经济学视角和文化内在特性的研究前沿 [J]. 国外社会科学，2015 (6)：13 – 24.

33. 王晨. 文化经济的时间与空间演化——与胡惠林教授商榷 [J]. 探索与争鸣，2013 (12)：31 – 35.

34. 朱伟珏. 文化资本与人力资本——布迪厄文化资本理论的经济学意义 [J]. 天津社会科学，2007 (3)：84 – 89.

35. 戴维·思罗斯比，潘飞. 什么是文化资本？[J]. 马克思主义与现实，2004 (1)：50 – 55.

36. 金相郁，武鹏. 文化资本与区域经济发展的关系研究 [J]. 统计研究，2009，26 (2)：28 – 34.

37. 李煜. 文化资本、文化多样性与社会网络资本 [J]. 社会学研究，2001 (4)：52 – 63.

38. 薛晓源，曹荣湘. 文化资本、文化产品与文化制度——布迪厄之后的文化资本理论 [J]. 马克思主义与现实，2004 (1)：43 – 49.

39. 朱伟珏. "资本"的一种非经济学解读——布迪厄"文化资本"概念 [J]. 社会科学，2005 (6)：117 – 123.

40. 袁晓婷，陈春花．文化资本在经济增长中的表现形式和影响研究［J］．科学学研究，2006，24（s1）：98－102.

41. 施炎平．从文化资源到文化资本——传统文化的价值重建与再创［J］．探索与争鸣，2007（6）：50－54.

42. 周云波，武鹏，高连水．文化资本的内涵及其估计方案［J］．中央财经大学学报，2009（8）：91－96.

43. 王云，龙志和．产业价值链视角下的文化资本特征与经营模式［J］．经济地理，2009，29（12）：94－99.

44. 胡惠林．文化资本：现代文化产业和谐发展的能源形态［J］．探索与争鸣，2007（1）：26－27.

45. D.罗宾斯，李中泽．布迪厄"文化资本"观念的本源、早期发展与现状［J］．国外社会科学，2006（3）：36－42.

46. 陈赞晓．论文化资本及其营造［J］．学术研究，2007（5）：57－63.

47. 叶舒宪．迎接文化资本的新时代——中国文化产业学科面临的问题［J］．学术月刊，2010（8）：5－8.

48. 陈述彭，黄翀．文化遗产保护与开发的思考［J］．地理研究，2005，24（4）：489－498.

49. 李文华，闵庆文，孙业红．自然与文化遗产保护中几个问题的探讨［J］．地理研究，2006，25（4）：561－569.

50. 解学芳，臧志彭．"互联网＋"背景下的网络文化产业生态治理［J］．科研管理，2016，37（2）：80－89.

51. 翁钢民，李凌雁．中国旅游与文化产业融合发展的耦合协调度及空间相关分析［J］．经济地理，2016，36（1）：178－185.

52. 焦斌龙．新常态下我国文化产业供给侧结构性改革的思考［J］．经济问题，2017（5）：10－14.

53. 钱正武，杨吉华．我国文化产业政策的制定及其实施［J］．安徽师范大学学报（人文社会科学版）．2007（1）：6－11.

54. 宋存洋．博物馆价值最大化的实现路径研究［D］．北京：中国社会科学院研究生院，2012.

55. 王新营．文化产品的价值承载问题研究［J］．北京印刷学院学报，2009，17（3）：39－41.

56. 臧秀清，游涛．文化产品：特征与属性的再认识［J］．探索2011（5）：120－123.

57. 韩立余．文化产品、版权保护与贸易规则［C］．政法论坛，2008.

58. 卢海君，邢文静. 文化产品的版权保护、竞争规制与文化产业的发展——"《人在囧途》诉《人再囧途之泰囧》案"引发的思考 [J]. 中国出版，2013 (15)：36 - 39.

59. 陶小军，谢建明. 民国前期书画市场与社会变迁 [J]. 文艺研究，2014 (8).

60. 郑易生. 自然文化遗产的价值与利益 [J]. 中国园林，2002，18 (2)：26 - 28.

61. 单霁翔. 城市文化遗产保护与文化城市建设 [J]. 城市规划，2007，233 (5)：9 - 23.

62. 阮仪三，林林. 文化遗产保护的原真性原则 [J]. 同济大学学报（社会科学版），2003，14 (2)：1 - 5.

63. 薛晓源，曹荣湘. 文化资本、文化产品与文化制度——布迪厄之后的文化资本理论 [J]. 马克思主义与现实，2004 (1)：43 - 49.

64. 袁晓婷，陈春花. 文化资本在经济增长中的表现形式和影响研究 [J]. 科学学研究，2006，24 (s1)：98 - 102.

65. 金相郁，武鹏. 文化资本与区域经济发展的关系研究 [J]. 统计研究，2009，26 (2)：28 - 34.

66. 牛宏宝. 文化资本与文化（创意）产业 [J]. 中国人民大学学报，2010，24 (1)：145 - 153.

67. 但红燕，蒋强. 我国文化产品定价机制研究 [J]. 价格理论与实践，2011 (11)：84 - 85.

68. 庞建刚，周彬，刘志迎. 文化创意产品的定价策略研究 [J]. 软科学，2012，26 (8)：40 - 43.

69. 胡惠林. 文化治理中国：当代中国文化政策的空间 [J]. 上海文化，2015 (2)：5 - 13.

70. 陈宇翔，郑自立. 中国文化产业政策的架构、效能与完善方向 [J]. 南京社会科学，2016 (1)：143 - 148.

71. 陈庚，傅才武. 文化产业财政政策建构：国外经验与中国对策 [J]. 理论与改革，2016 (1)：169 - 174.

72. Rizzo I, Towse R. *The Economics of the Heritage*：*A study in the political economy of culture in Sicily* [M]. E. Elgar, 2002.

73. Towse R. *A Handbook of Cultural Economics* [J]. *Books*, 2010, 4 (3)：154 - 155.

74. Throsby D. *Why Should Economists be Interested in Cultural Policy?* [J]. *Eco-*

nomic Record, 2012, 88（s1）: 106 – 109.

75. Throsby D. *Investment in urban heritage conservation in developing countries*: *Concepts*, *methods and data* ［J］. *City Culture & Society*, 2016, 7（2）: 81 – 86.

76. Rizzo I, Throsby D. *Cultural Heritage*: *Economic Analysis and Public Policy* ［M］. Elsevier B. V, 2006.

77. Throsby D. *Cultural Capital* ［J］. *Journal of Cultural Economics*, 1999, 23（1 – 2）: 3 – 12.

78. Throsby D. *The Production and Consumption of the Arts*: *A View of Cultural Economics* ［J］. *Journal of Economic Literature*, 1994, 32（1）: 1 – 29.